集人文社科之思　刊专业学术之声

集 刊 名：中国经济学
主管单位：中国社会科学院
主办单位：中国社会科学院数量经济与技术经济研究所

JOURNAL OF CHINA ECONOMICS

2024年第2辑（总第10辑）

集刊序列号：PIJ-2022-449
中国集刊网：www.jikan.com.cn / 中国经济学
集刊投约稿平台：www.iedol.cn

创刊时间：2022 年 1 月

封面题字：郭沫若书法集字

社会科学文献出版社"CNI 名录集刊"及"优秀集刊"(2023)

社会科学文献出版社"优秀新创集刊"(2022)

中国人文社会科学学术集刊 AMI 综合评价期刊报告 (2022)"入库"期刊

JOURNAL OF CHINA ECONOMICS

2024 年第 2 辑（总第 10 辑）

中国社会科学院　主管

中国社会科学院数量经济与技术经济研究所　主办

社会科学文献出版社

SOCIAL SCIENCES ACADEMIC PRESS (CHINA)

中国经济学　2024 年第 2 辑（总第 10 辑）

Journal of China Economics

2024 年 6 月出版

新一代人工智能助推新质生产力形成和发展：运行机理与实践路径

宋跃刚　宋长青*

摘　要： 新一代人工智能作为一种颠覆性的技术工具和第一生产力的"元生产力"，正逐步成长为新的生产力引擎，助推新质生产力的形成和发展。鉴于此，本文在厘清新一代人工智能与新质生产力发展历程及内涵特征基础上，探究了新一代人工智能助推新质生产力形成和发展的运行机理和实践路径。具体而言，理论方面，系统分析了新一代人工智能通过技术创新驱动机制、人力资本高级化机制和资本结构优化机制助推新质生产力形成的作用机理；实践方面，从宏观层面的科教兴国、人才强国和创新驱动三大战略引导，中观层面的"制度创新+市场需求"、"政府引导+市场调节"、"政府主导+市场参与"和"政府保障+市场评估"四项政策驱动，微观层面的数智人才、自主创新、资本赋能、智能产业和智实融合五措并举三个维度，提出新一代人工智能助推新质生产力发展的实践路径，为我国加快培育新质生产力提供必要的理论支撑和政策依据。

关键词： 新一代人工智能　新质生产力　科技创新

---

*　宋跃刚（通讯作者），副教授，河南师范大学商学院，电子邮箱：sygang112@163.com；宋长青，硕士研究生，河南师范大学商学院，电子邮箱：psutagescq@163.com。本文获得国家社会科学基金一般项目（20BJY091）和河南省高校哲学社会科学创新人才支持计划（2022-CXRC-29）的资助。感谢审稿专家和编辑部的宝贵意见，文责自负。

一　引言

当前，世界百年未有之大变局加速演进，新一轮科技革命和产业变革与我国加快转变经济发展方式形成历史性交汇，科技创新对国家命运、经济社会发展和民生福祉的影响范围之大、程度之深前所未有，谁在科技创新上先行一步，谁就能拥有引领全球发展的主动权（刘迪，2023）。在此背景下，2023 年 9 月，习近平总书记在新时代推动东北全面振兴座谈会上明确提出，整合科技创新资源，引领发展战略性新兴产业，积极培育未来产业，加快形成新质生产力，增强发展新动能。新质生产力理念的提出，构筑了"科技创新—产业升级—生产力跃迁"的经济发展新范式，为新时代新征程加快科技创新、打造经济发展新引擎、推进中国式现代化建设和构建国家竞争新优势提供了科学指引。

与此同时，全球科技创新进入密集活跃期，尤其是新一代人工智能快速迭代更新引发的新一轮智能科技革命和智能产业变革正在重构全球科技创新版图，重塑全球经济结构模式（人民论坛"特别策划"组，2023）。我国高度重视新一代人工智能的发展，习近平总书记在 2018 年 10 月的中共中央政治局第九次集体学习时强调，人工智能是新一轮科技革命和产业变革的重要驱动力量，加快发展新一代人工智能是事关我国能否抓住新一轮科技革命和产业变革机遇的战略问题，是我们赢得全球科技竞争主动权的重要战略抓手，更是推动我国科技跨越发展、产业优化升级、生产力整体跃升的重要战略资源。2023 年 12 月中央经济工作会议进一步提出，要以科技创新引领现代化产业体系建设，要以科技创新推动产业创新，特别是以颠覆性技术和前沿技术催生新产业、新模式、新动能，发展新质生产力。加快推动人工智能发展，广泛应用数智技术，加快传统产业转型升级。在此背景下，新一代人工智能正在快速成长为新的生产力引擎，加速战略性新兴产业和未来产业发展，推动传统实体经济向数智化经济跨越转型，对加快形成和发展新质生产力具有重要战略意义。

随着最新一代人工智能 ChatGPT-4 Turbo 的发布，智能化时代已全面到来，新一代人工智能也将不断发挥赋能、叠加和倍增作用，推动我国科技跨越式发展和生产力整体跃升（邱超奕和葛孟超，2022）。新一代人工智能与传统人工智能有何区别？新一代人工智能在促成生产力跃升的进程中有何作用？跃升后的生产力，即新质生产力，其内涵特征和内在逻辑是什么？新一代人工智能又是如何助推新质生产力的形成和发展，其运行机理和实践路径是什么？分析上述问题，既有助于深刻认识新一代人工智能的战略价值，又能厘清新质生产力形成和发展的突破重点。鉴于此，本文在厘清新一代人工智能和新质生产力发展历程与内涵特征的基础上，尝试从理论和实践两个层面解析新一代人工智能助推新质生产力形成和发展的运行机理与实践路径，为我国加快培育新质生产力提供必要的理论支撑和政策依据。

二 发展历程与内涵特征

（一）新一代人工智能的发展历程与内涵特征

1.人工智能的发展历程

1956年，美国计算机学家约翰·麦卡锡和马文·明斯基等人在达特茅斯人工智能研讨会上首次提出了"人工智能"这一概念，经过60多年的发展演进，人工智能经历了四次跃升浪潮（关乐宁和徐凌验，2024）。一是早期人工智能（1956~1980年），主要探讨人类思维过程中的符号表示和逻辑推理，试图通过专家系统等相关计算机程序来模拟人类思维的过程。二是机器学习（1981~2006年），开始探究通过反向传播算法等应用来模拟神经网络的计算模型，以实现机器学习和模式识别。三是深度学习（2006~2018年），重点关注通过卷积神经网络和递归神经网络等算法来研究多层神经网络训练和优化的方法，以提高神经网络的性能和泛化能力。四是新一代人工智能（2018年至今），进一步研究通过语音识别、计算机视觉、自然语言处理、多模态大模型、神经符号系统等应用来实现人机交互。尤其是2023年11月OpenAI发布的ChatGPT-4 Turbo，通过多模态大型语言模型实现了更自然的人机交互，以及2024年1月DeepMind提出的AlphaGeometry神经符号系统，结合了神经语言模型的预测能力与基于规则的符号推演引擎，向人工通用智能迈出了关键的一步（见表1）。

表 1　人工智能发展历程

时间	阶段	核心算法	数据处理量	标志性成果
1956~1980年	早期人工智能	专家系统	少量数据	1956年提出"人工智能"概念 1968年人工智能机器人诞生
1980~2006年	机器学习	反向传播算法	函数与参数 分类数据	1980年专家系统XCON 1997年"深蓝"打败国际象棋世界冠军
2006~2018年	深度学习	卷积神经网络 递归神经网络	大量数据 复杂参数	2006年提出"深度学习"概念 2016年AlphaGo战胜围棋冠军
2018年至今	新一代人工智能	语音识别 计算机视觉 自然语言处理 多模态大模型 神经符号系统	海量数据 千亿参数	2018年ChatGPT-1发布 2023年ChatGPT-4 Turbo发布 2024年AlphaGeometry发布

2.新一代人工智能的内涵特征

目前，学界对新一代人工智能的内涵特征主要从三个层面进行研究。首先，技术层面，新一代人工智能是指在大数据、超级计算、传感网、脑科学等新理论新技术的驱动引领下，能够自学习、自训练、自优化，具备认知、交互、创造、协同等"类生命智能体"复杂系统能力的新型智能系统，主要包括深度学习、自然语言处理、计算机视觉、大模型、人机交互等方面内容，并呈现出跨界融合、人机协同、群智开放和自主操控等技术特征（孔德臣和姜迎春，2023）。其次，应用层面，新一代人工智能是指作为一种颠覆性技术应用创新，通过其显著的学科交叉性、广泛渗透性、数据驱动性等特征，以大模型能力输出为核心平台，集成算力资源、数据服务和云服务，最大限度促成大模型和生成式AI应用的具有基础设施性质的技术进步（孙妍，2024）。最后，经济层面，新一代人工智能是指以人工智能技术应用创新为核心，通过其技能和资本偏向性等特征，助推智能产业化和产业智能化，催生新要素、新产业和新业态，提高要素配置效率，加速产业智能化转型，促进智能经济和实体经济深度融合，逐步形成新的智能经济形态的具有战略性意义的通用目的技术进步（陈永伟，2018；师博，2019；冯涛等，2023；张熙等，2023；郑世林等，2024）。

综上所述，新一代人工智能不仅是一种颠覆性科技创新，还是一种新型智能基础设施，更是一种具有战略性意义的通用目的技术进步，对经济社会发展以及生产力跃迁具有巨大的赋能潜力（张龙鹏和张兴叶，2023）。

（二）新质生产力的形成背景、理论逻辑与内涵特征

1.新质生产力的形成背景

纵观人类社会发展进程，生产力总是保持着迭代升级的变化趋势，每一次科技革命都带来了生产力的巨大跃迁。从历史来看，新中国成立后，特别是改革开放以来，我国始终强调科技就是生产力，并且是第一生产力的科学内涵，将科技创新提升至全新的高度，用几十年的时间努力实现科技创新能力在某些领域由"跟跑者"向"并行者"和"领跑者"转变，生产力获得了巨大的发展。与此同时，我国部分关键核心科技依然受制于西方发达国家，要实现社会经济进一步跨越式发展，仍然需要靠科技创新来驱动生产力跃升。从现实来看，当今世界正值百年未有之大变局，新一轮科技革命和产业变革加速发展，我国经济模式转型面临着复杂的内外部环境（蔡跃洲，2021）。因此，准确把握世界经济格局大趋势，加快科技创新颠覆性突破，培育一批战略性新兴产业和未来产业，塑造经济发展新动能，最终实现生产力和生产方式的巨大跃升和变革，是推动我国经济由高速增长向高质量转型跨越式发展的现实需要（张林和蒲清平，2023）。

2023年7月，习近平总书记在四川考察调研期间首次提出的"新质生产力"这一全新理念，是立足于我国历史演变和现实需求，在推动生产力理论创新并指引实践发展的逻辑下应运而生的，是我国现阶段新发展格局下经济高质量发展的内在要求。同时，提出并发展新质生产力也是我国在国际竞争中培育竞争新优势、蓄积发展新动能、抢占发展制高点、赢得发展主动权的先手棋，具有深远的现实战略意义（蒲清平和黄媛媛，2023）。因此，要厘清新质生产力理念的形成背景，提前布局前瞻性科技和战略性新兴产业，加快实现传统生产力向新质生产力的过渡转化。

2.新质生产力的理论逻辑

按照马克思主义政治经济学的基本原理，生产力是随着科学技术进步而不断发展的。具体而言，科学技术推动生产力发展的理论逻辑就是科学技术与生产要素深度融合从而形成更高维度的生产要素。新质生产力就是随着科技创新的提质、渗透和融合而出现的生产力新质态，由"高素质"劳动者、"新介质"劳动资料和"新料质"劳动对象构成，它在本质属性上区别于传统生产力，必然也会带来生产力的跨越式发展（蒲清平和向往，2024）。本文将从以下两个角度对新质生产力区别于传统生产力的理论逻辑进行深入探讨（胡莹，2024）。

一是从生产力要素角度来看，就劳动者而言，与传统生产力相匹配的劳动者主要是普通技能型劳动者，与新质生产力相匹配的劳动者是知识创新型数智化劳动者；就劳动资料而言，与传统生产力相匹配的劳动资料主要是普通的机器设备和仪器，与新质生产力相匹配的劳动资料是经过数智化升级的一系列高端精密仪器和智能机器设备；就劳动对象而言，与传统生产力相匹配的劳动对象主要是以物质形态存在的，与新质生产力相匹配的劳动对象是在前者基础上增加了海量数据和信息等科技要素类非物质形态的对象（李晓华，2023）。由此可见，新质生产力对传统生产力要素进行了全面的升级和拓展，进一步丰富和创新了马克思主义生产力要素理论。

二是从生产力发展角度来看，新中国成立 70 多年，特别是改革开放 40 多年以来，我国的生产力发展水平之所以能够不断实现历史性跨越，关键在于中国共产党始终坚持将马克思主义生产力理论与中国实际情况和时代发展要求相结合，以科技创新推动生产力不断向前发展和向上跃升（李政和廖晓东，2023）。随着新一轮数智科技革命的加速发展，世界正在迈入数智化新时代，为了抓住数智科技驱动经济发展和社会生产力跃升的重大机遇，赢得发展主动权，习近平总书记提出了新质生产力这一全新理念，创新发展了马克思主义生产力水平跃升的路径。一方面，肯定了科技创新在新质生产力形成中的主导作用；另一方面，以科技赋能产业全过程，突出了培育新兴产业和未来产业在新质生产力发展中的重要作用。同时，新质生产力也开拓了更高层次的当代中国马克思主义政治经济学生产力发展理论新境界。

3.新质生产力的内涵特征

按照政治经济学阐释，新质生产力是习近平总书记在总结历史经验、顺应时代潮流、面向未来发展的基础上构建而成的新理念，是实现前沿性、关键性、颠覆性技术突破引致的生产力能级跃升（蒲清平，2023）。同时，也是一个内涵丰富、意蕴深厚的经济范畴，是以新技术、新业态、新经济为主要内涵的生产力，为我们以科技创新推动产业创新，进而构筑经济优势指明了方向（周文和许凌云，2023）。本文在厘清新质生产力的形成背景及其区别于传统生产力的理论逻辑的基础上，借鉴钞小静等（2024）的研究，从以下三个层面来理解新质生产力的内涵特征。

首先，科技重塑要素层面，主要从三个方面来理解：一是新劳动者。新质生产力要求下的劳动者是具备数智知识基础，能适应数智技术快速迭代升级要求，会使用数智设备的新型数智人才。在数智化革命的推动下，当数据成为劳动对象、算法成为劳动工具时，劳动者的能力必然随之发生改变，呈现新质化劳动技能特点。二是新劳动对象。新质生产力要求下的劳动对象，不仅包括传统的物质形态，还包括以虚拟数据为代表的新型非物质形态的劳动对象。伴随着科技创新的快速发展，劳动对象的范围和领域不断拓展，大数据等新型劳动对象在各行各业广泛渗透，呈现类目剧增、虚实共存的特点，进而推动更多物质向劳动对象转化。三是新劳动资料。新质化劳动资料的核心是劳动工具的数智化，既包括数智化基础设施和通用设备，又包括虚拟的智能化软硬件设施和应用。数智化技术革命的推进，促进了传统劳动资料的要素重塑，进而促使劳动工具质变为具有数智化特性的新劳动资料（令小雄等，2024）。

其次，科技赋能产业升维，主要从两个方面来理解：一方面，新质生产力的"新"强调的是战略性技术颠覆性突破在国家战略需求中引发的一系列产业重组与升级。当前，我国在科技创新上和部分发达国家相比依然存在一定差距，在构建以战略性新兴产业和未来产业为主的中国式现代化产业体系方面还需持续发力。因此，坚持以科技创新为突破口，加快传统产业重组与升级，抢占以智能产业化和产业智能化为代表的战略性新兴产业和未来产业的新赛道，以科技创新推动实现产业升维和经济结构调整是新质生产力的核心要义。另一方面，新质生产力的"质"强调的是以数智化为基石的科技创新，持续推动传统产业重组并升级为更绿色、高效、高质的新型数智产业。具体来讲，新质生产力是传统生产力在数智化背景下由科技创新与应用转化推动产业重组与升级所衍生的新质态，也是科技创新引领产业升维发展的更高质量的新型生产力。

最后，科技重构经济层面，主要从两个方面来理解：一方面，科技重塑经济结构。当前，资源型经济弊端日益凸显，转变经济发展方式势在必行。同时，我国经济要实现高质量发展也必须从科技创新中寻找新方法和新路径。具体而言，新质生产力是以科技重塑要素和升维产业来推动资源配置方式持续优化，进而加速经济结构重塑，实现技术到经济的衔接。另一方面，科技创新经济形态。当前，科技创新进入密集活跃时期，战略性技术领域颠覆性突破不断涌现，并呈现出深度交叉融合发展态势。在此背景下，支撑社会生产力发展的传统经济形态也在新技术的作用下进一步升级，形成以数智化为代表的新型经济形态（高帆，2023）。

综上，本文在科学把握上述三个层面的基础上，将新质生产力的内涵定义为：由新的更高维度的以数智化为代表的劳动者、劳动对象和劳动资料构成其基本要素，以科技创新驱动传统产业重组升维，同时布局战略性新兴产业和未来产业，实现技术新突破、产业新升级和经济新发展有机统一的新型高级形态生产力。

三 新一代人工智能助推新质生产力形成的作用机理

马克思主义政治经济学认为，生产力会随着颠覆式科技创新的出现而发生质变，从而推动社会生产力向前发展和向上跃升。纵观人类社会生产力发展历程，都与科技创新密切相关。当前，随着数智技术的广泛应用，新一代人工智能开辟了数智经济发展的智能化新空间，将智能化经济的统一性、渗透性、融合性、协同性等技术经济特征，与传统经济通过循环、融合、促进、创新等方式，实现了智能产业化。而产业智能化是新一代人工智能在产业创新发展领域的落地与拓展，是数智技术与实体经济深度融合发展的新型载体，其所具有的广泛渗透性、数据驱动性、偏向替代性等特征，也促使产业技术范式转变，开辟了产业结构优化的新空间，深刻革新了传统生产方式，催生一系列新产业、新业态、新模式，优化了现代化产业体系，提高了产业部门的生产效率和要素配置效率，促进了产业结构优化和生产力跃升（胡俊和杜传忠，2020）。本文借鉴何秋洁等（2023）的研究，系统分析了新一代人工智能通过技术创新驱动机制、人力资本高级化机制和资本结构优化机制助推新质生产力形成的作用机理，具体如图1所示。

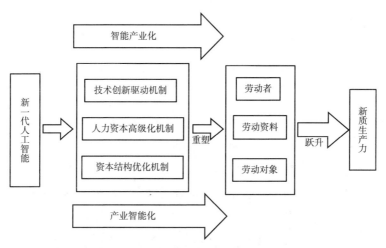

图1　新一代人工智能技术助推新质生产力形成的作用机理

（一）技术创新驱动机制

从马克思主义政治经济学角度来看，技术创新驱动机制的本质是将技术进步引发的创新动能作为生产力发展的驱动力。具体而言，新一代人工智能实现颠覆式突破时，必然引发生产要素的变革，进而催生新的基础设施、新的经济形态和新的实体经济，推动生产力向前发展和向上跃升。因此，新一代人工智能是驱动生产要素重塑的核心动力，并通过技术创新驱动机制对生产力的跃升和新质生产力的形成产生重要的影响，具体如图2所示。

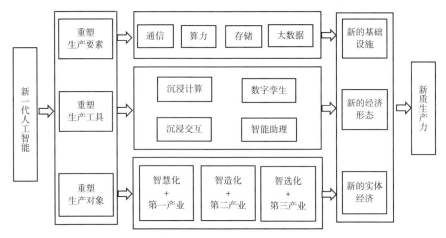

图 2　新一代人工智能技术创新驱动机制

1.集成创新，重塑生产要素，变革技术范式

集成创新是科技创新推动生产要素形成新的组合，进而渐进式飞跃形成新的生产力的过程。在生产要素重塑的过程中，集成创新同时推动传统技术范式变革形成新的基础设施。具体而言，一方面，新一代人工智能是适应科技创新范式变革，推动生产要素重组升维的重要新型基础设施，为新质生产力的形成提供了最基础的保障。另一方面，以新一代人工智能为代表的新型基础设施本质上是通过与传统基础设施渗透融合，形成数据流通和集成创新的支撑体系。相较于传统的数字生产要素，新一代人工智能需要的数据维度更丰富且数据量更庞大，也更需要将通信、算力、存储、大数据等非质态生产要素有机结合，实现数据集成升维，重塑生产要素，为数智经济发展提供集成泛化数智能力，促使技术范式转变，进而催生一大批战略性智能化的新兴产业和未来产业，助推形成强大的新质生产力。

2.数智融合，重塑生产工具，赋能新智能经济形态

新一代人工智能通过与数字技术深度融合，以沉浸计算、沉浸交互、数字孪生和智能助理为核心，重塑了生产工具，极大地拓展了人工智能的应用范围，逐步形成了数据驱动、人机协同和跨界融合的新智能经济形态。一方面，新一代人工智能创新了生产要素，提高了生产要素配置效率，尤其是重塑后的生产工具，即智能工具的广泛应用带来的显著"提质、增效、

降本"效应，加速了新经济形态的进程。另一方面，新一代人工智能具有空间集聚效应和规模经济效应，在数智融合的基础上，赋能产业数智转型，加速了生产工具的重塑，提升了生产效率。

3.智实融合，重塑生产对象，催生智能产业化，赋能产业智能化

新一代人工智能在智实融合过程中，以其强大的渗透性和融合性，重塑了生产对象，催生了智能产业化，助推了产业智能化。如图3所示。一方面，新一代人工智能的创新驱动效应加速了产业分化，催生了智能化的新兴产业和未来产业，重塑了生产对象，加速了智能产业化进程。另一方面，新一代人工智能与实体经济深度融合，向第一、第二、第三产业深层次渗透，通过"智能+"赋能，重塑了生产对象，提升了第一产业的智慧化、第二产业的智造化和第三产业的智选化水平，促进了产业结构优化升维，助推了产业智能化。因此，无论是智能产业化还是产业智能化，都会推动形成大量新兴产业和未来产业、重塑生产对象，实现产业结构更高水平的协调发展，助推新质生产力的形成和发展。

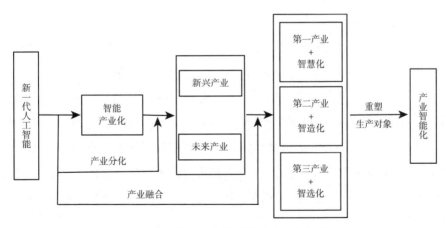

图3　新一代人工智能重塑生产对象机制

（二）人力资本高级化机制

马克思主义政治经济学认为，生产要素中，劳动者是最关键、最活跃的。科学技术作为第一生产力体现在劳动者能够掌握科学技术知识以及相应的技能，而人力资本作为技能与知识的重要载体，新一代人工智能对人

力资本高级化的赋能效应主要体现在以下三个方面（韩颖和许薛璐，2024）。一是替代效应。新一代人工智能对于传统劳动者而言，原有技能难以与新一代人工智能的快速发展形成动态适配，短期内会出现智能劳动工具代替劳动者的现象，导致中低技能劳动者技术性失业。为避免被淘汰，他们将被倒逼持续学习快速迭代的数智技能，进而实现人力资本水平的提升，加快人力资本结构高级化进程（程承坪，2020）。二是创造效应。新一代人工智能的广泛应用，会加速传统产业结构升级以及新兴产业和未来产业的培育，衍生出大量智能化产业以及与新一代人工智能适配的中高端就业岗位，进而拉动人力资本市场对数智化劳动者的需求。换言之，新一代人工智能创造效应的发挥也将倒逼中低技能劳动者学习人工智能相关技术、提升自身技能水平，以适应技术变迁对劳动力的动态能力要求，间接助推人力资本结构高级化。三是增强效应。新一代人工智能应用越广泛，人力资本市场对数智化劳动者的需求就越大。一方面，新一代人工智能的技能偏向性特征引起了人力资本市场供需结构耦合互动，推动了劳动力要素加速流动，倒逼劳动力禀赋提升，增加人力资本投资，培育数智化劳动者，进而促进人力资本高级化（汪前元等，2022）；另一方面，新一代人工智能的资本偏向性特征使得不同技能水平劳动者的边际产出发生非对称变化，导致劳动者收入份额变动，即中高技能劳动者的劳动报酬不断提高，与低技能劳动者之间的差距进一步拉大。在劳动报酬的驱动下，低技能劳动者会进一步接受技能培训或继续教育，加大人力资本投入，更多的劳动者将流向新的、技能要求更高的就业岗位，劳动密集型产业逐步向知识密集型产业和技术密集型产业转型，从而加速人力资本积累，推动人力资本高级化进程（孙早和侯玉琳，2019；钞小静和周文慧，2021；王林辉等，2022）。

综上，新一代人工智能的替代效应、创造效应以及增强效应赋能人力资本高级化，促使劳动者向适应智能思维、智能生产、智能生活要求的智能劳动者转变，倒逼劳动者不断学习数智化知识和技能，与人工智能技术形成动态适配。因此，新一代人工智能重塑了劳动者，同时也为生产力跃升和新质生产力的形成提供了强有力的劳动力要素支撑，如图 4 所示。

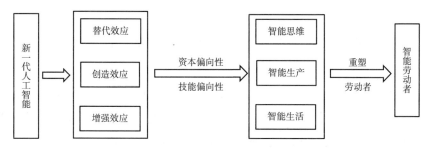

图4 新一代人工智能重塑劳动者机制

（三）资本结构优化机制

在数智经济转型背景下，新一代人工智能引领了新一轮的科技革命和产业变革，赋能传统产业加速数智化，提高了生产智能化程度和全要素生产率，智能产业化和产业智能化引发的智实融合经济通过资本结构优化机制，为破除现阶段资本结构失衡，实现消费和经济同步增长、生产力跃升以及新质生产力的形成提供了新思路（林晨等，2020）。具体来看，一方面，新一代人工智能兼具技术和资本双重属性，在产业领域的深度渗透和广泛应用推动了生产方式的数智化转型，吸引资本从其他领域向智实融合经济回流，优化了资本结构，推动了产业智能化，从而产生产业—技术—资本—经济—生产力互补效应，加速了新质生产力的形成；另一方面，新一代人工智能通过提高全要素生产率，促使资本转移到生产率更高的智能化产业，合理调配了资本流动，进一步推动了智能化产业发展，产生技术—资本—产业—经济—生产力互补效应，进而助推了新质生产力的形成（张万里和刘婕，2023），如图5所示。

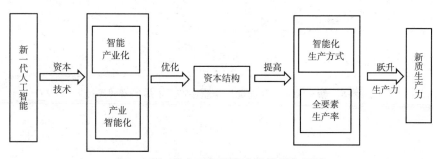

图5 新一代人工智能资本结构优化机制

四 新一代人工智能助推新质生产力发展的实践路径

纵观世界经济发展的几次大跃升，科技创新都是很重要的因素，会形成与之相适应的"技术—经济—生产力"新范式。新一代人工智能作为先进科技生产力，渗透在各生产要素中并综合作用于生产劳动过程，大幅提升了社会生产力，同时带来了生产方式的变革与生产关系的变化，跃升为一种最优的经济社会发展形式（孙璐，2022）。本文借鉴魏崇辉（2023）的研究，分别从宏观层面的战略引导、中观层面的政策驱动和微观层面的有效举措三个维度，对新一代人工智能助推新质生产力发展的实践路径提出科学合理的建议（李海舰和李真真，2023），如图6所示。

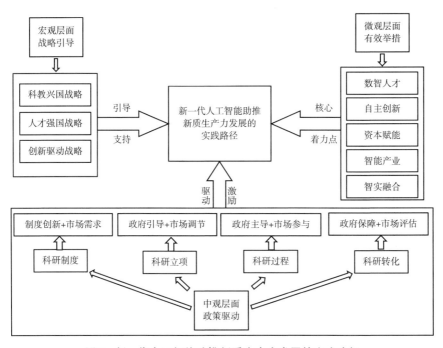

图6 新一代人工智能助推新质生产力发展的实践路径

（一）宏观层面的战略引导

宏观层面的战略引导是指自新中国成立以来，特别是改革开放以来，我国持续深入实施的科教兴国战略、人才强国战略和创新驱动发展战略，目的就是从战略上引导培育教育强国、人才强国和科技强国的"大教育观"理念，将教育、人才和科技作为一个完整体系予以推进，通过协同配合、系统集成、共同塑造，为以新一代人工智能创新为核心的新质生产力的发展提供战略性支撑（姜朝晖和金紫薇，2024）。

1.坚持教育培养人才，实施科教兴国战略

实施科教兴国战略本质上是通过发展科学教育来培养科技人才，进而增强科技创新实力及其应用转化为现实生产力的能力。当前，随着新一代人工智能的跨越式突破以及新质生产力理念的提出，我们更要加强培育系统创新理念，将科技、应用、生产力等要素统筹纳入科教兴国这一战略中来规划创新未来的教育事业。一方面，要坚持以国家、学校、科研院所与企业联合培养这一育才理念为核心，以社会生产力发展需求为导向，与生产力转化深度融合，形成政、学、研、产一体化可持续的人才培养新体系，助推教研成果切实转化为新质生产力。另一方面，要优化建设多层次、多主体协同的科学教育生态体系，形成差序化、多赛道的发展格局。当前，我国在培养人工智能科研型人才上卓有成效，但在培养中高等专科院校的人工智能技能型人才上还需加大力度，为新质生产力发展提供基础性的技能型人才支撑，以教育领航新质生产力发展方向（李森等，2024）。

2.坚持人才引领科技，实施人才强国战略

实施人才强国战略就是以科技人才为重心，强调从科技研发到成果转化的全过程人才引领，同时深化人才培育各环节的体制改革，为推动形成和发展新质生产力提供创新活力。改革开放以来，特别是人才强国战略实施以来，我国的科技人才培育进入快速发展期。随着新一代人工智能的迭代升级与广泛应用，亟须构建数智化条件下的新质人才培育体系。一方面，为适应数智化时代的发展要求，要深化人才引进、发展和评价机制改革，从人才的培育环境、流动机制和配置原则入手，将兴趣导向与任务导向有效结合，建立科学的评价激励体系，加快形成与新质生产力发展要求相适应的人才结构。另一方面，在数智革命和产业变革的背景下，要加快顶尖科技人才培育和复合型人才培养，形成具有吸引力和国际竞争力的人才制度体系，同时健全研、产协同机制，突出科研成果导向，推动科研项目与市场需求相结合，促使成果转化为生产力，以人才驱动新质生产力发展需求（祝智庭等，2024）。

3.坚持科技驱动创新，实施创新驱动发展战略

发展理念对实践起着根本性的指导作用，坚持以科技驱动创新为引领的发展理念，为加快发展新质生产力提供不竭的动力。习近平总书记指出，实施创新驱动发展战略，最根本的是要增强自主创新能力，最紧迫的是要破除体制机制障碍，最大限度解放和激发科技作为第一生产力所蕴藏的巨大潜能。创新驱动发展战略是国家提出的关于科技创新引领社会经济发展的理念，要发挥好这一战略对新一代人工智能助推新质生产力发展的引领驱动作用，需要从以下四个方面着手：一是完善新一代人工智能创新体制，优化政府引导和服务体系；二是加强新一代人工智能原创性基础研究，有效解决核心技术面临的"卡脖子"难题，实现核心技术自主可控；三是加大新一代人工智能的科技成果转化力度，为培育新一代人工智能产业打下坚实的基础；四是深化科技创新高水平对外开放，积极参与科技创新国际交流合作，深刻把握全球科技发展趋势和国家战略需求，借鉴世界各国有益于生产力发展的科技创新成果，以科技创新孵化新质生产力发展动力（杨骞等，2022；胡洪彬，2023）。

（二）中观层面的政策驱动

中观层面的政策驱动是指国家和地方政府根据市场需求制定相应的政策来持续推动科技创新和生产力跃升，并逐步探索出有为政府和有效市场相结合的政策驱动科技、科技创新应用、应用激活市场这一科学系统的方法论。国家和地方政府通过制定新一代人工智能相关需求管理政策以及建立健全相关制度保障和法律法规体系等一系列政策制度来与加快建设全国统一大市场相配合，形成有效的驱动、激励和约束机制，为加快推动新质生产力发展提供政策驱动。

1.在科研制度上，坚持"制度创新+市场需求"，以驱动创新，保障新质生产力发展

为适应新一代人工智能的快速发展，国家和地方政府要坚持科技制度创新，深化科技体制改革，以宽松的创新环境、有力的政策支持和完善的法律保障为依托，加快推动新质生产力发展。具体而言，首先，完善科研机构管理机制，建立一套以发展新质生产力为核心的、适应以新一代人工智能为代表的技术创新评价体系，采用多元化的评价方法，结合实际需求灵活调整新一代人工智能的创新导向和重点。其次，加强以新一代人工智能为代表的科技创新不同政策之间的接续推进机制，提高相关政策的整体性和延续性。同时，进一步规范科研项目的审批程序，提高审批效率，为科技人员提供更便捷的创新环境。再次，持续完善知识产权保护制度，进一步细化科技创新的知识产权保护条例，加快发展知识产权交易市场，提升知识产权运作效率，推动科技成果的转化和应用。最后，建立更加紧密的产学研合作机制，促进产学研用深度融合，推动产业链上下游协同创新，形成利益共享、风险共担的合作机制。政府通过出台一系列与新一代人工智能相关的政策以及设立科学基金或者补贴一部分资金等方式驱动和激励相关科研机构和企业加大对新一代人工智能的科技攻关力度，鼓励企业、科研机构和高校等共同开展创新应用项目研究，采用灵活的人才流动机制和项目组织方式，鼓励交叉学科研究和团队合作，促进创新和跨领域合作，推动科技成果快速转化，让创新链产业链实现良性循环（石建勋和徐玲，2024）。

2.在科研立项上，坚持"政府引导+市场调节"，以激活创新，激励新质生产力发展

新一代人工智能项目日趋多元化，在研发立项选择上，其本质在于投入与产出的比例，如果一味推行难度小、见效快的科技项目，将会扰乱科技要素市场，降低创新效率，破坏科技创新的持续健康大循环。具体而言，从战略性和前瞻性技术角度来看，信息的海量增加和数智技术的飞速发展，推动数据智能、感知智能、认知智能、自主智能以及人机交互、融合和脑机超级接口等方面取得了重大进展，人类社会正从信息社会迈入数智社会，

在万物智联的数智文明新时代，新一代人工智能有望被进一步确立为最具战略性和前瞻性的技术。因此，我们要坚持政府引导和市场调节相结合，通过制定有针对性的政策引导科研发展方向，特别是对于收益低、见效慢的基础科学研究，要通过实施支持政策吸引企业参与。同时，也要充分发挥市场在科技资源配置中的调节作用，提高资源配置效率，以激活创新，激励新质生产力发展。

3. 在科研过程中，坚持"政府主导+市场参与"，以协同攻关，强化新质生产力发展

在新一代人工智能研发过程中，以国家为主导的科研是突破"卡脖子"技术的重要保障，更是新质生产力发展的需要，我们要充分发挥新型举国体制下实施重大科技项目攻关的优势，同时也要优化"政—学—研—产"一体化协同攻关模式。一方面，"举国"强调的是在政府主导下，构建全国统一大市场，引导社会多元主体参与到科研过程中来协同配合，"新型"则强调更加注重发挥市场参与的积极作用，而"政—学—研—产"一体化协同攻关模式的内在动力则是客观上的市场参与。因此，政府在科研过程中的主导作用就体现在通过制定符合市场需求的相关政策，引导和鼓励多元主体参与，为形成"政—学—研—产"创新科技联盟提供支持和保障。另一方面，政府要主导建设全国统一大市场参与反馈平台，为"政—学—研—产"提供创新指导平台，通过协同攻关，强化新质生产力发展（郭晗和侯雪花，2024）。

4. 在科研转化时，坚持"政府保障+市场评估"，以畅通渠道，护航新质生产力发展

习近平总书记指出，当今全球科技革命发展的主要特征是从科学到技术的转化，基本要求是重大基础研究成果产业化。科研成果转化，是新经济范式实现从科学到技术、从技术到应用、从应用到产业、从产业到经济正循环的关键，畅通科研成果转化渠道也是护航新质生产力发展的重要一环。提高科研成果转化率面临技术、应用和市场空间"三大鸿沟"，需要政府、科研机构和企业三方协同研发转化出更适合市场需求的成果，并进一步转化为可以推动社会生产力发展的应用。一方面，要建立健全知识产权

保护体系，完善针对科研成果的知识产权保护规范和转移程序制度等政策，对实施科研成果转化的企业给予相应的税收减免、知识产权保护等激励措施，鼓励企业积极参与科技成果转化工作。同时，以政府信用为保障，建立专门的技术转移机构，提供技术咨询、知识产权管理、合作项目等服务，协助科研机构和企业进行技术转移和科技成果推广，促进科技成果的商业化应用，为有意愿转化科研成果的单位提供相关服务，协助联系有实力转化科研成果的企业对接高校等科研机构。另外，还要积极探索新的科研成果转化模式，如科技型企业孵化、科技成果股权融资等，为科技成果转化提供更多的途径和选择。另一方面，要建立科学的监测评估机制，对科研转化成果进行全面的风险评估、选择和筛选，确保项目具备应用潜力和市场需求，以保证项目的可行性和安全性。另外，在市场评估完成后，还需保障科研政策与产业政策的有序衔接，坚持政府保障和市场评估相结合，畅通科研成果转化渠道，护航新质生产力发展。

（三）微观层面的有效举措

习近平总书记关于新质生产力作出的重要论述为应用新一代人工智能助推新质生产力发展指明了方向，国家宏观层面的战略引导和政府中观层面的政策驱动也为其提供了外部支撑和保障。新一代人工智能助推新质生产力健康可持续发展的关键还在于微观层面一系列具体有效的举措。新质生产力的发展本质上源于创新复合型数智人才的培养，始于新一代人工智能的研发和应用创新，成于金融资本赋能，功于智能产业化和产业智能化，终于智实融合经济，主要着力点集中在数智人才、自主创新、资本赋能、智能产业和智实融合五个方面。

1.大力培养创新复合型人才，以数智人才保障新质生产力发展

从马克思主义政治经济学角度来看，科研创新型人才是生产力跃升的直接推动者和参与者。加快新质生产力发展实质上还是要依赖数智复合型人才的创新能力。面对世界科技和人才激烈竞争的格局，党的二十大报告提出，教育、科技、人才是全面建设社会主义现代化国家的基础性、战略性支撑。因此，大力培育创新复合型人才是推动科技创新转化为新质生产力的战略支撑，更是保障新质生产力发展的重要举措。一方面，要加大科

研创新型人才培育力度；另一方面，也要构建产教融合的复合型人才培养新模式，促进各类复合型创新人才的培养。目前，我们要聚焦数智社会发展需要，深化数智人才制度和体制机制改革，健全数智人才引进、培养、使用和评价制度。针对新一代人工智能等前沿技术领域的高层次人才和紧缺人才，要搭建对外交流平台、畅通人才引进渠道、完善人才引进服务，创新有效路径，培育适应数智经济时代需要的创新复合型数智人才，推动社会生产力创新，保障新质生产力持续健康发展。

2.全面加强新一代人工智能研发和应用创新，以自主创新支撑新质生产力发展

面对当前复杂的国际形势，习近平总书记提出的新质生产力，给了全社会一个重要的标识性理念，时刻提醒、督促我们要把着力点放在技术研发和应用创新上。一方面，要以新一代人工智能研发为导向，通过国家级新一代人工智能基础研究项目等，主攻关键核心技术，加快建立新一代人工智能关键共性技术体系，建立健全重点科研机构和大型科技企业优势互补的合作研究机制，完善产学研结合的系统创新体系，推动建设更加开放包容的研发新生态。另一方面，要加快新一代人工智能应用创新，推动新质生产力的智能产业化和产业智能化应用，打造"基础科学—技术研发—应用创新"智能产业链（李海舰等，2022；钞小静和王清，2024）。随着新一代人工智能的快速迭代升级和应用创新，智能化产业的全球价值链正在被重塑。因此，要不断激发新一代人工智能研发和应用创新的潜能，以自主创新支撑新质生产力发展。

3.更好发挥资本服务新一代人工智能创新的作用，以资本赋能新质生产力发展

马克思主义政治经济学认为，资本是带动各类生产要素集聚配置的重要纽带。加快发展新质生产力离不开金融资本这一关键性纽带，尤其是金融资本市场的支持。一方面，金融资本是科技创新得以持续进行的源头保障，新一代人工智能作为战略性和前瞻性技术的代表，是金融资本支持和服务的创新主阵地。要充分发挥金融资本"供血"赋能作用，通过多种融资渠道为新一代人工智能产业发展提供灵活且充足的资金供给，同时，也

为新质生产力发展提供必要的资源配置和市场运作机制支持，促使政府和企业以资本市场为抓手，搭建完善的金融资本服务新质生产力发展的政策体系和创新服务模式，加快金融科技创新，支持智能创新型企业全面适应智能经济新常态，促使传统生产力向新质生产力跃升，以金融资本助推新质生产力发展。另一方面，金融资本市场可以对创新型企业进行筛选、发现和培育，引领产业转型升级，有效降低技术创新风险，拓宽创新型企业融资渠道，缓解创新活动的融资约束，通过并购重组、要素流动等方式，实现创新资源优化配置，提高创新效率，为新一代人工智能创新注入源源不断的内生动力，促进科技、产业、金融的良性循环（辛大楞，2023）。当前，要发挥金融资本通过赋能新一代人工智能创新，进而促进新质生产力发展的积极作用，同时，还要健全多层次金融资本市场，优化科技金融制度设计，加大创新资源整合的力度和提高创新资本循环的效率，更好地发挥资本服务于新一代人工智能创新的作用，以资本赋能新质生产力发展。

4.加快推进新型智能化工业发展，以智能产业引领新质生产力发展

当前，社会正处于新一代人工智能引领第四次技术革命的变革期，也是新质生产力快速发展的时期，我国的产业发展正处于从传统产业到数字化产业再到智能化产业的转型期，需要不断提高智能化产业在新型工业体系中的比重，加强数、智、实融合，加快推进新一代人工智能产业化，以智能产业化和产业智能化推动新型智能工业化，引领新质生产力发展。一方面，新型智能工业化与新质生产力有一个共同的内核，即以数智化为引领，促成新型智能工业化发展。另一方面，智能产业化和产业智能化都是由新一代人工智能研发和应用创新以及智能化社会需求引致的产业变革，只是在时间和空间维度有所区别，智能产业化侧重的是将新一代人工智能应用到传统产业和数字产业，而产业智能化侧重的是提升传统产业和数字产业的智能化程度。另外，要大力推进人工智能跨产业协同融合，优化产业的空间布局，在空间上实现高质量的规模经济和范围经济，通过新一代人工智能实现万物互联和万物智联，形成有效的新型智能化产业集聚与区域产业链。同时，在新型智能化工业发展战略和政策上采取先立后破、"锻长板+补短板"、"整体推进+重点突破"、"市场需求+制度供给"、"国内循

环+国际循环"、高水平对外开放等创新措施，积极推进新型智能化工业发展，以智能产业引领新质生产力持续健康发展。

5.持续推进智能经济与实体经济深度融合，以智实融合助推新质生产力发展

在第四次智能技术产业革命背景下，智能经济以新一代人工智能创新为核心动力。持续推进智能经济与实体经济全方位融合，一方面可以推动新一代人工智能不断迭代升级，实现实体经济跨越式向智能化转型，增强实体经济的核心竞争力；另一方面则可以促进社会生产力跃升，助推新质生产力发展。伴随着市场经济需求牵引、国家宏观战略引领、政府积极政策驱动、国家创新系统完善和产业创新生态发展以及实体产业数智化转型，智能经济与实体经济深度融合，不仅可以推动智能化生产和服务，还能最大化赋能实体经济发展，有效推动传统产业转型升级，增强实体经济的竞争力，以智实融合助推生产力跃升和新质生产力发展。

参考文献

［1］蔡跃洲，2021，《中国共产党领导的科技创新治理及其数字化转型——数据驱动的新型举国体制构建完善视角》，《管理世界》第8期。

［2］钞小静、王清，2024，《新质生产力驱动高质量发展的逻辑与路径》，《西安财经大学学报》第1期。

［3］钞小静、周文慧，2021，《人工智能对劳动收入份额的影响研究——基于技能偏向性视角的理论阐释与实证检验》，《经济与管理研究》第2期。

［4］陈永伟，2018，《人工智能与经济学：近期文献的一个综述》，《东北财经大学学报》第3期。

［5］程承坪，2020，《人工智能对劳动的替代、极限及对策》，《上海师范大学学报（哲学社会科学版）》第2期。

［6］冯涛、董嘉昌、李佳霖，2023，《ChatGPT等生成式人工智能对我国经济高质量发展的双重影响及其应对》，《陕西师范大学学报（哲学社会科学版）》第4期。

［7］高帆，2023，《"新质生产力"的提出逻辑、多维内涵及时代意义》，《政治经济学评论》第6期。

［8］ 关乐宁、徐凌验，2024，《通用目的技术视角下新一代人工智能的作用机理与治理体系》，《系统工程理论与实践》第1期。

［9］ 郭晗、侯雪花，2024，《新质生产力推动现代化产业体系构建的理论逻辑与路径选择》，《西安财经大学学报》第1期。

［10］ 韩颖、许薛璐，2024，《人工智能技术与人力资本结构升级：内在机理与经验检验》，《江西财经大学学报》第2期。

［11］ 何秋洁、何香玲、陈国庆，2023，《金融发展推动新质生产力加快形成的长效机制研究》，《当代金融研究》第11期。

［12］ 胡洪彬，2023，《习近平总书记关于新质生产力重要论述的理论逻辑与实践进路》，《经济学家》第12期。

［13］ 胡俊、杜传忠，2020，《人工智能推动产业转型升级的机制、路径及对策》，《经济纵横》第3期。

［14］ 胡莹，2024，《新质生产力的内涵、特点及路径探析》，《新疆师范大学学报（哲学社会科学版）》第5期。

［15］ 姜朝晖、金紫薇，2024，《教育赋能新质生产力：理论逻辑与实践路径》，《重庆高教研究》第1期。

［16］ 孔德臣、姜迎春，2023，《ChatGPT等新一代人工智能的特性及其数字经济效应——基于马克思的机器与异化理论》，《经济问题》第7期。

［17］ 李海舰、朱兰、孙博文，2022，《新发展格局：从经济领域到非经济领域——加速启动"五位一体"新发展格局的构建》，《数量经济技术经济研究》第10期。

［18］ 李海舰、李真真，2023，《中国经济高质量发展的路径研究——基于"新技术群"的加持》，《中国经济学》第1期。

［19］ 李森、刘振天、陈时见等，2024，《高等教育强国建设的中国道路》，《高校教育管理》第1期。

［20］ 李晓华，2023，《新质生产力的主要特征与形成机制》，《人民论坛》第21期。

［21］ 李政、廖晓东，2023，《发展"新质生产力"的理论、历史和现实"三重"逻辑》，《政治经济学评论》第6期。

［22］ 林晨、陈小亮、陈伟泽等，2020，《人工智能、经济增长与居民消费改善：资本结构优化的视角》，《中国工业经济》第2期。

［23］ 令小雄、谢何源、妥亮等，2024，《新质生产力的三重向度：时空向度、结构向度、科技向度》，《新疆师范大学学报（哲学社会科学版）》第1期。

［24］ 刘迪，2023，《新质生产力释放高质量发展新动能》，《文汇报》11月12日。

［25］ 蒲清平、黄媛媛，2023，《习近平总书记关于新质生产力重要论述的生成逻辑、理论创新与时代价值》，《西南大学学报（社会科学版）》第6期。

［26］蒲清平、向往，2024，《新质生产力的内涵特征、内在逻辑和实现途径——推进中国式现代化的新动能》，《新疆师范大学学报（哲学社会科学版）》第1期。

［27］蒲清平，2023，《加快形成新质生产力的着力点》，《人民论坛》第21期。

［28］邱超奕、葛孟超，2022，《智能经济加速跑 发展引擎更强劲》，《人民日报》9月5日。

［29］人民论坛"特别策划"组，2023，《新质生产力：高质量发展新动能》，《人民论坛》第21期。

［30］师博，2019，《人工智能促进新时代中国经济结构转型升级的路径选择》，《西北大学学报（哲学社会科学版）》第5期。

［31］石建勋、徐玲，2024，《加快形成新质生产力的重大战略意义及实现路径研究》，《财经问题研究》第1期。

［32］孙璇，2022，《人工智能时代生产关系的政治经济学分析》，《福建论坛（人文社会科学版）》第3期。

［33］孙妍，2024，《〈新一代人工智能基础设施白皮书〉发布 解答 AI 2.0 时代新基建》，《IT时报》1月5日。

［34］孙早、侯玉琳，2019，《工业智能化如何重塑劳动力就业结构》，《中国工业经济》第5期。

［35］汪前元、魏守道、金山等，2022，《工业智能化的就业效应研究——基于劳动者技能和性别的空间计量分析》，《管理世界》第10期。

［36］王林辉、钱圆圆、董直庆，2022，《人工智能应用对劳动工资的影响及偏向性研究》，《中国人口科学》第4期。

［37］魏崇辉，2023，《新质生产力的基本意涵、历史演进与实践路径》，《理论与改革》第6期。

［38］辛大楞，2023，《金融市场发展、跨境资本流动与国家金融安全研究》，中国社会科学出版社。

［39］杨骞、陈晓英、田震，2022，《新时代中国实施创新驱动发展战略的实践历程与重大成就》，《数量经济技术经济研究》第8期。

［40］张林、蒲清平，2023，《新质生产力的内涵特征、理论创新与价值意蕴》，《重庆大学学报（社会科学版）》第6期。

［41］张龙鹏、张兴叶，2023，《人工智能影响经济的效应与机制研究：一个文献综述视角》，《科技管理研究》第11期。

［42］张万里、刘婕，2023，《人工智能对产业结构升级的影响机制研究——基于资本—技能互补的理论分析》，《经济纬》第2期。

［43］张熙、杨小汕、徐常胜，2023，《ChatGPT 及生成式人工智能现状及未来发展方

向》，《中国科学基金》第5期。

［44］郑世林、陶然、杨文博，2024，《ChatGPT等生成式人工智能技术对产业转型升级的影响》，《产业经济评论》第1期。

［45］周文、许凌云，2023，《论新质生产力：内涵特征与重要着力点》，《改革》第10期。

［46］祝智庭、戴岭、赵晓伟等，2024，《新质人才培养：数智时代教育的新使命》，《电化教育研究》第1期。

（责任编辑：李兆辰）

南北经济分化：历史演绎与制度分析

邹志航　丁从明　王　聪*

摘　要： 中国南北经济差距扩大现象被广泛关注，本文尝试从历史和制度视角分析中国南北经济分化背后的深层次逻辑。本文基本结论表明，南北经济分化和演变并非晚近的、新的经济现象，而是隋唐以来中国区域经济的基本特征。传统中国在战争和人地关系驱动下形成的广义南北制差异，是理解历史和现代南北经济分化的重要视角。广义南北制差异具体为北方军农主义和南方农商主义的正式规则差异、"北疏南密"的行动组织差异以及"北农南商"的社会文化差异。新中国成立以来，传统的正式规则瓦解，但"南制"中的组织能力和商业文化为南方培育了市场意识和要素集聚渠道，南方民营经济顺势发展，鼓励竞争、创新的营商环境由此形成。南北制下的社会文化和社会组织差异是理解南北经济分化的底层逻辑。

关键词： 南北经济　南北制　民营经济　营商环境　区域经济

一　引言

伴随着东中西部经济发展差距的缩小，中国南北经济分化现象逐步凸显。这种分化主要体现在经济增速"南快北慢"和经济份额"南升北降"两大方面（申兵和党丽娟，2016）。对此，现有解释大多依赖于新古典经济学增长理论构建的新生产函数，分析资本积累、人才集聚、技术革新、产

*　邹志航，硕士研究生，重庆大学公共管理学院；丁从明，教授，重庆大学公共管理学院；王聪，博士研究生，重庆大学公共管理学院。本文获得国家社会科学基金一般项目（20BJL100）的资助。感谢匿名审稿专家的宝贵意见，文责自负。

业结构等要素如何影响南北经济分化（盛来运等，2018；邓忠奇等，2020）。然而，如果仅从要素积累和技术进步的视角去理解中国南北经济变迁，显然无法完全掌握经济分化背后的深层次逻辑。正如诺斯（1990）所言，"增长要素变动与其说是经济增长的源泉，不如说是经济增长本身"。在要素背后，制度才是决定长期经济绩效的更深层次、更基础性的因素。因此，本文借鉴历史学的"南北制"概念，从历史变迁视角分析南北经济分化背后的深层次原因。

　　传统上，以"秦岭—淮河"为界划分①出南北两个"基本经济区"（冀朝鼎，2014）。北方地区，早期频发的战争催生了以农养军为制度导向的农耕生产模式，绵延战火屡次摧毁北方经济成果，催生出以军农主义为导向、大量自耕农为行动主体、重农崇仕的"北制"。两次南北对峙时期，②伴随人口南迁和稻米经济的兴起，南方商品经济逐步发展起来，形成了以农商主义为导向、宗族组织和富民团体为行动主体的"南制"模式。盛唐之后，区域经济基本特征由"北强南弱"逐步转化为"南强北弱"。宗族组织和富民团体、繁荣的商品文化成为南方的基本社会特征，推动专业分工的出现和斯密型经济增长。同期，稀松的社会网络和农耕文化对小农经济格局的强化，让北方地区逐步陷入马尔萨斯型经济增长的怪圈。

　　新中国成立以来，计划经济体制下形成了"北重南轻"的重工业布局，改革开放以来东西部经济差距快速拉大，让南北经济分化问题一度被忽略。进入21世纪，政策引导下东西部经济差距趋于缩小，区域内在的市场化力量逐步成为形成区域间发展差异的主要因素，驱动经济发展的传统底层制度逻辑再次凸显：南方"偏商"的社会文化下促成的现代市场，密集的社会网络和组织则有利于拓宽金融、信息渠道。二者共同推动了民营经济的发展、市场活力的增强和营商环境的改善。

---

① 尽管本文分析时间跨度较长，且南方与北方在不同历史时期所指范围不同，但本文意在从历史视角解读现代中国南北经济差距，因而本文所指南北方取代常见的"秦岭—淮河"为界的划分方式，历史学界分析南北方差异时也多以此为标准。

② 学界一般称魏晋南北朝为南北对峙时期，李治安（2009）将宋辽夏金元时期称为第二个南北对峙时期，并率先提出"南北制"，不过其主要是针对正式制度而言。本文从新制度经济学视角，拓展"南北制"的含义，探讨历史上南北制因素对现代中国经济的影响。

本文后续结构安排如下：第二部分主要梳理南北制差异及其源起，第三部分说明南北制下明清时期南北经济增长路径分化，第四部分讨论制度变迁、路径依赖与现代南北经济再平衡再分化，第五部分为结论性评述。

二　南北制差异及其源起

本文所指"南北制"理论是经济学内生制度变迁理论和历史学"南北制"理论①更侧重于南北方的徭役、税制、行省制等正式规则差异（李治安，2009、2011、2015）。经济学视角下，诺思（1981）早期将制度定义为"博弈规则"，分为正式制度和非正式制度，认为相对禀赋和相对价格变化促使制度变迁。后续学科发展中，对制度变迁机制的观察逐渐内生化，格雷夫（2008）强调制度基础是在为共同目标而努力的团体之间形成的，文化作为团体的内在行为指南内生地影响着制度的选择；青木昌彦则强调共同信念的作用，阿西莫格鲁更偏向于探讨在不同政治制度下主体（组织）的选择与偏好如何影响经济制度和绩效（彭涛和魏建，2011）。综上，可将制度的基本要素分解为"正式规则（政治制度等）""文化（信念）""组织（行动主体）"三种。因此，本文将广义的"南北制"定义为：北方军农主义和南方农商主义的正式规则差异、"北疏南密"的行动组织差异以及"北农南商"的社会文化差异。新中国成立后，传统南北制中的正式规则逐渐消弭，但经济主体在长期互动过程中形成的社会组织和社会文化差异依然构成了当代南北两个"基本经济区"经济分化的底层逻辑。

---

① 该理论指出从秦朝（公元前221年）到明初（1368年）的约1600年时间里，疆域统一朝代为秦汉、隋唐时期（分别是公元前221至公元220年；公元581~907年）共计760余年，南北对峙为魏晋南北朝和宋辽夏金元（即公元220~581年；公元907~1368年）820余年，南北对峙与疆域统一的时间几近重合，南北由此衍生出不同的制度，"南制"与"北制"的历史概念随之诞生。

（一）正式规则差异：北方军农主义和南方农商主义

传统社会具有强烈的重农主义色彩，其对农本文化的推崇源于何处？邓钢（2020）指出，传统中国历史中，战争是促进社会经济系统形成的重要因素，这种不同利益团体之间的长期斗争导致以农业为核心的军农主义形成。春秋战国时期频繁的战事促使政府不断向民众汲取统治资源，[①] 储备军粮、推行兵役，尤以秦国为甚。商鞅变法是秦国实施一系列以军事资源最大化为目的的农业制度改革，《商君书·农战》记载，"国之所以兴者，农战也……善为国者，其教民也……民朴……则国强"。推行以农业为中心的军农主义的秦国军粮、兵役储备充足，为其一统六国提供了物质基础，这种重农主义的军事制度成为传统中国的常态（邓刚，2020）。

秦国一统六国后建立的集权式制度，本质上是农业汲取型制度，即倚靠政治手段使小农依附于土地，实现统治资源的转化。在军事边防上，秦国实行以农养军的耕战模式，农业生产以供给军粮军需为首要目的，谷物种植与战争机器全面结合；在土地制度上，秦国"为田开阡陌封疆，而赋税平"，将土地划为私人所有，允许买卖，并在此基础上推行军功授田制，以军功大小论赏田地多寡，充分激励农业生产和领土扩张；在社会管理上，秦国尽可能地分解氏族网络为"一丁一户"的小农，并划定固定职业与固定阶级以减少社会流动，合法歧视商贾，发配商贾在册者及其亲眷于边疆服役（万志英，2018）。总之，小农被最大化地分散在土地上劳作，政府将用最小化的支配成本获取的资源配置于军事，迫使大部分经济资源向统治资源转化，军农主义"北制"初具雏形。

秦汉之际南北经济对比明显。汉继秦法，分散的小农依旧重点开发北方地区，85%以上的人口聚集在黄河流域，该地区农业文明也进入筑圩垦殖的较高层次。此时，长江流域则处于"地广人稀，饭稻羹鱼，或火耕而水耨，果隋嬴蛤"的状态，更南边的，被称为百越的两广、福建、云南等地，虽然早在秦朝时就已设立"南海郡""闽南郡"，但相对贫瘠，以至于

[①] 鲁西奇（2010）将政府向社会汲取资源的类型区分为统治资源和经济资源，粮食、人力等属于经济资源，将用于战争的经济资源如赋税、军兵和劳役称为统治资源，持续的战争推动了经济资源向统治资源的集中调配转换。

自吴郡（浙江）游历至交趾郡（今越南）的东汉学者直言一路未曾见"汉地"（葛剑雄，2013）。

魏晋南北朝时期，北方均田制与南方大土地占有制并行。随着气候转冷，游牧民族南下，农牧冲突和战争逐年加剧。如图1所示，北方战事累计900余次，屡遭变乱，人口流散，而南方仅其1/4不到。北魏均田制是秦汉时期以农养军制度的复兴。政府把大量无主土地纳为国有再分给民众耕作，禁止买卖和占田逾制。在均田制基础上，北魏发展出以一夫一妻为单位向官府交纳帛一匹、粟二石的户调制和农隙训练、战时入伍、兵农合一的府兵制。这使稀缺的劳动力资源固定依附于土地上，开展分散的小农生产，维系着北方汲取型农耕制度。

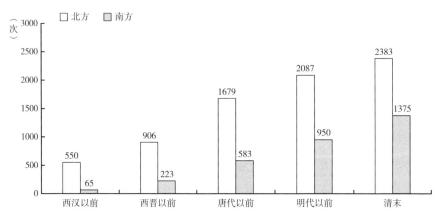

图1　南北方战事累计发生数量对比

资料来源：（中国军事史编写组，2003）。

随着"衣冠南渡"，以建康（南京）为中心的江南地区[①]得到大规模开发，以长江或淮河为界线的南北两大地域差异凸显（李治安，2015）。东晋时期，北方移民不断涌入南方地区，在相对和平稳定的政治局势下开荒垦殖，发展水利灌溉，形成了大土地占有的庄园经济，在单位土地面积上投入更多劳动力开展规模化生产，提高土地生产效率。据《中国历代粮食亩

[①]　江南地区分为狭义江南地区（特指太湖流域）和广义江南地区（江苏和安徽南部、浙江、江西北部大部分地区），若无特殊说明，本文所指江南地区为狭义江南地区。

产研究》记载，南朝亩产比之汉魏可能提高40%，而北朝亩产则与汉时相当，南方稻米生产水平近乎与北方的粟并驾齐驱（吴慧，1985）。庄园经济下的农业剩余流入市场，增加了商品交易频次，江南地区逐渐形成了新的经济区。南朝户租已经能用货币、布帛代替，国家税收倚重市场交易。陈寅恪（1956）曾记载南朝"国用注重于关市之税"，北朝"唯受谷帛之输"，税制的演变标志着维系商品交换的相关规则已经成为南方制度的重要组成部分。

至隋唐两宋，为支持北方持续战争对军事资源攫取的需求，北方继续推行适应耕战的军农主义"北制"模式。隋唐制度最初以北魏为基础（陈寅恪，1956），而后逐渐南朝化。隋唐后期，农民因地少财微、赋役沉重而破产逃亡，地主兼并土地的现象愈演愈烈，均田制在唐德宗时期最终废弛，租庸调制度也转为偏南制的两税制（李治安，2015）。然而，到宋辽夏金元时期，再度爆发的农牧冲突迫使北方政权出现了重现以农养兵制度的倾向。宋金战争后，北方人口从760万户降至300余万户，中原地区出现大片废弃农田，女真族将土地再次纳为国有，并采取民族差异化政策。北制中的奴隶制、全民服役和官营手工等职业限制制度，均以强化社会强制型管理、强化人口对政府的人身依附为目的，最终形成集聚资源于"农业—军事"的二元体制。蒙元一统中国后，在原有基础上推行屯田制度，并辅以强制百姓编组供役的职业户计制，人口对土地、对政府的人身依附被极度强化。

反观南方，尤其是狭义的江南地区，因安居一隅、移民开拓以及唐宋变革的成果，发展出以经济契约代替人身依附为核心的"南制"（李治安，2016），并不断向江西、珠三角等地推广。自东晋末年起，长江三角洲地区不断开发从而走向富庶。在南宋末年，大土地占有下的契约租佃制逐渐发展。稳定的佃权激励佃农对土地长期投资，土地利用效率持续提高。大量农业生产剩余流入市场用于交换，农业不再是南方唯一的支柱，工商税额在南宋时期超过农业税额，历史首度呈现出"农商并重"的经济世相。随着经济重心的转移，江南地区更是被史学界称为"农商社会"。①在狭义的江南地区之外的江西北部、珠三角地区的发展同样迅速，据《宋史·地理志》记载，宋徽宗崇宁元年期间，江南西路人口超 200 万户，占全国人口的 1/10，居各路之首，王安石、曾巩、欧阳修等江西进士人数约占朝堂官员人数的 1/6。珠三角地区在宋代南迁移民推动下也迎来了一定程度的开发。本文将这种商品流通迅速繁荣、商业文化昌盛的南制概括为"农商制度"。

（二）行动组织差异：北方原子小农与南方宗族组织、富民团体

"聚居之风，古代北盛于南，近世南盛于北"（吕思勉，1985）。两次南北对峙时期，北方早先的聚居模式因战争而消失，但南方仍保有聚居的传统，并通过移民和种植需求得以强化。社会组织结构的差异由此产生：北方以原子化分布的小农为主，南方则以强关系网络的宗族组织、富民团体为特征。

两次南北对峙时期，频繁的战争不断改变聚居形态，推动人地关系变迁和民族融合，北方社会的基本组织由大家族聚居转向小家庭散居，形成了地广人稀的社会图景。均田制等土地制度的实施和游牧民族内迁形成的多民族、多姓氏混居格局，也促进了氏族的分散，巩固了小家庭的基本社会组织地位。这种家户各自生产的原子小农的基本特征是小规模家庭与小规模土地紧密结合，即"五口百亩之家"（于凯，2006）。

得益于安稳的社会环境、移民涌入以及生产协作的需求，南方聚居传统得以延续并逐渐发展出宗族组织和富民团体。汉民族史上最大的三次移民潮②均为自北向南的举族迁徙、聚集定居，这客观上巩固了聚居传统，推动了南方地区开发和稻作技术的成熟。此后的移民多为南北内部移民，且仍主要以北方小家庭、南方大家族的形式迁徙（王询，2007）。水稻的精细种植对水利设施和协作的要求很高，单个家庭无力完成，而旱田耕作相对

---

① 历史学界将南宋时期的江南地区称为"农商社会"，主要特征为：经济作物产业扩张，商品性农业促使农村经济结构变化；交易网络形成，市镇兴起；区间、区域、国际贸易推动经济开放性提高；纸币、信用等现代经济要素出现。在此基础上，出现"帝制农商社会"理论。还有部分学者称之为"富民社会"，不过研究重点放在因商品经济发展而获得大量财富的"富民"阶层。不管哪种学说都表明江南地区商业网络高度发展、准市民经济逐渐兴起。

② 三次移民潮为永嘉之乱、安史之乱和靖康之难。

粗放，需水量少，很少需要超出家庭规模的合作（丁从明等，2018），这进一步加剧了南北方聚居模式的差异化。

宋代理学思想促使聚居的父系群体进一步规范建构，近世宗族基本形态在南方产生。血缘、地缘的强社会网络为宗族提供了金融支持，族学、族田保障了人力资本投资，族内科举高中、经商获利的族人发迹后往往会回馈宗族，从而形成正向循环。同时"不抑兼并"的土地制度变革推动了贫富阶层之间的社会经济往来，乡村中不乏依靠占有土地、经营土地而致富者。富民阶层逐步形成，[①]他们受过良好的文化教育，多以土地经营致富，也有以经营手工业、商业致富者。在宋代，上三等富户占九成二以上、总户数占13.3%~33.9%的富民阶层，拥有60%~70%的土地财富（薛政超，2011）。钱穆（2013）指出，北宋王安石变法背后的阻力恰恰就是南方富民社会与北方原子小农社会在利益上的分歧，北方的大户是一村一家；南方的农村则基于新的经济制度，一村内可同时有十多户是有钱的。

尽管新兴的宗族组织和富民团体没有正式的权力，但他们仍然是国家控制乡村社会的主要力量。相较于魏晋南北朝家世显赫的豪民团体，富民并非"那些既有财富又有特权的官僚阶层"，他们流动性更强，因商业而兴，亦因商业而败，无官方背书的正式权力，但其因特殊的社会地位和声望而拥有参与地方事务决策的"非正式权力"，王朝政权多以乡村富民、族长充任职役头目。"皇权不下县，县下惟宗族"，族长和富民成为国家控制乡村社会的主要力量。富民团体引导庄园开展规模化种植，创造源源不断的财富，兴修水利和学馆、从事灾荒救护等活动，维持乡村道德秩序（林文勋等，2015）。

（三）社会文化差异：北方农耕文化与南方农商文化

文化是在行动组织与历史事件的长期互动中形成并内化为人们决策的原则，形成习俗、惯例并自我强化。北方长期农耕实践塑造了农本文化，南方商品经济发展则促成了农商并举的社会文化。

重农思想成为北方文化的基调。频繁的战争要求政府不断将土地、农民

---

① 富民阶层意指"总体上而言，富民应是五等户制下的上三等户"（林文勋，2008）。

进行转化，耕战模式为北方带来更多兵力的同时，也钳制了北方地区的思想。政府以积粮实仓为急务，视商业于末途，打击妨害农业垦殖的商业阶层。秦始皇将工商业者地位降到与罪犯等同，汉高祖对商贾施以重税政策，不得着丝衣、不得做官吏（赖作卿和王曾金，1995）。《史记·货殖列传》中指出在黄河流域"最尚稼穑"的风俗圈，"秦、夏、鲁好农而重民，三河、宛、陈亦然"。两宋时期最为重农者仍在开封府、京东路、河东路、陕西路等地（王大建和刘德增，1999），居民毕生所求多诉诸土地和仕途。

南方稻作经济的兴起推动农商社会雏形初现，商业文化盛行。南方文化初期并不过分倚重土地，渔猎、瓜果采摘皆为食物来源，汉末之际南方仍处于"地广人稀，饭稻羹鱼，或火耕而水耨"的状态。两次南北对峙时期，南方受战争侵扰相对较少，顺利承接了唐宋变革的成果，稻米经济兴起。同面积的水稻能产生更多的农业剩余，人口从土地耕作中得到解放，形成了各类专业化分工，园户、船户、灶户、窑户等新兴职业开始出现（郭正忠，1990）。社会广泛分工推动产业细分，区域分工初露端倪，江南纺织业、蜀地茶业、泉州瓷业日益发达。相应的，各类中介如牙行、掮客等职业兴起，将分散的商品予以集中运输，促进了商品流通。宋代第一次出现工商税额高于农业税额的现象，史学界将以江南为代表的商品经济发达地区称为农商社会。农商社会赋予南方迥异于北方的财富观、从业观和契约观，即不以仁义与否评判君子或小人，而以赚钱多寡判定"贤与不孝"（王大建和刘德增，1999）。另外，南方精耕稻作对灌溉和劳动力的需求诱发亲友邻里间的劳动协作，形成了强调群体身份、情感依存的集体主义文化（Talhelm 等，2014）。

综上，经过两次南北对峙时期，至元末明初，广义南北制的差异基本形成，具体如表 1 所示。

表 1　南北制差异

类别	北制	南制
正式制度导向	军农主义	农商主义
行动组织	原子小农	密集网络：宗族组织、富民团体
社会文化	重本崇农文化	农商并举文化

三　南北制下明清时期南北经济增长路径分化

疆域统一的明清时期是"广义南北制"作用下南北经济增长路径明显分化的时期。北方地区在"广义北制"下沿循马尔萨斯型经济增长方式，通过同类型农户数量的增加实现经济总量增长，而并无劳动生产率的提高，更遑论技术进步；在"广义南制"的影响下，农商社会内涵从狭义江南地区沿长江扩散至南方其他地区（以及大运河沿线的部分北方地区），通过提高劳动生产率实现了经济总量增长，承接并发展宋代以后的斯密型经济增长方式，只是也没有实现技术突破（李伯重，2001、2011）。

（一）南方地区的斯密型经济增长：市场分工和专业化

南方地区斯密型经济增长主要是通过分工和专业化带来劳动生产率的提高。南方地区内部经济发展不均衡，狭义江南地区在宋代就已进入"农商社会"，经济与文化发展程度长居龙头地位，江南西路次之，湖广和东南沿海再次之。明清时期，远离政治中心的南方地区，农业、手工业内部的高度分工和专业化带动了农村集镇经济发展，并沿密集的水运网络向外辐射。江南地区实现了"早期工业化"，农业重心迁移至湖广，强有力的社会组织和诸业并举的商品文化推动了大部分南方地区商品经济的发展。

明清承接南宋契约租佃的土地制度，并发展出永佃契约、田面权与田底权分离等新形式，多样化的产权形式推动了土地商品化。明清的江南地区可耕地几乎开垦殆尽，人口密度达每平方公里500人，人地关系紧张，土地价值相对上升，激励人们对土地的集约利用和长期投资。对佃农而言，长期投资的前提是佃权长期稳定，永佃制由此产生。佃农从地主处取得长期佃耕的权力和支配田面的权力后，可以将田面权再次转佃给别的佃户，新佃户向原佃户交小租、向地主交大租，田面权和田底权分割开来。土地产权多重分割极大地削弱了佃户对地主的依附性，"田中事，田主一切不问，皆佃农任之"，南方佃户"不过借业主之土块而耕之，交租之外，两不相问，即或退佃，尽可别图"（陶煦，1979）。佃户通过租赁土地自主配置劳动力、资本、技术等资源，具有农业企业的特征。佃户为追求利润最大化开展多样化经营，佃户农场已然成为集农业、手工业和副业于一体的小型企业。在租佃制最完善的江南地区，个体农户面向市场的专业化生产达到了传统技术条件下的极限（龙登高和彭波，2010）。比较晚清民国时期南北集镇密度可知，江南是华北地区的 5.3 倍（单强，1998）。

表2 晚清民国时期南北集镇相关数据

区域	面积 （平方公里）	人口 （万人）	集镇数 （个）	集镇密度 （个/公里²）	镇间距离 （公里）
江南	49741	1940	1383	27.8	6
华北	434577	6266	2248	5.2	14

资料来源：（单强，1998）。

仰赖发达的水陆交通网络以及纵贯南北的运河水系，南方市场突破江南小集镇，向整个南方地区、全国乃至海外地区扩散。南方河网密集、流量平稳、跨越地区多，河港遍布，河运可以低廉的运费实现粮食、棉布等大规模商品的交换与贩卖，区域内分工加深、市场整合度提高。大宗商品的顺利流通使经济布局调整、资源优化配置成为可能，以长江干流的流通枢纽城市为集散中心、支流的区域性商品城市为中介、广阔的农村集市为末端"毛细血管"形成的商品流通网络，有利于长江中上游的大量粮食、日用品流向各个经济节点，以及江南地区和珠三角等地的高附加值的轻工业产品输出至全国（许檀，1997、1999、2000）。明清时期，国际市场对手工艺品的需求增加，促使江南、珠三角等地的产业升级，李伯重（2011）称其实现了超轻型结构的早期工业化。

随着商品流通网络拓展，江南地区以外的南方区域也逐步向农商社会转型。除出海贸易盛行的东南沿海地区如珠三角、浙闽等地外，湖广、江西地区的商品经济在明清时期同样高速发展。人口数量可反映经济实力，据陈正祥（2021）统计，明洪武二十六年全国人口分布中，直隶（南京）人口最多，占比 17.7%；浙江次之，占比约 17.4%；江西第三，占比 14.8%，三者人口合计接近全国人口数的50%。明代文魁①分布亦是如此，共计215人，其中南直隶66人，浙江和江西均为48人，三省进士约占总数的3/4。元末稍显落后的湖北、湖南等地在明清期间同样迅速商业化、城市化。江汉平原在清雍正时期的粮食产量比明初翻了两倍，高达37亿斤，且其中23亿斤供于市场交易流通，与此相匹配的是交易网络的建立与各类专业市镇的兴起（张家炎，1995）。南方相对于北方更具有从农业文明转向工业文明的市场基础（葛金芳，2009）。

"南北制"下以宗族组织、富民团体为代表的紧密型社会网络是推动斯密型经济增长的内在动力。社会网络、社会组织对南方市场分工、经济增长的影响主要来自资本积累、市场环境维护和公共品提供三个方面。

首先，社会网络、社会组织与财富共同演进。明中后期政府允许商人捐纳入仕，宗族之间对财富和功名的追求推动宗族成员从商兴家（吴琦等，2019）。宗族通过金融互助实现初始资本集聚，凭借社会网络降低交易成本，利用家规族约维护商业契约，宗族组织推动了家族式企业的创办和发展。较大型的原始商业组织——地域性商帮陆续崛起，传统十大商帮中七席发迹于南方。商帮的贸易版图、经营范围广阔，如徽商涉足的行业包括盐、典、木、粮食、棉布、丝绸等，贸易版图从长江中下游向京杭大运河流域、北方重点市镇扩散（蔡洪滨等，2008）。商帮对明清贸易分工的扩大和社会财富的积累而言意义重大。

其次，社会组织影响商品经济环境的松缓程度。相较于北方，南方地区的社会组织可缓冲某些政府政策的随意性，维护市场环境，如明初实行严苛的海禁政策，禁止出海捕鱼，沿海富商团体以走私活动抵制法令，甚至构建起严密的海上贸易组织（唐力行，1990）。最终政府被迫解除海禁，繁荣的海洋贸易带来的白银流入促使产银量较低的中国向银本位制度转变。

最后，社会组织助力地方公共品提供，促进社会分工与经济发展。各类宗族、会馆、义学等民间组织是政府与民间的市场化连结纽带。它们通

---

① 指状元、榜眼、探花及会元。

过细化规则、明确产权，协调资源以在市场上牟利，具备一定的法人色彩，是发育相当成熟的组织，代替政府部分承担起提供公共物品、维护公共秩序的职能。清代湖北的桥梁津渡，官修 254 个，民修 1636 个，安徽道路津渡也几乎全为民修。[①]（龙登高等，2018）。农业设施同样如此，政府注重对大型河流的"治水"，而对小型灌溉系统关注不足，为此大部分的灌溉网络都由私人建造和维护（邓钢，2020），宗族、水会等社会组织能有效组织力量优化灌溉系统。这些基础设施的修建为农业剩余积累、区域间贸易往来和分工协作提供了保障，推动了南方向斯密型经济增长转型。

诸业并举的社会文化驱动民众从商创业，推动南方经济增长转型，而商品经济进一步反哺商业文化，形成正向循环。明清时期的商品流通和对外贸易要求从业者能识字、算数，为此读书人增多，文化普及率提高。限于国家对进士名额的地区分配制度，尤其是南方登科及第门槛的提高，十年寒窗未能入仕者大有所在。"过剩的"读书人投身于账房、书办等，士与商的界限愈发模糊，儒士世俗化倾向明显（李伯重，2004）。商业文化蓬勃发展鼓励读书人从商创业，个人价值实现不再局限于仕途。所谓"从商创业"不仅包括从事贸易活动的行商以及经营店铺的坐贾，还包括自营手工业主和工商业的出资股东，由此催生了新兴的富民阶层。这些新兴的富民、儒商因农业、商业而富足，却无皇权阶层的特权，具有流动性、市场化和平民化等特征。他们依赖宗族、商帮等社会组织提高自身抗风险能力、摊薄经营成本，推动了市场分工。

明清南方农业经济和城镇经济都高度商业化，以长江三角洲为核心的江南地区和以珠江三角洲为核心的东南沿海地区的斯密型经济增长最为典型，前者得益于长时间经济发展的积累，后者得益于"屡禁不止"的沿海贸易。

（二）北方地区的马尔萨斯型经济增长：越垦越穷、越穷越垦

长期原子式农业生产实践固化了北方地区的小农经济格局，商品经济发展缓慢。积年累月的过度垦殖导致北方土地肥力持续下降。小麦的推广

---

① 民修：所谓"民修"，即地方族绅、邑绅牵头的宗族等民间组织修建。

加剧了对地下水的汲取，黄河屡次决堤改道、沿线旱涝频发。明清时期水文环境恶化进一步使得环境承载力下降，陷入了"越垦越穷，越穷越垦"的怪圈。黄河水系混乱还导致水运不仅无法发挥市场整合功能，甚至还起到阻碍的作用（颜色和刘丛，2011）。

松散的社会网络和农耕文化也限制了北方的经济增长方式转型。北方社会大多为分布广散的自耕农，明朝北方宗族组织刚开始发育时，就屡被起义、动乱等破坏。购置族田、修订家谱、人才培养等宗族建设事务囿于资金短缺而无法开展，资本难以积累，组织难以维持。北方农耕文化对经济发展的钳制效应还体现在官僚和平民阶层。大量原子化自耕农的毕生所求都是良田美地，资本的原始积累难以实现，他们对土地的执着使得市场分工难以深化，除运河沿线枢纽城市外，北方地区基本处于自给自足的自然经济状态。

总体而言，明清时期的江南地区劳动分工和区域分工得以实现，经济增长方式成功从马尔萨斯型向斯密型转变，李伯重（2004）称该时期江南经济为最早的现代经济形态之一。以商人、地主为代表的"富民"作为社会结构的核心，主导着南方地区的经济发展。北方经济的发展则止步于商品经济，局限于马尔萨斯型增长路径。南北经济类型及其社会类型的简单归纳如表3所示。

表3　南北经济类型及社会类型分化

类型	北方	南方
经济增长类型	马尔萨斯型	斯密型
社会类型	农业社会	农商社会

（三）南北区域经济的外生冲击：殖民战争

1840年鸦片战争后，国外殖民势力的渗透对中国经济系统产生了破坏性冲击，区域性商品循环被破坏。此阶段移民主要运动方向为北方内部（闯关东）和从南方到海外（下南洋），移民对文化的影响并没有史上最大的三次移民潮的效果明显。

这一时期中国境内现代工商业企业初露头角。国外势力利用中国原有的商品流通网络体系，强迫清政府开放以水路运输沿线为主的通商口岸城市（许檀，2000）。这些港口城市多集中在南方以及沿海地区，外资企业也多聚集于此地。晚清、民国政府也将一些官僚资本企业开设在东南沿海——长三角以及珠三角地区（刘军，2008）。至于买办资本和民营企业，"南制"对这些企业的吸引力更大。南方拥有更多的资本积累和更浓厚的商业文化，外国资本对中国民营企业起到了一定的刺激作用；而北方地区政府掌控能力更强，政权组织强势推动官僚资本进入高利润产业，对民营企业产生挤出效应。全面抗战时期，这些企业或困于经营，纷纷破产，或被日伪政府所侵占。相较之下，南方商业文化更浓厚，强大的社会组织能力和密集的社会网络，有利于优化配置资本和劳动力等生产要素，这是现代民营企业诞生最大的源泉，中国近代史上第一家、第二家民营企业[①]先后在上海和广东诞生。

四 制度变迁、路径依赖与现代南北经济再平衡再分化

经济发展存在路径依赖，任何的生产力都是历史活动的产物，是人们生产实践的结果。新中国成立以来，在计划经济体制下生产资料公有化，富民团体和传统社会组织走向衰落，但宗族作为南方传统社会基本的组织结构，依然保持着生命力。传统社会的"南北制"下正式制度、部分社会组织解构消弭，但是"北疏南密"的社会网络和"北农南商"的社会文化持续影响着现代南北异质性市场发育水平、营商环境类型，进而引致南北经济分化。

（一）现代南北区域经济发展变迁

新中国成立伊始，南北区域经济结构经历了再平衡、再分化的过程。中国"东西南北"的区域平衡与分化历程大致可分为以下三个阶段。

1952~1978 年，基于国家安全等因素考虑，主要重工业企业有计划地布局于内陆和东北地区。"一五"计划时期，苏联援建的 156 项重工业项目中，设在北方的共计 143 项，仅东北地区就有 57 项。整体而言，在这一阶段的

---

① 第一家、第二家民营企业分别为发昌机器厂、继昌隆缫丝厂。

工业发展战略下南北差距并不明显，北方部分年份的发展甚至稍强于南方地区。

1978~2000年计划经济向市场经济转型，家庭联产承包责任制的实施极大地调动了农民的生产积极性，释放了大量农业富余劳动力，乡镇企业迅速壮大。[①]20世纪90年代，初步形成由南到北、由东到西的"特区—沿海—沿江—沿边"循序开放格局，沿海地区经济开始腾飞。此阶段，得益于区位和政策优势，东南沿海先行一步，东西部经济差距逐步扩大。

2000年以来，中央政府为解决区域发展不平衡问题，推行西部大开发、中部振兴战略，东中西部经济差距逐渐收敛。伴随东西部经济差距的收敛，南北两大基本经济区的历史分化开始重新凸显，2012~2019年，北方经济总量占全国的比重从46%降至40%以下，北方原本领先的人均GDP也被南方反超，两者人均财政收入绝对差距同样也由相差无几变成南方领先北方600元左右。

东西部经济差距何以缩小，而南北方经济又何以分化？本文的框架下，可以发现东西部经济差距更多源于改革开放政策次序、沿海的地理区位优势等因素，伴随红利消退，东西经济差距自然趋于收敛。但"南北制"视域下，南北两个经济区更像是两个异质性的俱乐部经济体，俱乐部内部存在经济收敛，但是区域之间并不存在绝对的收敛。将考察时间置于更长的历史时段，南北经济分化是隋唐以来区域发展的"旧"常态，伴随着政策安排渐趋中性，南北经济分化问题自然重新浮出水面，这是传统"南北制"的制度逻辑。

其实，即便在东西部经济差距持续拉大的时候，南北经济问题也并没有完全被掩盖。以1984年入选沿海开放城市的宁波、深圳和大连三个城市为例，当年大连GDP甚至高于前两者之和，到2020年，大连GDP为7030.1亿元，而宁波、深圳GDP分别增至12408.7亿元、27670.2亿元，实现反超，展现出更强的市场活力。另一个典型案例是江苏的苏南、苏北地区，苏北隶属齐鲁文化圈，多传承黄河农本文化；苏南则是南方农商文化的主要承载地

---

① 据王玉华（2003）的统计数据可知，1999年在乡镇企业数量上南方领先10%，在贡献了近乎一半产值的前六个省份中除山东、河北外皆来自南方地区。

（於凡和欧向军，2006）。改革开放以来，苏南经济蓬勃发展，苏北经济发展较为滞后，这再次印证了广义南北制才是当代南北经济分化的底层逻辑。

（二）历史的馈赠：南北制下现代民营经济发展

企业是市场经济主体之一，民营企业更是市场经济发展中的中坚力量。南制的持久影响体现为对南方经济的历史馈赠：商业文化激发市场意识，社会网络集聚生产要素，为南方民营企业的发展提供了内生动力。

1."北农南商"的社会文化与市场经济意识

文化是意识的群体表征，往往会内化为行动准则，而行为会成为文化的载体，实现规训和得以延续。传统"北农南商"的社会文化绵延出现代社会南北市场意识的差异。自宋以来，北方商品经济不如南方发达，小农意识更为浓厚，黄少安等（2023）就指出北方省份官本位思想相对突出、安土重迁的氛围更浓郁。南方地区自两宋起就形成有别于小农意识的市场意识与商业精神，以及与交换经济相兼容的"善进取，急图利""崇尚柔慧，厚于滋味"等社会文化。整体而言，南方相对北方市场意识愈显成熟（汤光平和何樟勇，2004）。

市场意识影响人的储蓄行为、消费行为、投资行为及职业选择倾向。在个人职业选择上，受北方传统农本观念、官本位思想的自然传承影响，人们更青睐能提供稳定"铁饭碗"的公共部门（见表4）；而南方人投身高度商品化市场的意愿更强，也愿意更早投身其中。北方的人力资源在商业领域的配置受文化钳制，南方的农业富余劳动力积极拥抱商品市场，带动乡镇企业发展，成为中国经济增长的重要力量。

契约精神也是市场意识的重要组成部分。传统中国强调伦理道德的非正式约束，依赖于契约等正式约束的意识较薄弱。南方商人从宋元起就频繁与阿拉伯商人进行海上贸易，模仿构建跨期信用和契约体系（陈志武，2021）。现代市场经济体制下，南方社会的契约精神在更高频次的交易活动、更发达的外贸活动中不断得以增强。契约精神对地区创新而言至关重要，创新产品的需求存在很大不确定性，面临低收益甚至零收益的风险，其价值实现更依赖于浓厚的契约意识、产权意识的保障。契约意识薄弱的地区，创新活动无法真正落地生根（夏杰长和刘诚，2020）。

表4　南北方城市公共事业部门就业人口占总就业人口比重

单位：%

区域	2003年	2004年	2005年	2006年	2007年	2008年	2009年	2010年
北方	2.43	2.44	2.47	2.31	2.48	2.49	2.53	2.54
南方	1.62	1.61	1.60	1.55	1.58	1.60	1.62	1.62

注：北方地区未包含新疆数据，南方地区未包含西藏数据。

资料来源：历年《中国区域经济统计年鉴》。

2. "北疏南密"的社会网络与民营企业分布

传统社会组织如宗族曾被视作陈旧文化而受到短暂打压。而20世纪80~90年代，以重纂族谱、重建祠堂为重点的宗族复兴活动广泛开展（肖唐镖，1997）。如今，以宗族为典型的社会网络依旧呈现"北疏南密"的特征。根据王鹤鸣（2009）的《中国家谱总目》，族谱密度位列第一梯队的是浙、湘、苏、赣、皖，达到30册/十万人以上，浙、湘族谱数量尤其多，分别达70098册、76117册，密度达到100册/十万人以上；位列第二梯队的是闽、鄂、沪、琼、鲁、粤，密度为5~20册/十万人；位列第三梯队的是晋、川、豫、渝、辽、陕、冀，密度仅为1~2.5册/十万人，即北方族谱密度最高的地区仅列位第三梯队，北方其余地区族谱密度均在1册/十万人以下。

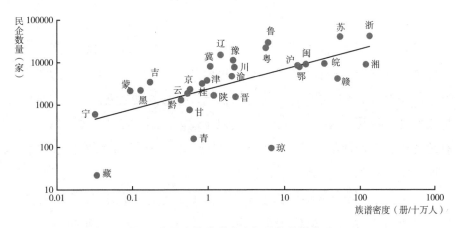

图2　主要省份族谱密度与民企数量关系

资料来源：族谱数量源于王鹤鸣（2009）的《中国家谱总目》，族谱密度根据族谱数量与2009年各省份年末人口数计算得出；民企数量源于2009年《中国区域经济统计年鉴》。

传统社会网络与现代经济组织相结合，形成了独具中国特色①的企业形式。民营企业，尤其是家族式企业，实现从无到有、由弱变强的跨越式发展，其背后往往折射出传统社会网络的价值取向和伦理规范（潘越等，2019）。作为中国社会网络的典型，宗族组织的强盛和民营企业数量之间存在显著的相关性。

传统社会网络主要通过三个途径影响民营企业发展。其一，传统社会网络以团结互惠、天然信任为基础，缓解民营企业发展中的融资约束。改革开放以来，民营企业快速增长，其背后的原因恰恰就是"南制"下的社会强关系网络。社会网络成员在长期交往活动中形成彼此依赖、彼此信任并相互监督的关系，更愿意开展经济合作和金融互惠活动。成员之间乐于分享物质、金融、人力等信息资源，降低企业在寻求融资过程中的信息不对称风险（潘越等，2019）。除了利用内在金融市场弥补外在市场缺失外，宗族等社会网络还有利于金融知识普及，拉动金融需求，在需求端刺激外在金融市场如中小银行发展（刘冲等，2021），中小银行竞争加剧更有益于缓解民营企业融资问题（方芳和蔡卫星，2016）。

其二，传统社会网络以内在声誉机制、道德规范改善信用环境，降低民营企业的交易成本。宗族网络强调"不负祖宗名，不忘身后事"，持续近千年的父债子偿传统是债务代际偿还机制的道德保障。这种以伦理为基础的债务观念对个体产生教化作用，可以优化社会信用环境。信用作为软约束，可以减少民营企业的违约、欺瞒行为，为交易伙伴提供稳定的预期，降低企业事前交易成本。此外，信用保障契约执行，减少企业为规避交易方违约风险而设置的预防性资金，甚至允许交易方延迟支付，企业事后交易成本也会降低。其中，企业债务期限是地区信用环境的具象化体现，具有传统观念、道德伦理的深刻烙印，宗族等传统社会网络越密集的地方，长期债务所占的比例就越大（王金波，2013）。

其三，传统社会网络以其蕴含的集体主义文化，培育以创新、创业为核心的企业家精神。相较于个人主义文化鼓励创新、创业的普遍认知

---

① 根据《中国私有企业主阶层研究》课题组（1994），改革开放早期中国私营企业多由家族、宗族拥有，家族主义管理在不同企业内部广泛存在。

（Jansson等，2007），中国经济发展历程证明，集体主义导向的中国企业家在创新、创业水平上并不逊色。社会网络密集、集体主义文化浓厚的南方社会中，社会资本对产权保护、契约维护等正式制度形成较好的补充，为创业提供情感支持和资源聚集，可以提高社会创业比例（赵向阳等，2012）。同时，集体主义者往往拥有更高的企业认同感和对组织与工作的责任感，促使成员间主动进行知识、信息分享以实现集体目标，进而推动技术进步和创新发展（李宗波和陈红，2015）。当然，相对于个人主义文化导向下更为频繁的渐进式创新，集体主义文化导向下更易倚靠资源集聚而实现突变式创新（杨建君等，2013）。

　　侨资是社会网络对民营企业培育及中国市场经济转型的支持的重要体现。中国市场经济转型初期，制度的不完善与信息的不确定阻碍了海外资本投资，而侨商通过宗族等社会网络以低成本获取信息、依赖"关系"弥补正式制度的龃龉，率先在侨乡开展投资活动，并通过"示范效应"和"产业链效应"带动本土民营企业发展，侨资企业发挥了"中间适用技术"的作用（王望波，2005）。陈方豪和熊瑞驰（2022）认为在20世纪80年代初期，侨企占新进入外企的比例高达90%，尽管随着中国市场制度完善，这一比例逐渐下降，但从未低于60%，投资区域也由侨乡与东南沿海向内陆扩展，带动当地本土企业增长与现代化转型。总之，社会组织网络为民营经济提供了肥沃的土壤。2004~2019年，全国规模以上工业企业中，民营企业占比从54%提高到64%，其中，2/3乃至3/4的民营企业分布在南方地区（见表5），它们是"北农南商"社会文化、"北疏南密"社会网络的见证，也是南方经济发展的活力源泉，成为现代南北经济分化的重要推动力。

表5　南北方民营企业比例

单位：%

指标	2004年	2009年	2014年	2019年
民营企业占所有企业比	54	59	57	64
北方民营企业占北方企业比	15	19	19	16

续表

指标	2004年	2009年	2014年	2019年
南方民营企业占南方企业比	39	40	37	48
北方民营企业占所有民营企业比	28	33	34	25
南方民营企业占所有民营企业比	72	67	66	75

数据来源：历年《中国区域经济统计年鉴》。

（三）民营企业分布、营商环境与现代南北经济分化

广义南北制下，南北方所有制结构存在差异，市场活力也有所不同，从而对南北方营商环境和政商关系也有重要影响。①北方地区承接计划经济时期而来的国有经济比重较大，部分地方官员出于超额财政激励，更青睐于为国有企业提供有偏的政策资源、制度安排，形成国有企业与地方政府的紧密关联，最终北方营商环境形成以"封闭市场环境—国有企业市场主体—有偏的政策"为主要特征的"限制经济秩序"。反观南方地区市场发育程度更高，民营经济比重更高，地方政府倾向于和民营企业建立起弱纽带联系，施行竞争中性的政策。地方政府以服务型角色与民营企业建立纽带联系，推动制度变革以降低民营企业制度性交易成本，促进政商关系转为市场与政府多元主导，南方营商环境则是以"开放市场环境—民营企业市场主体—竞争中性的政策"为主要特征的"开放经济秩序"。

不同类型的政商关系是地方营商环境的重要组成部分。表6显示，南方地方营商环境指数远高于北方，丁从明等（2024）指出南北营商环境差异解释了5.8%~14.2%的南北经济发展差距。

表6 2013~2019年南北地区营商环境指数均值对比

指标	2013年	2014年	2015年	2016年	2017年	2018年	2019年
南方城市营商环境指数均值	14.2	15.4	16.7	17.2	17.8	19.0	19.5

---

① 这里主要提出理论，本课题组的后续一系列工作论文的实证结果表明南北方不同所有制结构对服务业、营商环境的影响，也验证了南北方差异化的营商环境、城市化程度（城市首位度）对经济发展的影响（丁从明等，2024；丁从明和黄文静，2023）。

续表

指标	2013年	2014年	2015年	2016年	2017年	2018年	2019年
北方城市营商环境指数均值	12.4	13.5	15.0	15.3	16.0	16.3	17.1
营商环境指数前100名中南方城市数量（个）	69	67	61	65	64	67	67
营商环境指数前100名中北方城市数量（个）	31	33	39	35	36	33	33
前100名南方城市/南方城市总数（%）	45.7	44.4	40.4	43.0	42.4	44.4	44.4
前100名北方城市/北方城市总数（%）	24.3	25.6	32.2	28.9	30.0	27.3	27.3

数据来源：依据（李志军，2021）中的指标体系回溯数据计算。

民营经济比重高的南方地区，以竞争性营商环境促进产品与制度创新，催生新经济形态。南方地区市场化程度更高，政府多采取竞争中性政策，①区域内的要素资源自由流动。在劳动力、资本要素驱动乏力的情况下，民营企业要在这种高强度竞争市场中不被淘汰，就必须依靠技术进步和创新，从而形成技术壁垒、获取超额利润（鲍莫尔，2004）。这种企业竞争策略提升了整个区域的差异化竞争程度，从而提高了整个区域的技术水平（岩井克人，2018）。北京大成企业研究院（2021）指出，占政府科技资源不到30%的民营企业实现了超过70%的科技创新。尤其是2010年以来大批民营企业涉足数字经济领域，美团、高德红外、远大科技等在多个领域取得技术突破。它们在技术创新的同时，也注重治理模式创新，推行双重股权结构、创始人合伙制，以创新红利激励技术研发投入增加（刷锦文，2021）。这类以创新型知识为主导、创意产业为龙头的新经济形态的集聚性特征明显，依据戴若尘等（2022）的测算，数字经济创新创业水平呈现"南热北冷"局面，南北评分均值差距已由2010年的6.25分增至2020年的10分以上。而数字经济又会显著带动地区服务业结构升级（戴魁早等，2023），推动地区经济结构转型，进一步拉动南方经济增长。

如图3、图4所示，北方国有亏损企业比重高于南方。南方实现创新型增长的同时，北方经济结构转型困难。需要强调的是，上述判断并非说明民营经济优于国有经济，民营经济并非经济增长的充要条件。南方民营企业

---

① 例如，2013年以来中央政府大力推行"放管服"改革，而早在此之前，浙江、广东等就自主实施了类似政策。

多，也不等价于经济新引擎、新形态必然发生在南方。事实上，市场竞争强度才是企业效率提升、经济动能转换的关键。改革开放以来，国有企业改革呼声不断，政府持续向企业放权让利，国有企业在生产经营中技术改进的激励不断增强，国有企业的生产效率持续提升（林毅夫等，1995）。但是，这种效率提高仅为生产效率的提升，创新效率的损失仍存在，甚至大于生产效率的损失（吴延兵，2012）。北方地区竞争型市场环境亟待构建，国有企业缺乏技术创新的动力，产业升级自然缓慢。

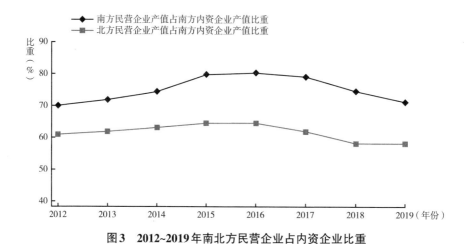

图3　2012~2019年南北方民营企业占内资企业比重

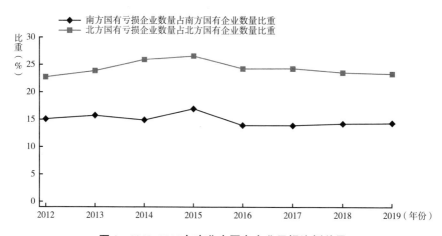

图4　2012~2019年南北方国有企业亏损比例差异

表7　2018年规模以上工业企业技术创新水平

主要指标	所有企业	内资企业占比（%）	国有企业占比（%）	私营企业占比（%）	其他企业占比（%）
有R&D活动的企业（万家）	10.48	86.31	0.22	58.11	27.98
有研发机构的企业（万家）	7.26	83.71	0.20	56.80	26.71
有新产品销售的企业（万家）	9.41	85.98	0.18	58.32	27.48
专利申请数（万件）	95.72	85.61	1.05	39.72	44.84
有效发明专利数（万件）	109.42	82.97	1.12	29.48	52.37

数据来源：根据《中国经济普查年鉴2018》相关数据整理绘制。

　　南北经济差距是新现象吗？不少学者认为2012年前后才是南北经济分化的起点（盛来运等，2018）。但改革开放初期，学界研究集中在政策引导下的东西部经济差距时，李二玲和覃成林（2002）指出即使在东部优先发展政策倾斜下，南方经济发展也略快于北方。这表明南北经济差距一直存在。从历史视角来看，现代南北经济分化不是新现象，而是"旧常态"。持续千年的南北经济差距形成的差异化"南制"与"北制"，在现代社会催生了不同的市场意识、不同的民营企业发展水平和市场发育程度，进而推动形成了差异化的政商关系与营商环境。与之对应的，南北方市场竞争程度和创新水平自然不同。随着经济逐步转型，创新与技术进步成为引领发展的第一动力，南方更高的市场发育程度、更成熟的竞争模式、更高的创新水平推动了数字经济等新经济模式的发展、成熟。新旧经济形态差异迅速拉大南北经济差距，这看似瞬间的迸发，实则是长期的积累。

五　结论性评述

　　南北经济分化是传统中国区域经济发展的基本常态。在漫长的历史发展中，因战争、人地关系和资源禀赋差异等，南北地区形成了不同的制度环境、社会文化和经济发展模式。北方在军农主义下形成了强调"主从隶属"的社会关系，偏向"超经济的人身强制"，社会结构也以原子式的自耕农为主，社会组织的发育程度较弱；与之相对应，南方地区较少被战火波及，两次南北对峙时期，南方在大土地占有格局下推行租佃雇佣的土地制度，倾向于"经济的契约强制"，伴随着北方巨贾豪族向南迁徙，南方地区也形成了较为稳定的富民阶层。明清时期随着经济作物的种植、手工业的发展，区域性分工网络体系加快构建。尽管未能实现库兹涅茨型增长，但数百年的斯密型增长使得南方地区发展出不完全的包容性经济制度，形成了史学界所说的"农商社会""富民社会"。整体而言，南北地区在正式规则、社会文化和社会宗族方面形成了系统性的差异，本文统称为"南北制"差异，即北方军农主义与南方农商主义的正式规则、"北疏南密"的行动组织、"北农南商"的社会文化。广义的"南北制"中，正式规则在新中国成立后逐渐消弭，但经济主体在历史长期互动过程中形成的组织和社会文化差异则构成了当代南北经济分化的底层逻辑。①

当代中国的社会主义市场经济实践中，交织着个人主义和集体主义、商业取向和重农思想、柔性关系文化和刚性正式制度等。传统的制度和文化对现代经济发展具有重要的影响。南北经济分化现象正是这一体现制度经济学者强调制度和文化等深层次因素对经济发展的影响。本文尝试基于千年南北经济变迁，从"南北制"的制度和文化视角，对缩小南北经济差距提出以下建议。

第一，市场经济体制运行效率有赖于底层非正式制度的适配性，尽管文化等非正式制度的影响存在滞后性和长期性，但仍有可为之地。总的来看，北方地区文化更为崇仕轻商，重关系而轻契约。培育市场意识和商业精神，是北方地区增强文化软实力、加快构建高水平社会主义市场经济体制的必经之路。2022 年 12 月中央经济工作会议强调要鼓励支持民营经济和民营企业发展壮大。要引导形成激励创业创新的氛围，推动公众认可商业精神，将传统文化与时代精神结合，引导和培育企业家精神、市场意识。南方地区则需要更进一步发挥现行非正式制度的比较优势，提倡大众创新、

---

① 诚然，北方也有少部分地区在明清后期商品经济较为发达。且在传统时期，南方内部商品经济发展不均衡，市场分工、贸易发展最成熟的是以长江三角洲为核心的江南地区和以珠江三角洲为核心的东南沿海地区，其他地区则相对较弱。"农商主义"的南制对现代经济发展的作用可能更多集中在这些地区，本文旨在提供一个兼顾中国传统文化与现代经济发展的新视角。

巩固市场经济氛围，强化社会网络作用，包括但不限于宗族网络对地区经济的支持，如吸引更多侨资，成为中国经济与世界的桥梁，用中国文化讲好市场经济故事。

第二，培育有活力的市场主体，将"无形之手"作为资源配置的主要手段，结合"有形之手"，实现营商环境由"限制经济秩序"向"开放经济秩序"的转变。基于历史上南北制的持久影响，南方具有更适应市场经济底层的非正式制度——商业文化激发市场意识、社会网络集聚生产要素，这为南方的民营企业发展提供了内生动力，所有制结构随即展现出北方国有企业"大而少"、南方民营企业"小而多"的区域特征，出于税收、激励政策等考量，营商环境同样呈现北方"限制秩序"（封闭市场、国企主体、有偏政策）和南方"开放秩序"（开放市场、民营主体、中性政策）的特征。

第三，持续推进深化国有企业改革，建立中性竞争市场。国有企业深化改革，目标应是提升市场竞争力和创新性。要减少政府"兜底"，建立合理的淘汰机制，通过市场竞争持续推进国有企业向创新型、开放型转变；细化国有企业分类，有针对性地引导国有企业的市场化转型；杜绝企业利用其优势地位侵占非公企业利润空间的恶意竞争行为。发挥国有企业规模优势，带动上下游产业链发展，更好发挥地区经济引擎功能。

第四，构建"亲—清"型政商关系。在市场经济体制中，政府应扮演服务型角色，实施更为中性、普惠型政策，营造稳定可预期的、公平且透明的营商环境，激发市场主体活力。建立竞争性、创新型市场，形成政府"有形之手"与市场"无形之手"的有效结合，促成良性循环，推动地区创新发展，促进南北经济均衡发展，持续推进中国式现代化。

参考文献

[1] 阿夫纳·格雷夫，2008，《大裂变：中世纪贸易制度比较和西方的兴起》，中信出版社。

[2] 安树伟，2018，《改革开放40年以来我国区域经济发展演变与格局重塑》，《人文杂

志》第 6 期。

［3］北京大成企业研究院，2021，《国有、民营、外资企业重要数据全景简明比较分析———基于第四次经济普查数据》，中华工商联合出版社。

［4］蔡洪滨、周黎安、吴意云，2008，《宗族制度、商人信仰与商帮治理：关于明清时期徽商与晋商的比较研究》，《管理世界》第 8 期。

［5］陈方豪、熊瑞驰，2022，《以侨为桥——侨资企业与中国的外向型发展》，《中国经济学》第 1 期。

［6］陈寅恪，1956，《隋唐制度渊源略论稿》，中华书局。

［7］陈正祥，2021，《中国历史文化地理》，山西人民出版社。

［8］陈志武，2021，《从海上丝绸之路历史对比不同文明：对当代企业的启示》，《外国经济与管理》第 6 期。

［9］戴魁早、黄姿、王思曼，2023，《数字经济促进了中国服务业结构升级吗?》，《数量经济技术经济研究》第 2 期。

［10］戴若尘、王艾昭、陈斌开，2022，《中国数字经济核心产业创新创业：典型事实与指数编制》，《经济学动态》第 4 期。

［11］道格拉斯·C.诺思，1992，《经济史上的结构与变革》，商务印书馆。

［12］道格拉斯·C.诺思，2008，《制度、制度变迁与经济绩效》，格致出版社、上海三联书店、上海人民出版社。

［13］邓钢，2020，《中国传统经济：结构均衡和资本主义停滞》，浙江大学出版社。

［14］邓忠奇、高廷帆、朱峰，2020，《地区差距与供给侧结构性改革——“三期叠加”下的内生增长》，《经济研究》第 10 期。

［15］丁从明、董文静，2023，《城市规模分布与南北经济分化》，《财贸经济》第 9 期。

［16］丁从明、王聪、陈昊，2024，《优化城市营商环境促进南北经济均衡发展——限制经济秩序向开放经济秩序的演进》，《数量经济技术经济研究》第 1 期。

［17］丁从明、周颖、梁甄桥，2018，《南稻北麦、协作与信任的经验研究》，《经济学（季刊）》第 2 期。

［18］方芳、蔡卫星，2016，《银行业竞争与企业成长：来自工业企业的经验证据》，《管理世界》第 7 期。

［19］葛剑雄，2013，《统一与分裂：中国历史的启示》，商务印书馆。

［20］葛金芳，2009，《“农商社会”的过去、现在和未来——宋以降（11~20 世纪）江南区域社会经济变迁》，《安徽师范大学学报（人文社会科学版）》第 5 期。

［21］郭正忠，1990，《论两宋乡村产业的专业化分工趋势》，《中国社会经济史研究》第 2 期。

［22］黄清连，1975，《元代户计的划分及其政治经济地位》，《国立台湾大学历史系学报》第 2 期。

[23] 黄少安、王维、白彩全，2023，《非正式制度与中国南北经济差距——基于儒家文化的解释》，《学术月刊》第3期。

[24] 冀朝鼎，2014，《中国历史上的基本经济区》，商务印书馆。

[25] 剧锦文，2021，《民营企业的技术创新：实现高质量发展与形成竞争新优势》，《天津社会科学》第6期。

[26] 赖作卿、王曾金，1995，《从封建社会生产力看"重农抑商"的合理性》，《中国农史》第4期。

[27] 雷震、彭欢，2010，《银行业市场结构与中小企业的生成：来自中国1995～2006年的证据》，《世界经济》第3期。

[28] 李伯重，2001，《历史上的经济革命与经济史的研究方法》，《中国社会科学》第6期。

[29] 李伯重，2004，《八股之外：明清江南的教育及其对经济的影响》，《清史研究》第1期。

[30] 李伯重，2011，《"江南经济奇迹"的历史基础——新视野中的近代早期江南经济》，《清华大学学报（哲学社会科学版）》第2期。

[31] 李二玲、覃成林，2002，《中国南北区域经济差异研究》，《地理学与国土研究》第4期。

[32] 李志军，2021，《2020年中国城市营商环境评价》，中国发展出版社。

[33] 李治安，2009，《两个南北朝与中古以来的历史发展线索》，《文史哲》第6期。

[34] 李治安，2011，《元和明前期南北差异的博弈与整合发展》，《历史研究》第5期。

[35] 李治安，2015，《中古以来南北差异的整合发展与江南的角色功用》，《文史哲》第1期。

[36] 李治安，2016，《多维度诠释中国古代史——以富民、农商与南北整合为重点》，《中国社会科学评价》第4期。

[37] 李宗波、陈红，2015，《上下属关系对员工知识分享行为的影响：组织认同和集体主义导向的作用》，《管理工程学报》第3期。

[38] 林文勋，2008，《唐宋"富民"阶层概论》，会议论文。

[39] 林文勋、崔永盛，2015，《庄园经济与唐宋"富民社会"》，《古今农业》第2期。

[40] 林毅夫、蔡昉、李周，1995，《国有企业改革的核心是创造竞争的环境》，《改革》第3期。

[41] 刘冲、刘莉亚、李庆宸，2021，《"排斥"还是"包容"：传统宗族文化与现代银行发展》，《经济研究》第4期。

[42] 刘军，2008，《晚清和民国时期南北方的企业与政府》，《财经问题研究》第12期。

[43] 龙登高、彭波，2010，《近世佃农的经营性质与收益比较》，《经济研究》第1期。

[44] 龙登高、王正华、伊巍，2018，《传统民间组织治理结构与法人产权制度——基于清代公共建设与管理的研究》，《经济研究》第10期。

[45] 鲁西奇，2010，《中国历史上的"核心区"：概念与分析理路》，《厦门大学学报（哲学社会科学版）》第1期。

[46] 吕思勉，1985，《中国制度史》，上海教育出版社。

[47] 潘越、宁博、纪翔阁等，2019，《民营资本的宗族烙印：来自融资约束视角的证据》，《经济研究》第7期。

[48] 潘越、翁若宇、纪翔阁等，2019，《宗族文化与家族企业治理的血缘情结》，《管理世界》第7期。

[49] 彭涛、魏建，2011，《内生制度变迁理论：阿西莫格鲁、青木昌彦和格雷夫的比较》，《经济社会体制比较》第2期。

[50] 钱穆，2013，《中国经济史》，北京联合出版公司。

[51] 单强，1998，《近代江南乡镇市场研究》，《近代史研究》第6期。

[52] 申兵、党丽娟，2016，《区域经济分化的特征、趋势与对策》，《宏观经济管理》第10期。

[53] 盛来运、郑鑫、周平等，2018，《我国经济发展南北差距扩大的原因分析》，《管理世界》第9期。

[54] 汤光平、何樟勇，2004，《意识的形成与演进：经济学的观点——兼论浙江地区市场经济意识的形成》，《学术月刊》第3期。

[55] 唐力行，1990，《论明代徽州海商与中国资本主义萌芽》，《中国经济史研究》第3期。

[56] 陶煦，1979，《租核》，《康雍乾时期城乡人民反抗斗争资料》（上册），中华书局。

[57] 万志英，2018，《剑桥中国经济史：古代到19世纪》，中国人民大学出版社。

[58] 王大建、刘德增，1999，《中国经济重心南移原因再探讨》，《文史哲》第3期。

[59] 王鹤鸣，2009，《中国家谱总目》，上海图书馆。

[60] 王金波，2013，《传统文化、非正式制度与社会契约基于宗族观念、民族伦理与企业债务期限结构的微观证据》，《经济管理》第12期。

[61] 王曙光、王彬，2020，《竞争中性与区域经济发展差距研究》，《社会科学战线》第7期。

[62] 王望波，2005，《网络·社会资本·投资：对东南亚华商投资中国大陆特点的分析》，《南洋问题研究》第4期。

[63] 王询，2007，《中国南北方汉族聚居区——宗族聚居差异的原因》，《财经问题研究》第11期。

[64] 威廉·鲍莫尔，2004，《资本主义的增长奇迹——自由市场创新机器》，郭梅军等译，中信出版社。

[65] 吴慧，1985，《中国历代粮食亩产研究》，中国农业出版社。

［66］ 吴琦、周黎安、刘蓝予，2019，《地方宗族与明清商帮的兴起》，《中国经济史研究》第5期。

［67］ 夏杰长、刘诚，2020，《契约精神、商事改革与创新水平》，《管理世界》第6期。

［68］ 肖唐镖，1997，《农村宗族重建的普遍性分析——对江西农村的调查》，《中国农村观察》第5期。

［69］ 许檀，1997，《明清时期农村集市的发展》，《中国经济史研究》第2期。

［70］ 许檀，1999，《明清时期区域经济的发展——江南、华北等若干区域的比较》，《中国经济史研究》第2期。

［71］ 许檀，2000，《明清时期城乡市场网络体系的形成及意义》，《中国社会科学》第3期。

［72］ 薛政超，2011，《唐宋以来"富民"阶层之规模探考》，《中国经济史研究》第1期。

［73］ 岩井克人，2018，《未来的公司》，张永亮、陶小军译，东方出版社。

［74］ 颜色、刘丛，2011，《18世纪中国南北方市场整合程度的比较——利用清代粮价数据的研究》，《经济研究》第12期。

［75］ 杨建君、杨慧军、马婷，2013，《集体主义文化和个人主义文化对技术创新方式的影响——信任的调节》，《管理科学》第6期。

［76］ 于凯，2006，《战国秦汉之际的小农与国家》，《社会科学战线》第1期。

［77］ 於凡、欧向军，2006，《区域文化资源与江苏省南北经济发展差异》，《国土与自然资源研究》第3期。

［78］ 约瑟夫·熊彼特，1990，《经济发展理论》，何畏等译，商务印书馆。

［79］ 张家炎，1995，《明清江汉平原的农业开发对商人活动和市镇发展的影响》，《中国农史》第4期。

［80］ 赵向阳、李海、Andreas Rauch，2012，《创业活动的国家（地区）差异：文化与国家（地区）经济发展水平的交互作用》，《管理世界》第8期。

［81］ 《中国私有企业主阶层研究》课题组，1994，《我国私有企业的经营状况与私有企业主的群体特征》，《中国社会科学》第4期。

［82］ 中国军事史编写组，2003，《中国历代战争年表》（上、下），解放军出版社。

［83］ Jansson H., Johanson M., Ramstroem J. 2007. "Institutions and Business Networks: A Comparative Analysis of the Chinese, Russian, and West European Markets." *Industrial Marketing Management* 36(2007):955-967.

［84］ Talhelm, T., et al. 2014. "Large-Scale Psychological Differences Within China Explained by Rice Versus Wheat Agriculture." *Science* 344(6184): 603-608.

（责任编辑：唐跃桓）

大企业更替与实体经济高质量发展

——基于创造性破坏的视角

李金洋　余明桂　王　空[*]

摘　要： 大企业是地方经济发展的重要支柱。按照熊彼特的创造性破坏理论，在位企业会不断地被新企业替代，大企业的市场地位也不应该被同一主体长期占据，新企业或中小企业有机会成长壮大进而取代既有大企业的市场地位，这一过程表现为大企业持续的更新换代。但是，现实中大企业的更替速度往往较缓慢，阻碍了创造性破坏进程。本文以我国1997~2020年境内外上市公司为样本，分析大企业更替缓慢的原因及其经济影响。研究表明，首先，对内部影响因素的检验发现，研发创新水平或国有企业性质并不是阻碍大企业更替的重要因素，大企业主要依靠初始的规模优势构筑市场壁垒，进而在相当长的时间内维持市场主导地位。其次，对外部影响因素的检验发现，发达的金融市场、开放的经济环境和较少的政府干预等有利于市场公平竞争的制度环境可以促进大企业的更替，加速创造性破坏进程。最后，经济后果检验发现，长期占据市场主导地位的大企业抑制了其他企业的融资、投资和创新活动，并进一步阻碍了地区层面的创新、创业和经济增长。本文从创造性破坏角度丰富了我国区域发展不平衡问题研究维度，同时也为促进区域经济协调发展和高质量发展提供了理论依据

---

　*　李金洋（通讯作者），讲师，沈阳工业大学经济学院，电子邮箱：ljy074@sut.edu.cn；余明桂，教授，中南财经政法大学金融学院，电子邮箱：mingyu@zuel.edu.cn；王空，博士研究生，武汉大学经济与管理学院，电子邮箱：wang_skyblue@163.com。本文获得国家社会科学基金重点项目（22AZD132）、教育部新文科研究与改革实践项目（2021100064）、高等学校学科创新引智计划（B21038）、中南财经政法大学中央高校基本科研业务费专项资金（2722024AL002）的资助。感谢匿名审稿专家的宝贵意见，文责自负。

和政策参考。

关键词： 实体经济　高质量发展　创造性破坏

一　引　言

党的二十大报告指出，高质量发展是全面建设社会主义现代化国家的首要任务，实现高质量发展是中国式现代化的本质要求之一。在推动实体经济高质量发展的过程中，实现新旧动能的替代与转换是关键。这与熊彼特的创造性破坏（Creative Destruction）理论相一致。创造性破坏理论认为，企业家为了获取利润而努力创新，如果创新获得成功，企业家会凭借新技术进入市场。更高效率的新技术会逐步取代旧技术，这种以新替旧的动态的创造性破坏过程是经济增长的源泉（Schumpeter，1934、1939、1942）。在此基础上，Aghion 和 Howitt（1992、1998）等将熊彼特的理论模型化，并用于分析微观企业的动态更替过程，认为新企业因创新成功而进入市场，在位企业因技术落后而退出市场。企业的动态更替促使资源在进入者与退出者之间被重新分配，从低效率的在位企业流向高效率的新企业。因此，技术创新带来企业的更替，实现了创造性破坏，进而推动资源优化配置与经济增长（Klette 和 Kortum，2004；Lentz 和 Mortensen，2008；Aghion 等，2013）。

按照创造性破坏理论，企业可以通过创新来提高生产效率并增加市场份额，进而在竞争中占据领先地位。但这并不是永久的，后来者会通过创新获得更高的生产效率，进而取代在位企业。但是，现实与理论预期相反。作为地方经济发展的重要支柱，大企业的市场地位往往能够长期被同一主体占据，新企业难以发展壮大并予以取代，大企业的更替速度缓慢。[①]

为了更加全面地、直观地理解大企业的更替情况，本文按照上市公司的市值规模，将省份—年度层面的前十大（TOP10）企业定义为大企业。1997~2020年各区域的大企业在后续年份的更替情况如图1所示，随着时间

---

① 需要说明的是，本文所指的大企业更替是指大企业的市场主导地位被新的大企业所替代，而不是传统意义上的企业进入或退出市场。文中提及的大企业更替、替代或长期存续等说法的含义是相同的，并不做严格的语义区分。

的推移，部分大企业逐渐被新的大企业取代。到2020年，1997年各区域的大企业中仍然在位的比例为20.8%。进一步分区域[①]来看，东部和中部地区的大企业替代速度相对较快，而西部和东北地区的大企业替代速度相对缓慢。

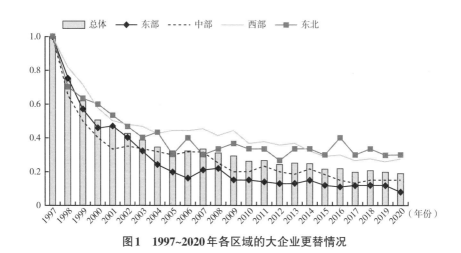

图1　1997~2020年各区域的大企业更替情况

大企业难以被替代的原因是什么，又会产生怎样的经济后果？我国幅员辽阔，区域经济发展差异较大，各地区的创造性破坏水平也存在很大差异。从大企业的更替速度上看，江苏、浙江等省份的大企业更替速度最快，1997年的TOP10企业到2020年均已被新的TOP10企业所替代；而吉林省1997年的TOP10企业，到2020年仍有6家企业位居TOP10行列。因此，系统研究我国各地区创造性破坏进程的差异，特别是大企业更替对其所在地区创造性破坏进程的影响，对研究创造性破坏和我国区域经济发展不平衡问题具有重要的意义。同时，这对于缩小地区间发展差距，推动实体经济高质量发展等具有重要的价值。

本文以我国1997~2020年境内外上市公司为样本，检验各省份大企业的更替速度，并进一步分析大企业更替的影响因素及其经济后果。研究表明，

---

① 根据国家统计局发布的《东西中部和东北地区划分方法》，本文将中国大陆31个省份划分为东部、中部、西部和东北地区。

第一，大企业难以被替代的问题在各地区普遍存在，1997年各省份TOP10企业中，20.8%的企业在24年后依然位居TOP10行列，大企业更替速度缓慢阻碍了创造性破坏进程。第二，通过分析影响大企业更替的内部因素发现，企业并不是依靠较高的研发创新水平来维持市场主导地位的，国有企业性质也不是影响大企业更替的关键因素。大企业主要依靠初始的规模优势构筑市场壁垒，抑制新企业的进入和竞争对手的成长，进而长期保持市场主导地位，阻碍创造性破坏进程。在加入控制变量、更换企业规模度量方式、更换样本范围等一系列稳健性检验后，这一结论依然成立。进一步的行业异质性分析表明，初始规模对大企业更替的阻碍作用在金融和消费品部门尤为明显。第三，对外部经济环境的分析发现，发达的金融市场、开放的经济环境和较少的行政干预等有利于构建公平竞争的市场环境，从而加速大企业更替，推动地方的创造性破坏进程。第四，对经济后果分析表明，大企业的长期存续加剧了其他企业的融资约束，并对这些企业的研发创新活动和投资产生挤出效应，进而阻碍所在地区的创新、创业和经济增长。

本文可能的学术贡献主要有以下两点。

第一，丰富了创造性破坏的相关研究。Aghion和Howitt（1992、1998）首次将熊彼特的创造性破坏理论模型化，此后，众多学者进一步将创造性破坏理念引入企业更替研究领域（Klette和Kortum，2004；Lentz和Mortensen，2008；Aghion等，2013）。进一步地，Fogel等（2008）、Faccio和McConnell（2020）使用跨国数据从企业更替的角度检验创造性破坏理论。本文基于我国的经济发展实践，从内部因素和外部制度环境两方面全方位研究大企业更替的影响因素，尤其关注了企业所有权性质和各地区市场化进程对大企业更替的影响。同时，本文不仅研究大企业更替带来的宏观经济后果，更从微观层面证实了大企业更替缓慢对其他企业会产生挤出效应。因此，本文从大企业更替的角度丰富了创造性破坏的相关研究。

第二，丰富了地区经济发展不平衡的相关研究。已有研究从产业发展与布局、资本与劳动力要素投入、教育发展与人力资本、行政干预、区域文化差异等角度分析了区域经济发展差异形成的原因（Barro，1991；Démurger，

2001；Bao 等，2002；覃成林等，2011；赵子乐和林建浩，2017；刘智勇等，2018；盛来运等，2018）。本文从创造性破坏的视角，研究了各地区经济发展不平衡的原因、特征及其后果，并且发现，大企业难以被更替，阻碍了创造性破坏进程，对其他企业的投融资活动产生挤出效应，不利于经济高质量发展。因此，本文为区域经济发展不平衡问题研究提供了新的视角。

本文的研究在打破大企业的长期垄断、优化和完善制度环境、促进区域协调发展以及推动实体经济高质量发展等方面具有参考价值。

第一，打破大企业的长期垄断，激发市场活力。党的二十大报告和近年来的政府工作报告均强调，加强反垄断和反不正当竞争，坚决维护公平竞争的市场秩序。本文的研究表明，同一主体长期处于市场垄断地位会阻碍正常的企业更新换代过程，即阻碍创造性破坏进程；同时，大企业过高的市场份额挤压了其他企业的生存空间，抑制了经济发展活力。本文强调打破大企业的长期垄断，并不是要否定大企业的经济贡献，而是要避免经济被同一经济主体长期垄断，让其他企业也能有成长发展成为大企业的机会，进而推动大企业的更新换代，以公平竞争的市场环境激发创新创业活力，推动经济可持续发展。

第二，优化和完善制度环境，在政府的引导下更好地发挥市场机制优胜劣汰的作用。党的二十大报告指出，构建高水平社会主义市场经济体制，充分发挥市场在资源配置中的决定性作用，更好发挥政府的作用，完善产权保护、市场准入、公平竞争、社会信用等市场经济基础制度，优化营商环境。本文研究表明，发达的金融市场、开放的市场环境和较少的行政干预等有助于推动大企业的更替和创造性破坏进程，推动资源的优化配置与经济增长。因此，市场经济的高效运转离不开政府的有效引导，政府应充分发挥"有形之手"的作用，建立并完善有利于市场公平竞争的政策，为企业的发展提供良好的外部环境。

第三，缩小地区间发展差距，促进区域协调发展。促进区域经济协调发展是新发展理念的重要内容之一。本文的研究结论表明，大企业更新换代慢、新企业难以成长、大企业区域分布差异较大等问题阻碍了创造性破坏进程与经济发展活力，是区域经济发展差距拉大的重要原因。因此，积极推进优质企业发展，加速大企业的更新换代，有助于推动创造性破坏进程，激发地方经济的发展活力，促进区域经济协调发展。

第四，以高质量的上市公司推动实体经济高质量发展，助力中国式现代化。党的二十大报告指出，高质量发展是中国式现代化的本质要求之一。上市公司不仅是资本市场的重要参与者，更是实体经济的高质量微观主体。本文研究表明，大企业的更替不仅对其他企业的投融资和创新活动产生影响，更会进一步影响所在地区的创新、创业和全要素生产率，这正是以创造性破坏的方式影响实体经济高质量发展。因此积极推进大企业的更新换代、加速创造性破坏进程，有助于夯实实体经济高质量发展的微观基础，对助力中国式现代化具有重要的现实意义。

本文余下的结构安排如下：第二部分为理论分析与研究假设，包括相关文献的回顾、理论分析，并据此提出研究假设；第三部分为研究设计与初步特征，包括数据和样本、模型与变量定义以及初步特征分析；第四部分为结果与分析；第五部分是结论。

二　理论分析与研究假设

熊彼特提出创造性破坏理论，认为在位企业会不断被更有效率的新企业所替代。但是，现实中大企业能够在相当长的时间内主导市场，新企业难以发展壮大并取而代之。本文将结合现有研究（Fogel 等，2008；De Loecker 等，2020；Faccio 和 McConnell，2020），从企业内部因素和外部经济环境两方面探讨阻碍大企业更替的潜在因素，并结合我国实际情况进行分析，提出相应的研究假设。

（一）影响大企业更替的内部因素

在市场竞争中，大企业往往凭借市场主导地位，抑制新企业的进入和成长，阻碍大企业的更新换代与区域的创造性破坏进程。借鉴现有研究（De Loecker 等，2020；Faccio 和 McConnell，2020），从影响大企业更替的内部因素来看，大企业可以依靠持续的研发创新、初始的规模优势等来维持市场主导地位，阻碍大企业的更新换代。

1. 研发创新

熊彼特认为，创新是一种创造性破坏的过程（Schumpeter，1934、1939、1942）。企业家为了获得超额利润会努力创新，从而生产新产品或发现新方法；一旦获得成功，企业就会对其他企业产生挤出效应，从而获得垄断利润。但是，这种垄断是暂时的，该企业将会被后续创新成功的新企业挤出市场。由此循环往复，"创造性破坏"成为资本主义经济发展的动力。在此基础上，Aghion 和 Howitt（1992、1998）等学者将创造性破坏理论引入内生增长研究，将创新与微观企业的动态更替过程联系起来（Klette 和 Kortum，2004；Lentz 和 Mortensen，2008）。总体上，企业通过创新提高产品质量，促进生产效率提高和经济增长，这往往也以牺牲竞争对手的利益为代价，这种企业间的动态更替具有典型的"创造性破坏"特征。

创新是塑造企业核心竞争优势、推动经济变革与发展的内生动力。大企业的长期存续可能得益于较强的创新意愿（Faccio 和 McConnell，2020）。一方面，大企业创新更容易成功，从而进一步巩固其市场地位。根据熊彼特的创新理论，大企业由于所占市场份额较大，推出的新产品更易被市场接受，从而能够迅速获得创新回报。同时，大企业的规模效应能够放大创新对生产效率的提升作用，加速财富积累，并产生正向的经济溢出（Romer，1986；Rugman 和 D'Cruz，2003）。另一方面，大企业在创新活动中具有更强的融资能力和风险承担能力。创新活动具有周期长、不确定性高、失败率高等特征。与其他企业相比，大企业能够持续为研发创新提供资金支持，同时具有较强的风险承担能力，更适合从事创新活动（Lall，1992；聂辉华等，2008）。基于上述分析，本文提出如下研究假设。

假设 1：大企业通过持续的研发创新活动塑造竞争优势，进而长期维持市场主导地位。

2. 国有企业性质

现有研究表明，与其他企业相比，国有企业面临的融资约束相对较低，生存能力更强。这主要是由国有企业有更大的经济社会责任所致。一方面，从融资角度，银行的信贷发放更倾向于国有企业和实力雄厚的大企业。国有大企业在信贷融资方面兼具所有制和规模的双重优势，因此，融资约束普遍较低（卢峰和姚洋，2004；Brandt 和 Li，2003；Allen 等，2005；Song 等，2011）。另一方面，国有大企业往往承担着支持经济稳定增长与吸纳就业的重要责任，是经济发展的"压舱石"，因此其发展更容易得到政府的支持（Lin 等，1998；余明桂和潘红波，2008；钟宁桦等，2021）。基于上述分析，本文提出如下研究假设。

假设2：与其他企业相比，国有大企业面临的外部融资约束更低，其发展更容易得到政府的支持，因而其得以长期维持市场主导地位且难以被新企业所替代。

3. 企业规模

在市场竞争中，大企业利用既有的规模优势构筑市场壁垒，通过抑制其他企业的市场进入和发展壮大，长期维持市场主导地位（Faccio 和 McConnell，2020）。已有研究证实了企业初始规模与企业生存能力的关系。第一，根据 Gibrat 定律（Gibrat，1931），企业的成长性并不存在规模异质性，即无论规模大小，企业的成长性与规模的变化都是同步的。这意味着企业的初始规模越大，其成长潜力越大、经济重要性越高。因此，在经济资源有限的前提下，初始规模较大的企业能够迅速扩大市场份额，进而长期维持市场主导地位。第二，较大的初始规模意味着企业具有更强的风险承担能力，在经济波动时期的生存能力更强（Mata 等，1995；Geroski 等，2010）。第三，规模在一定程度上反映企业的资金实力（何文韬和肖兴志，2018）。企业在进入市场的早期往往面临着较紧的融资约束，因此，初始规模越大，企业融资能力就越强。

近年来，De Loecker 等（2020）、Bae 等（2021）、Schlingemann 和 Stulz（2022）研究发现，大企业的市场份额不断提高，拥有更高的利润和生产效率，以及更大的市场定价话语权，这可能是由平台竞争加剧、信息技术进步等导致的（Autor 等，2020）。市场份额的提高可进一步巩固大企业的市场主导地位，从而难以被新企业所取代。基于上述分析，本文提出如下研究假设。

假设 3：大企业依靠既有的规模优势构筑市场壁垒，抑制其他企业的进入与发展，进而长期维持市场主导地位且难以被替代。

（二）影响大企业更替的外部经济环境

大企业的生存与发展不仅受自身内部因素的影响，也受外部经济环境的影响。借鉴现有研究（Fogel 等，2008），本文分别从地区的金融市场发展、经济开放程度和政府规模等方面分析影响大企业更替的外部环境因素。

1. 金融市场发展

企业的生存与发展离不开外部融资的支持。现有研究表明，发达的金融市场能够充分满足企业在不同发展阶段的融资需求（King 和 Levine，1993；Levine，2005），从而促进企业迅速扩大市场份额并发展成为新的大企业，进而取代在位的大企业的市场地位。

金融结构可分为银行主导的金融体系和市场主导的金融体系。由于银行信贷的成本—收益关系，银行更倾向于为经验丰富的大企业提供信贷支持。第一，新企业往往信用积累不足且信息透明度较低，银行与企业之间的信息不对称程度较高，银行需要为此付出较高的信息搜集成本与监督成本（Stiglitz 和 Weiss，1981；Myers 和 Majluf，1984）。第二，作为债务融资，银行信贷的收益是固定的。与经验丰富的大企业相比，新进入市场的中小企业往往具有抵押品不足、经营与收益不稳定等特征，这意味着银行在获得固定利息收益的同时要承担更高的违约风险（李志赟，2002）。与银行相比，资本市场更能够满足新企业的融资需求。这主要是由于通过资本市场获得的股权融资具有长期投资的特性，且投资者能够按照投资比例获得回报，即实现高风险与高收益的匹配（张一林等，2016）。现有文献证实了股票市场发展和风险投资活动对创新创业活动具有促进作用（Carpenter 和 Petersen，2002；Brown 等，2009；陈思等，2017）。

基于上述分析，本文提出如下研究假设。

假设 4：金融市场尤其是股票市场的发展，有利于推动大企业的更替，加速创造性破坏进程。但银行更倾向于支持大企业的融资需求，不利于新企业的成长及其对大企业的替代。

2. 经济开放程度

经济全球化打破了原有市场竞争格局，国家或地区的经济开放程度进一步提高，从而降低了本土企业垄断市场的能力。一方面，经济开放程度的提高降低了投入品的购买成本，由此带动产出品价格下降，进而提高了一国或地区产品的国际市场竞争力（De Loecker 等，2016）；另一方面，贸易开放程度的提高加剧了市场竞争（Rajan 和 Zingales，2003），倒逼本地企业提高生产效率，进而促进了产品竞争力的提高（简泽等，2014）。

因此，在经济资源有限的前提下，经济开放程度的提高会加剧市场竞争，市场长期被同一经济主体所垄断的可能性显著降低，生产效率高的新企业能够获得竞争优势并不断扩大市场份额，从而取代在位企业。

基于上述分析，本文提出如下研究假设。

假设5：地区的经济开放程度越高，市场竞争越激烈，大企业的更替速度越快。

3. 政府规模

政府规模反映了政府参与经济资源配置等经济活动的能力，是影响地区经济增长的重要因素（Hall 和 Jones，1999；汪德华等，2007）。大企业的发展往往能够得到地方政府的政策支持。

政府规模越大，参与资源配置的能力越强，大企业能得到的政策和资金支持就越大，从而能够长期占据市场主导地位。与此同时，这意味着中小企业的生存与发展会受到影响，造成大企业更替缓慢。

基于上述分析，本文提出如下研究假设。

假设6：政府规模越大，越有利于大企业的稳定发展，大企业的更替速度越缓慢。

三　研究设计与初步特征

（一）数据和样本

考虑到上市公司对大企业具有良好的代表性，以及上市公司财务数据的可得性等因素，本文以我国1997~2020年境内外上市公司①为样本进行分析。

我国股票市场起步较晚，20世纪90年代上市公司数量相对较少，但发展速度较快，21世纪初上市公司数量已突破1000家。从上市地点的选择来看，截至2020年末的5151家上市公司中，4083家企业选择在中国内地上市，923家企业选择在中国香港或美国上市，145家企业选择在多地上市。这不仅意味着资本市场发展迅速，上市公司数量逐渐增加，也表明有越来越多的企业选择境外上市融资，上市公司规模不断扩大。

表1 样本公司的上市时间与上市地点分布特征

单位：家

年度	上市公司总数	中国内地上市	中国香港上市	美国上市	多地上市
1988	3	0	2	1	0
1989	4	0	2	2	0
1990	12	8	2	2	0
1991	19	13	4	2	0
1992	61	53	6	2	0
1993	193	179	9	2	3
1994	309	284	16	4	5
1995	340	311	14	5	10
1996	552	516	18	5	13
1997	784	728	33	5	18
1998	893	834	34	5	20
1999	995	931	38	5	21
2000	1147	1068	46	10	23
2001	1229	1138	53	10	28
2002	1312	1203	67	10	32
2003	1393	1261	86	12	34
2004	1520	1356	108	20	36
2005	1558	1360	136	25	37

① 1990年12月上海证券交易所正式成立，中国股票市场开始集中交易。由于早年上市公司数量较少，财务数据披露不规范、不完整，综合考虑研究目的和数据可得性等因素，本文选择以1997年为样本的起始年份。其中，境内外上市公司指所有实际在中国大陆31个省份（不包括港澳台地区）从事生产经营活动的上市公司，上市地点包括中国内地、中国香港和美国。

年度	上市公司总数	中国内地上市	中国香港上市	美国上市	多地上市
2006	1646	1407	164	32	43
2007	1796	1508	182	52	54
2008	1881	1569	189	63	60
2009	2027	1662	217	83	65
2010	2455	2001	262	121	71
2011	2778	2272	296	133	77
2012	2959	2414	318	139	88
2013	3008	2412	364	143	89
2014	3183	2528	425	139	91
2015	3443	2747	481	121	94
2016	3708	2961	526	123	98
2017	4169	3391	570	104	104
2018	4360	3483	640	122	115
2019	4642	3667	724	124	127
2020	5151	4083	808	115	145

注：上市公司数量为未经过筛选的初始样本，所以统计得到的上市公司数量会多于后续分析中使用的样本数量。

关于样本有如下说明。

第一，数据来源。上市公司的股票交易数据和财务数据来自 Choice 数据库，专利数据来自国家知识产权局的专利数据库及 CNRDS 数据库；区域经济数据来自国家统计局，创业数据来自天眼查平台。本文删除了关键指标（如资产、权益、市值等）数据缺失的公司样本。

第二，上市公司所在地识别。本文根据公司注册地所处省份进行定义。如果注册地在境外，则使用公司办公地所处省份进行定义。对于有多个办公地址、注册地或办公地信息缺失等情况，手工查询公司总部所在地。对于同一公司在多地上市的情况，进行合并处理，将其视作同一家公司。

第三，部分经济欠发达省份（如西藏、甘肃、青海等）的上市公司数量偏少，在各省份前十大上市公司的定义中，其上市公司样本总量在初始阶段可能不足十家。但为了综合展示我国各区域经济发展全貌，并未先验地删除这些省份数据。

第四，北京和上海是众多大型企业的总部所在地，在稳健性检验时将北京与上海的样本做剔除处理。

第五，为了排除异常值的影响，所有连续变量进行 1% 水平的双向缩尾处理。

（二）模型与变量定义

本文使用线性概率模型检验影响大企业更替的内部因素，包括研发创新、国有企业性质和企业规模等，模型设定如下：

$$TOP10\ in\ 1997\,|\,2020_i = \alpha_0 + \alpha_1 \begin{Bmatrix} INNO_i \\ SOE_i \\ ISize_i \end{Bmatrix} + Controls + \lambda_p + \delta_n + \varepsilon_p \qquad (1)$$

其中，被解释变量 $TOP10\ in\ 1997\,|\,2020$ 为 0-1 变量，如果企业 i 在 1997 年和 2020 年都是所在省份的前十大（TOP10）上市公司，则企业 i 是长期存续的大企业，$TOP10\ in\ 1997\,|\,2020$ 值取 1，否则取 0。在稳健性检验中，通过更改样本区间来证实结论的可靠性，包括改变样本的起始年份和终止年份。

解释变量 $INNO$ 为企业 i 的研发创新水平，使用两种方式度量：①专利产出水平（$Patent$），使用企业在 1997~2020 年的授权专利数量（1997 年总资产标准化）度量。②研发投入水平（RD），使用企业在 1997~2020 年的研发支出总额[①]度量，并使用 1997 年的总资产进行标准化操作。

解释变量 SOE 为国有企业性质，使用两种方式度量：①$ONCESOE$，度量上市公司 1997~2020 年期间是否为国有企业，为 0-1 变量。②SOE_RATIO，上市公司 1997~2020 年期间为国有企业的年份占全部上市年份的比例。

解释变量 $ISize$ 为企业 i 在 1997 年的规模，主要使用上市公司在 1997 年

---

① 上市公司的研发支出总额在不同地区有不同的会计处理方式：境外和中国香港上市公司的当期研发支出全部做费用化处理，而中国内地上市公司的当期研发支出按照发生的阶段分别进行资本化和费用化处理。因此，本文使用研发费用指标衡量境外和中国香港上市公司的研发支出水平，使用研发支出合计指标衡量境内上市公司的研发支出水平。

的年末总市值（MV）度量（取对数）。在稳健性检验时，使用企业的账面权益价值、总资产和营业收入等指标。

为了控制企业的财务特征对企业规模和存续能力的潜在影响，本文选取上市公司在1997~2020年期间的资产负债率（LEV）、资产收益率（ROA）和收入增长率（Growth）的平均水平作为控制变量。此外，还控制了省份固定效应（λ_p）和GICS①一级行业固定效应（δ_n），以控制不随时间推移而变化的地区和行业对研究结果的影响。标准误（ε_p）在省份层面聚类。

本文所使用的变量定义如表2所示。

表2　变量定义

变量名称	变量释义
Panel A　企业层面	
$ISize_{i,t}$	企业规模，主要使用上市公司的年末总市值（MV）度量：如果企业在境外上市，则总市值折算成人民币。如果企业在多地上市，则将市值加总计算，取对数。此外，在稳健性检验时，使用上市公司年末的账面权益价值（BE）、总资产（TA）和营业收入（SL）度量，取对数
$TOP10_{i,p,t}$	识别大企业的0-1变量：在省份—年度层面将上市公司按规模从大到小排序，对于前10位上市公司，$TOP10_{i,p,t}=1$；否则$TOP10_{i,p,t}=0$。公司规模用市场价值、账面权益价值、总资产和营业收入等度量
$TOP10\ in\ 1997\,|\,2020_i$	识别长期存续大企业的0-1变量：如果企业i在1997年和2020年都是所在省份的TOP10企业，则认定企业i为长期存续的大企业，$TOP10\ in\ 1997\,|\,2020_i=1$；否则为0
$INNO_i$	公司i在1997~2020年的研发创新水平，使用两种方式度量：①专利产出水平（Patent），使用企业在1997~2020年的授权专利数量（1997年总资产标准化）度量；如果上市公司i在样本区间T内从未有过授权专利，则Patent=0。②研发投入水平（RD），使用企业在1997~2020年的研发支出总额（1997年总资产进行标准化）度量；如果上市公司i在样本区间内从未产生或披露过研发支出，则RD=0

---

① 本文的上市公司样本既包括沪深交易所上市公司，也包括中国香港和美国上市公司，为了保证行业可比性，本文选择了全球行业分类标准（GICS）来确定上市公司所属的行业。根据GICS行业的四级分类标准，全部上市公司可分类为11个经济部门（$GICS_1$）、24个行业组（$GICS_2$）、68个行业（$GICS_3$）和154个子行业（$GICS_4$）。详细的分类标准参见 https: //www.msci.com/our-solutions/indexes/gics。式（1）中控制的是一级行业（$GICS_1$）层面的固定效应。

续表

变量名称	变量释义
	Panel A 企业层面
SOE_i	国有企业性质，使用两种方式度量：①$ONCESOE$，度量企业 1997~2020 年期间是否为国有企业的 0-1 变量。②SOE_RATIO，上市公司在 1997~2020 年期间为国有企业的年份占全部上市年份的比例。其中，企业的国有企业性质根据年报披露的实际控制人性质确定；如果企业无实际控制人，则按控股股东的性质确定；如果企业无控股股东或实际控制人，则按第一大股东的性质确定
$ISize_i$	公司 i 在样本起始年份的初始规模，主要使用企业 1997 年的年末总市值（取对数）度量
LEV_i	公司 i 1997~2020 年的资产负债率平均值
ROA_i	公司 i 1997~2020 年的资产收益率平均值
$Growth_i$	公司 i 1997~2020 年的营业收入增长率平均值
$RD_{i,2020}$	公司 i 在 2020 年披露的研发支出总额（总资产标准化）
$Patent_{i,2020}$	公司 i 在 2020 年的授权发明专利数量（总资产标准化）
$CAPEX_{i,2020}$	公司 i 在 2020 年的资本性支出（使用总资产标准化）。使用两种方式来度量资本性支出：①用购建固定资产、无形资产和其他长期资产支付的现金等指标与期末总资产的比值度量；②用购建固定资产、无形资产和其他长期资产支付的现金等指标和处置固定资产、无形资产和其他长期资产收回的现金净额等指标的差额与期末总资产的比值度量
$SA_{i,2020}$	公司 i 在 2020 年的融资约束程度，参照 Hadlock 和 Pierce（2010）的研究，利用企业的资产规模和上市年限构建 SA 指数：$SA=-0.737 \times TA+0.043 \times TA^2-0.04 \times Age$。其中，$TA$ 为对数化的总资产，Age 为公司的上市年限。该指标值越大，意味着公司面临的融资约束越紧
	Panel B 省份层面
$PFIN_p$	1997~2020 年省份 p 金融市场发展水平。使用樊纲等（2011）构建的市场化指数中的"金融业的市场化"分指标度量金融市场总体发展水平，进一步区分股票市场发展水平和银行业发展水平。其中，股票市场发展水平（$PMarket$）使用该省份历年的上市公司总市值占 GDP 的比重度量；银行业发展水平（$PBank$）利用该省份历年的商业银行分支机构数量衡量市场集中度指数，即前五大商业银行的市场份额（$CR5$），$PBank=1-CR5$
$PTrade_p$	1997~2020 年省份 p 贸易总额，使用省份历年的进出口总额的平均水平度量（省份 GDP 标准化）。该地区贸易总额越大，意味着经济越开放

变量名称	变量释义
$PGOV_p$	1997~2020年省份p的政府规模，使用省份历年的财政支出平均水平度量（省份GDP标准化）。政府规模越大，意味着政府在当地经济资源配置中的重要性越高
$BigShare_p$	1997~2020年省份p长期存续的大企业占比
$Patent_{p,\,2020}$	2020年省份p授权发明专利数量（取对数）
$Startup_{p,\,2020}$	2020年省份p新注册企业数量（取对数）
$GDP_{p,\,2020}$	2020年省份p实际GDP水平。由各省份名义GDP和地区生产总值指数计算得到
$TFP_{p,\,2020}$	2020年省份p全要素生产率，由基于索洛残差理论（Solow，1956）的固定效应方法估算得到
$PMsize_{p,\,2020}$	2020年省份p企业平均规模，取对数
$PPopulation_{p,\,2020}$	2020年省份p总人口，取对数

（三）初步特征分析

1. 变量描述性统计

表3 Panel A为主要变量的描述性统计。第一，$TOP\,in\,1997\,|\,2020_i$的均值为0.080，$TOP\,in\,1997_i$的均值为0.385，这意味着，在1997年的大企业中，20.5%[1]的企业在2020年仍然是该省份大企业。这部分大企业长期占据市场主导地位，没有被新的大企业所取代。除了年末总市值（MV）之外，本文还使用账面权益价值（BE）、总资产（TA）和营业收入（SL）来度量企业规模，以保证变量度量的稳健性。表3 Panel B的相关性分析表明，这些指标存在显著的正相关关系。第二，企业的研发投入和创新产出水平差异较大。据统计，在1997~2020年一直存续的大企业中，30.4%的大企业从未进行研发投资，46.2%的大企业从未有专利授权。第三，在样本中，国有企业占比超过50%。其中，23.2%的一直是国有企业，47.6%的曾为国有企业，仅22.7%的从未成为过国有企业。

---

① 计算公式：（746×0.08）/（746×0.39）=0.2051。

表3 描述性分析

变量	样本量	均值	标准误	最小值	最大值
Panel A 变量描述性统计					
$TOP\ in\ 1997\,|\,2020_i$	746	0.080	0.272	0.00	1.00
$TOP\ in\ 1997_i$	746	0.385	0.487	0.00	1.00
$ISize_i$	746	21.186	0.853	18.52	24.29
RD_i	746	1.411	5.204	0.00	100.94
$Patent_i$	746	0.196	1.293	0.00	21.83
$ONCESOE_i$	746	0.782	0.413	0.00	1.00
SOE_RATIO_i	746	0.617	0.403	0.00	1.00
$PFIN_p$	746	11.213	3.127	4.58	16.14
$PMarket_p$	746	0.657	0.759	0.15	3.64
$PBank_p$	746	0.473	0.097	0.24	0.68
$PTrade_p$	746	0.562	0.454	0.05	1.17
$PGOV_p$	746	0.171	0.064	0.10	0.49

	$Size(MV)$	$Size(BE)$	$Size(TA)$
Panel B 相关性分析			
$Size(BE)$	0.591***		
	(0.00)		
$Size(TA)$	0.585***	0.964***	
	(0.00)	(0.00)	
$Size(SL)$	0.455***	0.706***	0.707***
	(0.00)	(0.00)	(0.00)

注：Panel A 为参与实证回归的样本描述性分析，样本区间 $T=$ ［1997，2020］。Panel B 为三种规模变量的 Pearson 相关系数分析。括号内为 p 值。*、**、***分别表示在10%、5%、1%的水平上显著。

2.大企业的更替情况

本文初步统计了1997~2020年各省份的大企业更替情况（见表4）。在1997年的大企业①中，到2020年依然保持大企业地位的比例为20.8%，未退市但不再是所在省份大企业的占比为71.9%，其余大企业在2020年前均已退市。将样本区间调整到2001~2020年，在2001年的大企业中，到2020年依然保持大企业地位的比例为25.5%。上述分析结果表明，存

---

① 由于1997年部分省份的上市公司不足10家，1997年31个省份的大企业总数不足310家。

在大企业在相当长的样本区间内始终占据市场主导地位、难以被新的大企业所取代的现象。

表4　大企业的更替情况

单位：家，%

类别	数量	占比	类别	数量	占比
1997年各省份的大企业	288	100.0	2001年各省份的大企业	306	100.0
在2020年前已退市	21	7.3	在2020年前已退市	22	7.2
到2020年仍未退市	267	92.7	到2020年仍未退市	284	92.8
不再是大企业	207	71.9	不再是大企业	206	67.3
依然是大企业	60	20.8	依然是大企业	78	25.5

表5分地区展示了1997~2020年各省份的大企业更替速度。结果表明，各省份的大企业更替速度存在显著差异。例如，1997~2020年，吉林省的大企业长期存续的比例为60%，这意味着在1997年TOP10企业中，6家企业到2020年依然保持大企业的地位，大企业的更新换代速度相对缓慢；而北京、天津、福建、江苏、浙江等省份的大企业更替速度相对较快，1997年的TOP10大企业，到2020年均被新的TOP10企业所替代。因此，分省份的分析结果表明，大企业的更替速度存在明显的地区差异。

表5　1997~2020年各省份大企业的更替速度

长期存续的大企业占比	省份
[0.5, 1.0)	青海、吉林、宁夏、贵州、广西
[0.3, 0.5)	西藏、甘肃、内蒙古、新疆、陕西、黑龙江、山西、山东
[0.1, 0.3)	湖北、重庆、辽宁、海南、安徽、广东、上海、江西、湖南、河南、河北、四川、云南
0	北京、天津、福建、江苏、浙江

进一步地，本文根据全球行业分类标准（GICS），查看长期存续的大企业（即 $TOP10\ in\ 1997 \mid 2020=1$）的行业分布特征，如图2所示。长期存续的

大企业集中分布在原材料、日常消费品和工业等行业。进一步查看这些企业的股权性质发现，长期存续的大企业中以国有企业为主。因此，长期存续的大企业的行业分布和股权性质分布均具有较强的异质性。

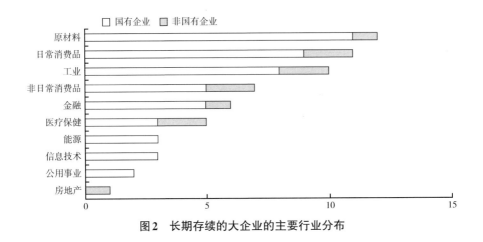

图 2　长期存续的大企业的主要行业分布

四　结果与分析

根据上述理论分析与样本的初步特征描述可知，存在大企业长期占据市场主导地位而难以被替代的现象。那么，造成大企业难以被替代的原因是什么，又会产生怎样的经济后果呢？在前文的理论分析与研究假设的基础上，本部分将从企业的内部因素和外部经济环境两方面来检验影响大企业更替的潜在因素，并进一步分析大企业长期存续可能会产生的经济后果。

（一）大企业更替的影响因素：内部因素分析

1. 研发创新对大企业更替的影响

依托熊彼特的创造性破坏理论，企业通过研发创新带来的技术进步使其可以取代低效率的企业，由此持续推动企业的以新替旧和优胜劣汰。因此，企业能够长期占据市场主导地位，可能得益于其较高的研发创新水平。本文同时考虑企业创新活动中的投入和产出情况，其中，由于早年企业的专利申请信息缺失，且从 2007 年才开始披露研发支出数据，因此，分别使用样本期间的研发支出总额和授权专利总数来反映企业的研发投入水平

（*RD*）和专利产出水平（*Patent*）。表6的回归结果表明，研发投入水平和专利产出水平的系数均不显著，意味着大企业长期占据市场主导地位并不是因为研发创新水平较高。

2. 国有企业性质对大企业更替的影响

实际上，大企业的分布呈现一定的所有制性质差异。在本文所统计的大企业中，超过六成的企业现在或曾经是国有企业。这可能与国有企业普遍规模较大的天然特征相关。但是，我们更感兴趣的是，大企业的长期存续能力是否也因所有制性质的不同而不同。以往研究认为，国有企业能得到更多的融资，从而在市场竞争中占据优势地位（Brandt和Li，2003；余明桂和潘红波，2008；Song等，2011；钟宁桦等，2021）。因此，本文在回归分析中加入国有企业虚拟变量，进一步检验国有企业性质是不是影响大企业更替的重要因素。

本文使用两种方式度量企业的所有制性质：一是0-1虚拟变量（*ONCESOE*）：当企业在样本期曾经是国有企业，*ONCESOE*=1；否则取值0。二是0-1连续变量（*SOE_RATIO*）：企业在样本期为国有企业的年份占样本期的比例，如果企业一直是国有企业，则*SOE_RATIO*=1；否则*SOE_RATIO*=0。表6的结果表明，两种度量方式下，国有企业性质对大企业更替的影响不显著。这意味着，与其他企业相比，国有企业并没有更加难以被替代，国有企业性质并不是影响创造性破坏进程的重要因素。这一结果令我们进一步思考国有企业在经济发展中的作用。

表6　大企业更替的影响因素：研发创新与国有企业性质

Dep. = *Top* 10 *in* 1997 | 2020	（1）	（2）	（3）	（4）
RD$_i$	0.007			
	(1.516)			
Patent$_i$		0.012		
		(1.181)		
ONCESOE$_i$			−0.002	
			(−0.101)	
SOE_RATIO$_i$				0.012
				(0.437)

续表

Dep. = $Top10\ in\ 1997\mid 2020$	（1）	（2）	（3）	（4）
控制变量	是	是	是	是
省份固定效应	是	是	是	是
行业固定效应	是	是	是	是
观测值	746	746	746	746
调整 R^2	0.249	0.236	0.234	0.234

注：控制变量包括 1997~2020 年企业的资产负债率（*LEV*）、资产收益率（*ROA*）和营业收入增长率（*Growth*）的平均水平。括号内为 t 值。*、**、***分别表示在 10%、5%、1% 的水平下显著。标准误在省份层面聚类。

3. 企业规模对大企业更替的影响

大企业可能依靠初始的规模优势构筑市场壁垒，挤压潜在竞争对手的发展空间，从而长期维持市场主导地位。表 7 检验了初始规模对大企业更替的影响。样本年份设定在 1997~2020 年，共计 24 年。解释变量 *ISize* 的系数为 0.051，且在 1% 的水平上显著。这意味着企业 1997 年的初始规模每增加 1%，到 2020 年仍然是大企业的概率会显著提高 5.1 个百分点。进一步控制企业的资产负债率（*LEV*）、资产收益率（*ROA*）和营业收入增长率（*Growth*）等，*ISize* 的系数依然显著为正。因此，本文假设 3 成立，即大企业依靠既有的规模优势构筑市场壁垒，抑制其他企业的进入与发展，进而长期维持市场主导地位且难以被替代。这阻碍了创造性破坏进程。

进一步地，缩小样本期至 20 年和 15 年，即样本期更换为 1997~2016 年和 1997~2011 年。回归结果如表 7 所示。当样本期缩短后，*ISize* 的回归系数依然显著为正。实际上，无论样本期长短，大企业利用初始的规模优势长期占据市场主导地位、难以被新的大企业所替代的现象都是存在的，如图 3 所示。

表 7　大企业更替的影响因素：企业初始规模

变量	$TOP10\ in\ 1997\mid 2020$		$TOP10\ in\ 1997\mid 2016$		$TOP10\ in\ 1997\mid 2011$	
	（1）	（2）	（3）	（4）	（5）	（6）
$ISize_i$	0.051***	0.050***	0.059***	0.062***	0.079***	0.078***
	(3.388)	(3.196)	(3.689)	(3.766)	(3.908)	(3.826)
控制变量	否	是	否	是	否	是
省份固定效应	是	是	是	是	是	是

续表

变量	TOP10 *in* 1997∣2020		TOP10 *in* 1997∣2016		TOP10 *in* 1997∣2011	
	(1)	(2)	(3)	(4)	(5)	(6)
行业固定效应	是	是	是	是	是	是
观测值	747	746	747	746	747	746
调整 R²	0.250	0.256	0.289	0.302	0.335	0.350

注：控制变量包括企业的资产负债率（*LEV*）、资产收益率（*ROA*）和营业收入增长率（*Growth*）在样本期的平均水平。括号内为t值，*、**、***分别表示在10%、5%、1%水平下显著。标准误在省份层面聚类。

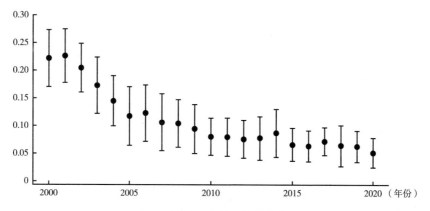

图3　不同样本期的回归系数

注：企业初始规模（*ISize*$_i$）的回归系数由圆圈代表，竖线段代表90%的置信区间。样本期的起始年份为1997年，结束年份见横坐标，设定为2000~2020年。

为了检验上述结论的可靠性，下文进行一系列稳健性检验。

第一，更换解释变量（*ISize*）的度量方式。为了保证变量度量的稳健性，将企业的账面权益价值、总资产和营业收入等作为企业规模（*ISize*）的替代性度量指标，如表8所示。在更换解释变量度量方式后，本文的结论依然成立。

第二，更换被解释变量（*TOP10 in* 1997∣2020）的度量方式。由于部分省份的上市公司数量较少，将大企业的定义范围从"所在省份的前十大企业"收窄至"所在省份的前五大企业"，重新度量被解释变量*TOP10 in* 1997∣2020。此外，本文的定义方式可能受到样本起始年份和结束年份不同的影响。因此，在稳健性检验中将大企业长期存续重新定义为1997~2020年期间企业被认定为大企业的年份占样本期的比例（*TOP_RATIO*），并重新进行回归分析。表8的结果表明，在更换了被解释变量的度量方式后，本文的结论依然成立。

第三，把企业规模、研发创新和国有企业性质等内部因素同时纳入回归分析，系数符号和显著性均与前文保持一致，如表8所示。

表8　稳健性检验：更换变量

变量	账面权益价值 (1)	总资产 (2)	营业收入 (3)	TOP5 (4)	TOP_RATIO (5)	全部变量 (6)
$ISize_i$	0.021**	0.021***	0.011**	0.027**	0.112***	0.049***
	(2.593)	(2.816)	(2.597)	(2.512)	(6.044)	(3.145)
$Patent_i$						−0.007
						(−0.327)
$ONCESOE_i$						0.009
						(0.978)
控制变量	是	是	是	是	是	是
省份固定效应	是	是	是	是	是	是
行业固定效应	是	是	是	是	是	是
观测值	746	746	745	746	746	746
调整 R^2	0.275	0.247	0.279	0.186	0.544	0.256

注：控制变量包括1997~2020年企业的资产负债率（*LEV*）、资产收益率（*ROA*）和营业收入增长率（*Growth*）的平均水平。括号内为t值。*、**、***分别表示在10%、5%、1%的水平下显著。标准误在省份层面聚类。

第四，更换样本的起始年份。由于1997年的上市公司样本数量相对较少，将被解释变量大企业更替的起始年份更换为2001年和2006年，相应地，各变量计算的样本期变更为2001~2020年和2006~2020年。表9的结果表明，企业规模的系数依然显著。

第五，删除来自北京、上海的样本。北京和上海是众多企业的总部所在地，具有一定的特殊性。在样本中剔除北京和上海的公司样本后，企业规模的系数依然显著，如表9所示。

第六，删除多地上市和境外上市的企业样本。考虑到境外上市企业的市值需要按汇率换算，以及多地上市企业的市值需要先换算后累计，大企业的认定可能受到汇率波动的影响。在稳健性检验中，删除境外上市和多地上市的企业样本。表9的结果表明，参与回归的样本数量减少，但企业规模的系数依然显著。

表9　稳健性检验：更换样本范围

变量	TOP10 in 2001 l 2020	TOP10 in 2006 l 2020	删除上海、北京样本	删除境外上市和多地上市的企业样本
	(1)	(2)	(3)	(4)
$ISize_i$	0.077***	0.068***	0.065***	0.053***
	(4.131)	(5.836)	(3.442)	(3.195)
控制变量	是	是	是	是
省份固定效应	是	是	是	是
行业固定效应	是	是	是	是
观测值	1209	1604	605	643
调整 R^2	0.256	0.282	0.254	0.267

注：控制变量包括企业的资产负债率（LEV）、资产收益率（ROA）和营业收入增长率（Growth）在样本期的平均水平。括号内为t值。*、**、***分别表示在10%、5%、1%的水平下显著。标准误在省份层面聚类。

因此，在进行了更换变量度量指标、更换样本范围等稳健性检验后，本文的结论依然成立。大企业能够依靠初始的规模优势来长期占据市场主导地位，其他企业难以发展壮大并取而代之。

进一步地，下文基于行业进行异质性分析。由前文关于大企业行业分布的分析可见，长期存续的大企业的行业分布具有明显的异质性。因此，初始规模对大企业长期存续的影响可能因行业而异。在回归中加入初始规模与行业虚拟变量的交乘项，进行行业的异质性分析，模型设定如下：

$$TOP10\ in\ 1997\ l\ 2020_i = \alpha_0 + \alpha_1 ISize_i + \alpha_2 ISize_i \times GICS1_i + \alpha_3 GICS1_i + \lambda_p + \varepsilon_p\ (2)$$

其中，$GICS1_i$ 的取值范围在 [1，11]，代表 GICS 行业的 11 个大类部门。其余变量的定义与式（1）相同。

图4分行业绘制了交乘项系数 α_2 的估计值。在金融、日常消费品和非日常消费品部门，初始规模对大企业更替的阻碍作用较为显著；而在其他部

门，初始规模对大企业更替的阻碍作用相对不显著。因此，大企业依靠初始规模长期存续而难以被替代的问题存在一定的行业异质性，主要表现在金融和日常消费品两个部门。

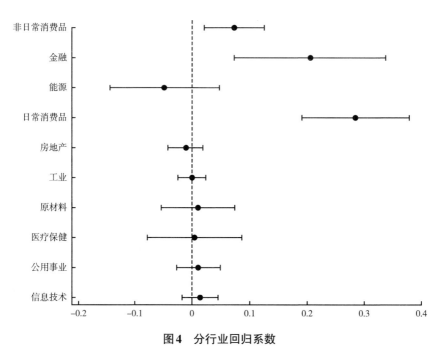

图 4　分行业回归系数

注：圆圈代表企业初始规模（$Size_{i, t_0}$）与 GICS 的 11 个大类行业虚拟变量的交乘项的回归系数值，即式（2）中的 α_2；线段代表 90%的置信区间。显示了除通信行业（作为回归基准项）外的 10 个行业的交乘项系数结果。

　　因此，基于企业内部因素的分析表明，研发创新水平和国有企业性质并不是影响大企业更替的重要因素，大企业主要是依靠初始的规模优势维持市场主导地位。

（二）大企业更替的影响因素：基于企业外部经济环境的分析

　　大企业的生存与发展不仅受到自身内部因素的影响，也会受到外部经济环境的影响。借鉴现有研究（Fogel 等，2008），分别从地区的金融市场发展、经济开放程度和政府规模等方面分析影响大企业更替的外部经济环境因素。

1. 金融市场发展

金融市场发展事关企业的融资能力，进而会影响企业的生存与发展。本文假设，金融发展水平越高，尤其是股票市场发展水平越高，越有利于加快大企业的更替速度。使用樊纲等（2011）构建的市场化指数中的"金融业的市场化"分指数来代表省份层面金融市场总体发展水平（PFIN）。表10的回归结果表明，大企业所在省份的金融市场发展水平越高，其长期保持市场主导地位的能力就越弱。进一步地，区分股票市场和银行业对大企业更替的影响：一是用各省份上市公司总市值与GDP的比值反映省份层面的股票市场发展水平（PMarket），值越高，意味着股票市场发展水平越高；二是对于银行业发展水平（PBank），基于各省份历年的商业银行分支机构数量构建市场集中度指数（CR5），以此反映省份层面的银行业发展水平，银行业的市场集中度越高，银行业发展水平越低，PBank=1−CR5，即前五大银行的市场份额（CR5）越低，该地区的银行业发展水平越高。

表10的回归结果表明，股票市场发展水平（PMarket）能够降低大企业长期存续的概率，但银行业发展水平（PBank）则对大企业的更替没有显著影响。因此，基于金融发展水平的检验结果表明，金融市场尤其是股票市场，能够为创新创业活动提供资金支持，有利于推动大企业的更新换代，加速创造性破坏进程。

2. 经济开放程度

经济开放程度越高，企业面临的市场竞争越激烈，企业更替就越频繁。用1997~2020年各省份贸易总额（省份GDP标准化）的平均水平度量省份层面的经济开放程度（PTrade）。表10的结果表明，PTrade的系数在1%的水平上显著为负，意味着贸易总额越大，经济开放程度越高，激烈的市场竞争越有利于推动大企业的更新换代、加速创造性破坏进程。

3. 政府规模

现有研究表明，大企业的生存与发展往往会得到所在地政府的支持（Hogfeldt，2005；江飞涛和李晓萍，2010）。因此，本文假设政府规模越大，越有利于大企业的稳定发展，则大企业的更替速度越缓慢。现有研究使用财政收入、财政支出、财政支出占比、国有经济占比等指标度量政府规模

（Fölster 和 Henrekson，2001；Gwartney 和 Lawson，2005；汪德华等，2007）。本文使用 1997~2020 年省级政府财政一般预算支出（省份 GDP 标准化）的平均水平来衡量政府规模（*PGOV*）。表 10 的回归结果表明，*PGOV* 的系数显著为正，意味着政府规模越大，参与资源配置的能力越强，越有利于大企业长期维持市场主导地位从而减缓大企业的更新换代速度。

表 10 大企业更替的外部影响因素

Dep. = Top 10 in 1997|2020	金融市场发展		经济开放程度	政府规模
	(1)	(2)	(3)	(4)
$ISize_i$	0.038**	0.041***	0.043***	0.044***
	(2.553)	(2.852)	(2.769)	(3.014)
$PFIN_p$	−0.025***	−0.024***		
	(−3.958)	(−5.419)		
$PMarket_p$		−0.038**		
		(−2.654)		
$PBank_p$		−0.303		
		(−1.609)		
$PTrade_p$			−0.156***	
			(−4.694)	
$PGOV_p$				1.582***
				(5.505)
控制变量	是	是	是	是
行业固定效应	是	是	是	是
观测值	746	746	746	746
调整 R^2	0.135	0.160	0.116	0.188

注：控制变量包括 1997~2020 年企业的资产负债率（*LEV*）、资产收益率（*ROA*）和营业收入增长率（*Growth*）的平均水平。括号内为 t 值。*、**、*** 分别表示在 10%、5%、1% 的水平下显著。标准误在省份层面聚类。

为了避免上述的外部因素分析有所遗漏，本文还利用樊纲等（2011）构建的市场化指数，从市场化进程的总体水平、政府与市场的关系、非国有经济的发展、产品市场的发育程度、要素市场的发育程度，以及知识产权保护等方面全方位检验经济制度环境对大企业更替的潜在影响，结果见表 11。总体上，地区的市场化程度越高，大企业能够长期保持市场主导地位的概率越小。从分指标的检验结果看，政府与市场的良好关系、非国有经济的充分发展、产品市场的公平竞争、要素市场的充分发展、较好的知识产权保护等有利于构建公平竞争的市场环境，有助于打破大企业的垄断地位，促进大企业的更新换代，加速创造性破坏进程。

表11　大企业更替的外部影响因素：基于市场化程度的分析

Dep. = Top10 in 1997	2020	(1)	(2)	(3)	(4)	(5)	(6)
$ISize_i$	0.045***	0.045***	0.043***	0.039**	0.044***	0.043***
	(3.021)	(2.988)	(2.875)	(2.424)	(2.874)	(2.872)
市场化指数	−0.067***					
	(−5.520)					
政府与市场的关系		−0.077***				
		(−5.505)				
非国有经济的发展			−0.049***			
			(−5.262)			
产品市场的发育程度				−0.047**		
				(−2.048)		
要素市场的发育程度					−0.043***	
					(−5.350)	
知识产权保护						−0.028***
						(−5.178)
控制变量	是	是	是	是	是	是
行业固定效应	是	是	是	是	是	是
观测值	746	746	746	746	746	746
调整 R^2	0.183	0.181	0.157	0.100	0.162	0.165

注：（1）为市场化指数，（2）为政府与市场的关系，（3）为非国有经济的发展，（4）为产品市场的发育程度，（5）为要素市场的发育程度，（6）为知识产权保护等变量1997~2020年的平均水平。控制变量包括1997~2020年企业的资产负债率（LEV）、资产收益率（ROA）和营业收入增长率（Growth）的平均水平。括号内为t值，*、**、***分别表示在10%、5%、1%的水平下显著。标准误在省份层面聚类。

（三）进一步分析：大企业更替缓慢的经济后果

上述分析表明，大企业利用既有的规模优势长期维持市场主导地位，难以被新企业替代，阻碍了创造性破坏进程。本部分将从大企业长期存续对其他企业投融资活动产生的挤出效应，以及大企业长期存续对经济发展的影响等方面检验大企业更替速度缓慢可能会产生的经济后果，进一步提供更为直观的经验证据。

1. 大企业长期存续的挤出效应

进一步检验大企业的长期存续对其他企业投融资活动产生的挤出效应，模型设定如下：

$$\left\{\begin{array}{l} SA_{i,2020} \\ RD_{i,2020} \\ Patent_{i,2020} \\ CAPEX_{i,2020} \end{array}\right\} = \alpha_0 + \alpha_1 BigShare_p + Controls + \lambda_p + \delta_n + \varepsilon_p \tag{3}$$

其中，被解释变量分别为企业的融资约束程度（SA）、研发投入水平（RD）、专利产出水平（$Patent$）和资本性支出（$CAPEX$），解释变量 $BigShare$ 为省份 p 在 1997~2020 年长期存续的大企业占比，见式（4）。$BigShare$ 的值越大，意味着长期存续的大企业占比越高，大企业更替速度越慢。其余变量的定义同式（1）。

$$BigShare_p = \frac{\sum_p TOP10\ in\ 1997\,|\,2020_i}{\sum_p TOP10_{i,1997}} \tag{4}$$

其中，$\sum_p TOP10\ in\ 1997\,|\,2020_i$ 为省份 p 在 1997~2020 年长期存续的大企业数量；分母 $\sum_p TOP10_{i,1997}$ 为省份 p 在 1997 年的大企业数量。

本文在样本中剔除长期存续的大企业，对式（3）进行回归，结果见表12：大企业更替速度越慢，其他企业面临的融资约束越紧，研发投入水平、专利产出水平和资本性支出就越低。因此，大企业的长期存续对其他企业的投融资和研发创新均产生了挤出效应。

大企业更替速度对其他企业的影响可能存在一定的反向因果问题，即经济发展水平越高的地区，市场竞争越激烈，企业更替速度越快。为此，参照 Fogel 等（2008）的研究方法，使用各地区的宗教场所数量作为工具变量。现有研究认为，宗教信仰作为一种文化习俗代际相传，在潜移默化中能够影响个体对经济发展和创新的态度，进而对经济发展产生深远的影响（Stulz 和 Williamson，2003；Guiso 等，2003；阮荣平等，2014）。根据1983年国务院批转《国务院宗教事务局关于确定汉族地区佛道教全国重点寺观的报告》中列出的汉族地区佛教全国重点寺院名单，用各省份的重点寺庙数量（取对数）反映地区的宗教信仰水平。两阶段工具变量回归结果见表12，检验结果依然稳健，即长期存续的大企业占比越高，则大企业更替速度越慢，会影响其他企业的投融资活动。

表12　大企业长期存续产生的挤出效应

变量	Panel A 回归结果				
	$SA_{i,2020}$	$CAPEX1_{i,2020}$	$CAPEX2_{i,2020}$	$RD_{i,2020}$	$Patent_{i,2020}$
	（1）	（2）	（3）	（4）	（5）
$BigShare_p$	1.375***	−0.066***	−0.089***	−0.020***	−0.082***
	（44.049）	（−25.368）	（−36.663）	（−12.386）	（−4.836）
控制变量	是	是	是	是	是
省份固定效应	是	是	是	是	是
行业固定效应	是	是	是	是	是
观测值	4895	4895	4895	4895	4895
调整 R^2	0.151	0.089	0.093	0.279	0.109
变量	Panel B 回归结果				
	$SA_{i,2020}$	$CAPEX1_{i,2020}$	$CAPEX2_{i,2020}$	$RD_{i,2020}$	$Patent_{i,2020}$
	（6）	（7）	（8）	（9）	（10）
$BigShare_p$	0.576***	−0.038***	−0.039***	−0.019***	−0.135*
	（4.024）	（−2.725）	（−2.766）	（−3.246）	（−1.803）
控制变量	是	是	是	是	是
行业固定效应	是	是	是	是	是
第一阶段 F 值	21.90	21.90	21.90	21.90	21.90
观测值	4895	4895	4895	4895	4895
调整 R^2	0.135	0.080	0.083	0.276	0.104

注：参与回归的样本为除长期存续的大企业外的其他企业。控制变量包括企业在2020年的资产负债率（LEV）、资产收益率（ROA）和营业收入增长率（Growth）。括号内为t值。*、**、***分别表示在10%、5%、1%的水平下显著。标准误在省份层面聚类。

2. 大企业更替对地方经济发展的影响

进一步地，在省份层面检验大企业长期存续对经济发展的影响，包括创新、创业和经济增长等方面。其中，创新水平使用省份层面的授权专利总数（取对数）度量；创业水平使用省份层面的新企业注册数量（取对数）度量；经济增长使用省份的实际GDP水平（GDP）和全要素生产率（TFP）[①]度量。此外，为了消除各省份初始状态的经济发展水平差异对实证结果的影响，在回归中加入了各省份 1997 年的企业平均规模（PMsize）和人口数量（PPopulation）变量。

表 13 列示了大企业更替对经济发展的影响的回归结果。省份层面的回归结果表明，大企业的长期存续与创新、创业和经济增长等显著负相关，具体表现为长期存续的大企业占比越高，地方的授权专利数量和新企业注册数量越少，GDP 和全要素生产率越低。由此可见，大企业的长期存续阻碍了创造性破坏进程，并对经济高质量发展有负面影响。

需要说明的是，本文的检验揭示了大企业更替缓慢与其他企业和经济增长的负相关关系，为大企业更替的负面影响提供了初步的经验证据。但是，样本数量较少可能导致检验结果存在偏误。

表 13　大企业长期存续对地方经济发展的影响

变量	$Patent_{p,2020}$	$Startup_{p,2020}$	$GDP_{p,2020}$	$TFP_{p,2020}$
	（1）	（2）	（3）	（4）
$BigShare_p$	-3.448^{***}	-2.085^{***}	-2.003^{***}	-1.335^{***}
	（-4.273）	（-4.564）	（-4.532）	（-5.077）
控制变量	是	是	是	是
观测值	31	31	31	31
调整 R^2	0.733	0.788	0.865	0.735

注：控制变量包括省份 p 1997 年的企业平均规模和总人口规模。括号内为 t 值。*、**、***分别表示在 10%、5%、1% 的水平下显著。标准误在省份层面聚类。

---

① 对于省份层面的全要素生产率，基于索洛残差理论（Solow，1956），采用固定效应方法估计得到。

五 结论

本文以我国1997~2020年境内外上市公司为样本，分析省份层面大企业更替情况，进一步研究大企业更替的影响因素及其产生的经济后果。结果发现：第一，我国存在大企业长期占据市场主导地位、难以被新的大企业替代的问题，阻碍了创造性破坏进程。第二，更高的研发创新水平和国有企业性质并不是大企业长期存续且难以被替代的原因，大企业主要利用初始的规模优势构筑市场进入壁垒，进而长期占据市场主导地位。初始规模对大企业更替的阻碍作用在金融和日常消费品部门更加明显。第三，基于宏观经济环境的分析表明，发达的金融市场、开放的经济环境等有利于构建公平竞争的市场环境，加快大企业的更新换代，加速创造性破坏进程。第四，对于经济后果的检验发现，大企业的长期存续加剧了其他企业面临的融资约束、抑制了其他企业的投融资和创新活动，并进一步影响了创新、创业和经济增长。

研究表明，积极推进大企业的更新换代、加速创造性破坏进程，对于打破大企业的长期垄断、缩小区域经济发展差距和推动经济高质量发展具有重要的现实意义。一方面，加强反垄断，防止资本无序扩张。推动大企业的更新换代，能够有效防止大企业长期垄断市场资源，赋予其他企业生存和发展的空间，以公平竞争的市场环境激发创新创业活力。另一方面，应持续优化和完善地区制度环境，不断提高金融体系对新企业的服务能力、提升地方经济开放程度，以良好的营商环境促进新企业的发展，在创造性破坏过程中促进资源优化配置与经济增长。因此，推动大企业的更新换代，能够以创造性破坏的力量促进经济高质量发展，助力中国式现代化。

参考文献

[1] 陈思、何文龙、张然，2017，《风险投资与企业创新：影响和潜在机制》，《管理世

界》第 1 期。

[2] 樊纲、王小鲁、马光荣，2011，《中国市场化进程对经济增长的贡献》，《经济研究》第 9 期。

[3] 何文韬、肖兴志，2018，《进入波动、产业震荡与企业生存——中国光伏产业动态演进研究》，《管理世界》第 1 期。

[4] 简泽、张涛、伏玉林，2014，《进口自由化、竞争与本土企业的全要素生产率——基于中国加入 WTO 的一个自然实验》，《经济研究》第 8 期。

[5] 江飞涛、李晓萍，2010，《直接干预市场与限制竞争：中国产业政策的取向与根本缺陷》，《中国工业经济》第 9 期。

[6] 李志赟，2002，《银行结构与中小企业融资》，《经济研究》第 6 期。

[7] 刘智勇、李海峥、胡永远、李陈华，2018，《人力资本结构高级化与经济增长——兼论东中西部地区差距的形成和缩小》，《经济研究》第 3 期。

[8] 卢峰、姚洋，2004，《金融压抑下的法治、金融发展和经济增长》，《中国社会科学》第 1 期。

[9] 聂辉华、谭松涛、王宇锋，2008，《创新、企业规模和市场竞争：基于中国企业层面的面板数据分析》，《世界经济》第 7 期。

[10] 彭水军、舒中桥，2021，《服务贸易开放、市场化改革与中国制造业企业生产率》，《金融研究》第 11 期。

[11] 阮荣平、郑风田、刘力，2014，《信仰的力量：宗教有利于创业吗?》，《经济研究》第 3 期。

[12] 盛来运、郑鑫、周平、李拓，2018，《我国经济发展南北差距扩大的原因分析》，《管理世界》第 9 期。

[13] 覃成林、张华、张技辉，2011，《中国区域发展不平衡的新趋势及成因——基于人口加权变异系数的测度及其空间和产业二重分解》，《中国工业经济》第 10 期。

[14] 汪德华、张再金、白重恩，2007，《政府规模、法治水平与服务业发展》，《经济研究》第 6 期。

[15] 余明桂、潘红波，2008，《政府干预、法治、金融发展与国有企业银行贷款》，《金融研究》第 9 期。

[16] 张一林、龚强、荣昭，2016，《技术创新、股权融资与金融结构转型》，《管理世界》第 11 期。

[17] 赵子乐、林建浩，2017，《经济发展差距的文化假说：从基因到语言》，《管理世界》第 1 期。

[18] 钟宁桦、解咪、钱一蕾、邓雅琳，2021，《全球经济危机后中国的信贷配置与稳就业成效》，《经济研究》第 9 期。

［19］祝树金、钟腾龙、李仁宇，2019，《进口竞争、产品差异化与企业产品出口加成率》，《管理世界》第11期。

［20］Aghion P., Howitt P. 1992. "A Model of Growth through Creative Destruction." *Econometrica* 60（2）：323−351.

［21］Aghion P., Howitt P. 1998. *Endogenous Growth Theory*. Cambridge：MIT Press.

［22］Aghion P., Howitt P., Prantl S. 2013. "Revisiting the Relationship between Competition, Patenting, and Innovation." in *Advances in Economics and Econometrics*, Cambridge：Cambridge University Press.

［23］Allen F., Qian J., Qian M. 2005. "Law, Finance, and Economic Growth in China." *Journal of Financial Economics* 77（1）：57−116.

［24］Autor D., Dorn D., Katz L. F., Patterson C., Van Reenen J. 2020. "The Fall of the Labor Share and the Rise of Superstar Firms." *The Quarterly Journal of Economics* 135（2）：645−709.

［25］Bae K. H., Bailey W., Kang J. 2021. "Why is Stock Market Concentration Bad for the Economy?" *Journal of Financial Economics* 140（2）：436−459.

［26］Bao S., Chang G. H., Sachs J. D., Woo W. T. 2002. "Geographic Factors and China's Regional Development under Market Reforms 1978‒1998." *China Economic Review* 13（1）：89−111.

［27］Barro R. J. 1991. "Economic Growth in a Cross Section of Countries." *Quarterly Journal of Economics* 106（2）：407−443.

［28］Bernanke B. S. 1983. "Irreversibility, Uncertainty, and Cyclical Investment." *Quarterly Journal of Economics* 98（1）：85−106.

［29］Brandt L., Li H. 2003. "Bank Discrimination in Transition Economies：Ideology, Information, or Incentives?" *Journal of Comparative Economics* 31（3）：387−413.

［30］Brown J. R., Fazzari S. M., Petersen B. C. 2009. "Financing Innovation and Growth：Cash Flow, External Equity, and the 1990s R&D Boom." *Journal of Finance* 64（1）：151−185.

［31］Carpenter R. E., Petersen B. C. 2002. "Capital Market Imperfections, High‐Tech Investment, and New Equity Financing." *Economic Journal* 112（477）：54−72.

［32］De Loecker J., Eeckhout J., Unger G. 2020. "The Rise of Market Power and the Macroeconomic Implications." *Quarterly Journal of Economics* 135（2）：561−644.

［33］De Loecker J., Goldberg P. K., Khandelwal A. K., Pavcnik N. 2016. "Prices, Markups, and Trade Reform." *Econometrica* 84（2）：445−510.

［34］Démurger S. 2001. "Infrastructure Development and Economic Growth：An Explanation for Regional Disparities in China?" *Journal of Comparative Economics* 29（1）：95−117.

［35］ Faccio M., McConnell J. 2020. "Impediments to the Schumpeterian Process in the Replacement of Large Firms." NBER Working Paper 27871.

［36］ Fogel K., Morck R., Yeung B. 2008. "Big Business Stability and Economic Growth: Is What's Good for General Motors Good for America?" *Journal of Financial Economics* 89 (1): 83–108.

［37］ Fölster S., Henrekson M. 2001. "Growth Effects of Government Expenditure and Taxation in Rich Countries." *European Economic Review* 45(8): 1501–1520.

［38］ Gartzke E., Gwartney J., Lawson R. 2005. "Economic Freedom of the World: 2005 Annual Report." Retrieved from https://policycommons.net.

［39］ Geroski P. A., Mata J., Portugal P. 2010. "Founding Conditions and the Survival of New Firms." *Strategic Management Journal* 31(5): 510–529.

［40］ Gibrat R. 1931. *Inegalites Economiques*. Paris: Recueil Sirey.

［41］ Guiso L., Sapienza P., Zingales L. 2003. "People's Opium? Religion and Economic Attitudes." *Journal of Monetary Economics* 50(1): 225–282.

［42］ Hadlock C. J., Pierce J. R. 2010. "New Evidence on Measuring Financial Constraints: Moving beyond the KZ Index." *Review of Financial Studies* 23(5): 1909–1940.

［43］ Hall R. E., Jones C. I. 1999. "Why do Some Countries Produce So Much More Output Per Worker Than Others?" *Quarterly Journal of Economics* 114(1): 83–116.

［44］ Hogfeldt P. 2005. "The History and Politics of Corporate Ownership in Sweden." in *A History of Corporate Governance around the World: Family Business Groups to Professional Managers*. Chicago: University of Chicago Press.

［45］ Julio B., Yook Y. 2012. "Political Uncertainty and Corporate Investment Cycles." *Journal of Finance* 67(1): 45–83.

［46］ King R. G., Levine R. 1993. "Finance and Growth: Schumpeter Might be Right." *Quarterly Journal of Economics* 108(3): 717–737.

［47］ Klette T. J., Kortum S. 2004. "Innovating Firms and Aggregate Innovation." *Journal of Political Economy* 112 (5): 986–1018.

［48］ Lall S. 1992. "Technological Capabilities and Industrialization." *World Development* 20(2): 165–186.

［49］ Lentz R., Mortensen D. T. 2008. "An Empirical Model of Growth through Product Innovation." *Econometrica* 76(6): 1317–1373.

［50］ Levine R. 2005. "Finance and Growth: Theory and Evidence." in *Handbook of Economic Growth*.

［51］ Lin J. Y., Cai F., Li Z. 1998. "Competition, Policy Burdens, and State-Owned Enterprise

Reform." *American Economic Review* 88(2): 422−427.

[52] Mata J., Portugal P., Guimaraes P. 1995. " The Survival of New Plants: Start−Up Conditions and Post−Entry Evolution." *International Journal of Industrial Organization* 13 (4): 459−481.

[53] Myers S. C., Majluf N. S. 1984. "Corporate Financing and Investment Decisions: When Firms Have Information that Investors Do Not Have." *Journal of Financial Economics* 13 (2): 187−221.

[54] Rajan R. G., Zingales L. 2003. " The Great Reversals: The Politics of Financial Development in the Twentieth Century." *Journal of Financial Economics* 69(1):5−50.

[55] Romer P. M. 1986. "Increasing Returns and Long−Run Growth." *Journal of Political Economy* 94(5):1002−1037.

[56] Rugman A., D'Cruz J. R. 2003. *Multinationals as Flagship Firms: Regional Business Networks.* Oxford: Oup Oxford.

[57] Schlingemann F. P., Stulz R. M. 2022. "Have Exchange−Listed Firms Become Less Important for the Economy?" *Journal of Financial Economics* 143(2):927−958.

[58] Schumpeter J. A. 1934. *The Theory of Economic Development: An Inquiry into Profits, Capital, Credit, Interest, and the Business Cycle.* Cambridge: Harvard University Press.

[59] Schumpeter J. A. 1939. *Business Cycles.* New York: McGraw−Hill.

[60] Schumpeter J. A. 1942. *Capitalism, Socialism and Democracy.* New York: Harper & Brothers.

[61] Solow R. M. 1956. "A Contribution to the Theory of Economic Growth." *The Quarterly Journal of Economics* 70(1):65−94.

[62] Song Z., Storesletten K., Zilibotti F. 2011. "Growing like China." *American Economic Review* 101(1):196−233.

[63] Stiglitz J. E., Weiss A. 1981. "Credit Rationing in Markets with Imperfect Information." *American Economic Review* 71(3):393−410.

[64] Stulz R. M., Williamson R. 2003. "Culture, Openness, and Finance." *Journal of Financial Economics* 70(3):313−349.

（责任编辑：陈星星）

高新技术企业认定政策与企业创新

王文凯　　陈志远[*]

摘　要： 为了激励企业研发创新，2008年我国出台了《高新技术企业认定管理办法》，而围绕高新技术企业认定政策展开评估主要面临两个问题，一是政策的内生性；二是考虑到企业会进行研发操纵，不处理上述问题就会高估政策效果。为解决上述问题，本文基于中国工业企业数据库和全国企业创新活动调查数据库系统地评估了高新技术企业认定政策的创新效应及其作用机制。研究发现，高新技术企业认定政策显著提升了企业层面的创新产出水平。机制检验发现，该政策显著降低了企业税负，增加了与研发相关的政府补贴，而且，被认定为高新技术企业这一信号可以改善企业的经营绩效及其面临的融资约束等，进而促进研发创新。本文的研究不仅为高新技术企业认定政策的有效性提供了经验证据支持，也为后续的政策制定提供了参考。

关键词： 高新技术企业　政策评估　企业创新　断点回归

一　引言

创新活动具有正外部性和高风险等特点，企业自主创新激励不足，会导致企业创新水平低于社会最优，减少社会的整体福利（Solow，1956）。特

---

*　王文凯，助理研究员，中国社会科学院财经战略研究院，电子邮箱：wangwk@cass.org.cn；陈志远（通讯作者），助理教授，中国人民大学商学院，电子邮箱：chenzhiyuan@rmbs.ruc.edu.cn。本文获得国家自然科学基金（72103192）的资助。感谢匿名审稿专家的宝贵意见，文责自负。

别是在法律制度不完善的情况下，创新成果甚至会被竞争对手模仿抄袭，从而进一步降低企业的创新投入和产出（Kristiansen，1998）。因此，政府应该出台相关政策对企业创新予以激励（Solow，1956）。2008年，我国出台了《高新技术企业认定管理办法》（以下简称《办法》），完整系统地提出了高新技术企业认定标准，旨在对通过高新技术企业认定的企业提供税收优惠等支持，以激励企业进行研发创新。那么，一个显而易见的问题是该政策的成效如何？

经济学关于产业政策有效性的讨论一直没有定论。一方面，一些文献认为政府可以通过制定政策来降低创新风险以激励企业进行创新（Greenwald和Stiglitz，1986），如降低企业税负。实证研究发现，减税确实可以激励企业增加创新投入、提升创新产出水平（Hall和Van Reenen，2000；Bloom等，2002）；而另一方面，一些文献认为针对特定企业的激励政策会诱使企业通过操纵一些相关项目来做出更有利于自身且与产业政策目标无关的选择（Dye，2002；杨国超等，2017），导致产业政策失效。

对高新技术企业认定政策的已有研究并没有得出一致的结论。一些研究发现，高新技术企业认定政策能够显著促进企业创新（刘啟仁等，2023；汪芳等，2023；董珍和缪言，2022）。但也有部分文献认为该政策的效果并不显著（杨国超等，2017；曾婧婧等，2019）。既有研究结论不一致的原因主要在于两方面：第一，《办法》在开篇即说明为鼓励高新技术企业发展特制定本办法，而且明确且详细地列明高新技术企业的认定标准。因此，从计量理论的角度来看，该政策并非外生冲击，高新技术企业样本也非随机选择，在这种情况下，不解决样本选择问题可能就会高估政策效果。很明显，只有符合政策标准和在政策标准门槛附近的企业会被纳入处理组，而即使没有出台《办法》，这些企业创新水平也比对照组高。第二，更重要的是，杨国超等（2017）使用上市公司的数据研究发现，企业研发收入比在《办法》规定的临界值附近分布不连续，这意味着企业可能有研发操纵行为。所谓研发操纵，即把原本不属于研发的其他管理费用记作研发费用（Chen等，2021），进而人为地提高研发收入比，从而使企业符合高新技术企业认定标准。在这种情况下，不考虑研发操纵也会导致政策效果被高估。

针对上述问题，本文基于2013年中国工业企业数据库和全国企业创新活动调查数据库，采用断点回归、匹配等方法，对高新技术企业认定政策的效果进行再检验。首先，关于样本选择问题，一方面参考Li等（2016）的方法，将高新技术企业认定标准作为关键控制变量以解决企业的非随机选择可能对评估结果产生影响的问题；另一方面参考Redding和Sturm（2008）的研究，使用匹配方法来解决样本选择问题。其次，对于企业可能存在的研发操控问题，通过使用创新效率以及甜甜圈断点回归方法来消除其对评估结果的潜在影响。研究结果显示，高新技术企业认定政策对企业创新产生了显著的促进作用。本文也对该政策的作用机制做了检验，结果发现，该政策通过税收优惠、政府补助等措施以及信号机制对企业创新产生积极影响。

和已有文献相比，本文的贡献主要在于：第一，从研究数据上看，本文使用的数据来自全国企业创新活动调查数据库，其优点在于可以准确识别高新技术企业。第二，从研究方法上看，本文使用了新的研究方法，比如Selection Ratio方法、作为数据预处理手段的匹配方法，这些方法不仅有助于识别因果关系，而且为今后经济学研究方法的选择提供了一定的借鉴。第三，从研究设计上看，既有文献可能没有考虑研发操纵和样本选择问题，导致评估结果失真；也可能发现了该问题但没有提出具体的解决方法。Chen等（2021）的研究考虑了上述问题，但和本文在研究数据、研究方法和研究内容上均不相同。相较于Chen等（2021），本文的创新点在于关注了创新效率及其机制；而相比杨国超等（2017）的研究，本文着重考虑了对研发操纵问题的识别，并且对比了研发操纵企业与非研发操纵企业创新表现的差异。总的来说，相较于既有文献，本文消除了政策评估中的高估现象，更加准确地识别了高新技术企业认定政策的创新效应，为后续的政策制定提供了经验证据支持。

本文其余部分安排如下：第二部分介绍政策背景与研究假说；第三部分为数据说明及描述性统计；第四部分实证结果与讨论为本文的核心，主要包括基准回归结果、匹配结果、断点回归、异质性分析等内容；第五部分是机制检验与分析；第六部分是结论与政策建议。

二　政策背景与研究假说

（一）政策背景

2008年，科技部、财政部、国家税务总局联合发布《办法》，旨在对通过高新技术企业认定的企业提供税收优惠等支持，以激励企业进行创新。《办法》详细说明了申请认定的企业应当满足的条件[①]，本文遵循数据特征能够量化的原则，归纳了以下六个重要条件。第一，产品（服务）属于《国家重点支持的高新技术领域》中规定的范围。第二，具有专科以上学历的科技人员占企业当年职工总数的30%以上。第三，研发人员占企业当年职工总数的10%以上。第四，企业研究开发费用总额占销售收入总额的比例符合如下要求：①最近一年销售收入低于5000万元的企业，比例不低于6%；②最近一年销售收入在5000万元至2亿元的企业，比例不低于4%；③最近一年销售收入在2亿元以上的企业，比例不低于3%。第五，企业在中国境内发生的研究开发费用总额占全部研究开发费用总额的比例不低于60%。第六，高新技术产品（服务）收入占企业当年总收入的60%以上。从认定条件来看，《办法》对于申请企业在创新方面的要求相对较高且全面，是比较完整且系统的高新技术企业认定标准。

按照《办法》的要求，高新技术企业至少可以获得三个方面的优惠政策支持：第一，税收优惠，如按15%的税率征收企业所得税[②]；企业的研究开发费用支出经税务部门确认后可在计算所得税前扣除；企业经过技术合同登记的技术开发、技术转让以及技术咨询活动可免征营业税。第二，各地方政府也出台了一些对于高新技术企业的财政补助政策，比如深圳对于2008年1月1日以后注册成立且经认定的国家高新技术企业，在享受国家"二免三减半"所得税优惠政策后2年内，按其缴纳企业所得税形成深圳地

[①]　这里归纳的条件和《办法》中的规定并不完全一样，详见《办法》。《办法》于2016年修订，而本文使用的是2013年的数据，因此没有介绍这部分内容。

[②]　非高新技术企业的税率为25%，相当于减税40%。

方财力部分的50%予以研发资助支持，①类似的还有江苏苏州、山东潍坊、海南省等，②而且多数文件均明确规定政府补助只能专项用于企业研发创新。第三，国家部分科技项目的资助对象也会优先考虑高新技术企业，且其获批的资助额度更高。比如，国家火炬计划项目申报要求中明确规定，申报高新技术产业化示范项目的单位，应是地方科技部门重点支持的企业或国家火炬计划重点高新技术企业。因此，企业有动力申请高新技术企业认定以享受上述优惠政策。据此，本文提出研究假说。

研究假说1：高新技术企业认定政策可以显著促进企业创新。

（二）机制分析

高新技术企业认定政策如何激励企业创新呢？本文认为至少有三种潜在的作用机制。

1. 税收激励

《办法》明确规定通过认定的企业可以享受税收优惠等政策。以2017年为例，高新技术企业各类税收优惠政策共计减税2400多亿元，力度不可谓不大。税收优惠对企业创新的主要影响在于降低研发边际成本，从而促使企业进行更多的创新活动。而且税收优惠对企业创新的激励是"中性"的（Czarnitzki等，2011），不受企业所处行业、规模、性质等特征变量的影响，也不涉及政策制定者在部门间、地区间、行业间及企业间自由裁量的选择性分配，所有符合条件的企业都可以享受优惠政策，因此税收优惠造成的政策性扭曲程度也最低。税收优惠政策的可预期性也会对企业研发决策产生积极影响（Hall和Van Reenen，2000），是否开展研发活动、能否获得研发税收减免完全取决于企业的自主决策，这能提升企业创新的自主性（戴晨和刘怡，2008），从而促进企业的创新产出和经济绩效的提升（Czarnitzki等，2011）。从创新投入的角度看，税收优惠政策可直接降低企业的研发成

---

① 详见2008年深圳市政府出台的《关于加强自主创新促进高新技术产业发展若干政策措施的通知》。

② 江苏苏州的详见《苏州工业园区高新技术企业认定管理办法》，山东潍坊的详见《鼓励支持高新技术产业加快发展的有关政策规定》，海南省的详见《海南省促进高新技术产业发展的若干规定》。

本，激励企业增加研发投入（冯海波和刘胜，2017；徐建斌和彭瑞娟，2022），并且税收优惠政策对研发投入的长期激励效应大于短期激励效应（Bloom等，2002），而研发投入的增加必然伴随着创新产出的增加；从创新产出的视角看，一些文献对税收优惠等政策的创新产出效应持肯定态度（Bronzini和Piselli，2016；刘行和赵健宇，2019；Chen等，2021）。因此，本文提出第一个机制假说。

研究假说1a：高新技术企业认定政策可以通过税收优惠促进企业创新。

2. 政府补助激励

《办法》并没有明确给予高新技术企业以政府补助，但许多地方政府明确提出加大对高新技术企业的补助力度，而且强调政府补助应专款专用，即只能用于企业研发创新，具体可见上文提到的政策文件。因此，高新技术企业也面临政府补助的潜在激励（杨国超等，2017）。一方面，高新技术企业的创新很大程度上是自主创新，代表了某一领域甚至是行业的最先进水平，政府往往是大力支持的，而政府补助可以分担企业研发创新的风险，也可以弥补创新活动中私人收益与社会收益之间的差距，提高了企业创新的积极性（白俊红，2011）；另一方面，政府补助不仅可以直接影响企业有关技术创新决策，还可缓解企业研发资金紧缺问题，促进企业增加创新投入，进而对企业创新产生激励作用（Bronzini和Iachini，2014；Bronzini和Piselli，2016）；企业获得政府资助，意味着政府对其研发项目的肯定，有助于企业获取研发所需资金（郭玥，2018；Liu等，2019）。张杰等（2015）认为，在知识产权保护制度等不完善的情况下，政府补助是对企业创新不足的弥补，一定程度上可以促进企业创新，进而增加企业创新产出。从文献来看，解维敏等（2009）、刘婧等（2019）、Xu等（2023）的研究都验证了政府补助会促进企业创新，并增加创新产出（新产品和专利）。因此，本文提出第二个机制假说。

研究假说1b：高新技术企业认定政策可以通过政府补助促进企业创新。

3. 信号机制

有文献认为，"高新技术企业"这一标签是一种"信号"，高新技术企业认定政策也可以通过信号机制影响企业创新。其逻辑在于，企业创新往往需要大量的资金投入，许多企业特别是民营企业往往面临融资约束问题，加之企业与外部投资者之间的信息不对称问题会限制社会资本寻求有技术优势的企业进行投资，从而增加企业外部融资成本。而高新技术企业这一标签起到了信号传递作用，可降低企业和社会资本之间的信息不对称（Batjargal 等，2013），进而降低外部融资成本，缓解企业的融资约束从而促进创新。高新技术企业也向市场传递出其研发创新能力较强的"信号"，这有利于改善企业的创新绩效（Hirshleifer 等，2013）。上文介绍了高新技术企业认定的具体标准，不仅对企业研发投入等环节有要求，而且对知识产权等也有着较高的要求，最终还需由政府审定。从认定的标准和程序来看，高新技术企业认定并不是完全随机的，其包含了很多对市场有价值的信息（Takalo 和 Tanayama，2010），企业取得高新技术企业认定证书，相当于是官方对企业技术水平及创新能力的肯定（雷根强和郭玥，2018；徐军玲和刘莉，2020）。因此，经由政府认定的高新技术企业的新产品更易销售，从而激励企业进行更多的创新。据此，本文提出第三个机制假说。

研究假说1c：高新技术企业认定政策可以通过信号机制促进企业创新。

三　数据说明及描述性统计

本文使用的数据主要来源有：国家统计局2013年的全国企业创新活动调查数据库提供了工业企业创新活动相关的详细信息，包括科技人员数量、具有大学本科及以上学历的人数、研发人员总数等，还包括研发投入、发生在中国境内的研究开发费用总额、高新技术产品（服务）收入和企业专利申请量等。但是该数据库缺乏企业财务方面的信息，因此本文把该数据库和中国工业企业数据库的数据进行合并①，从而得到丰富的信息，以便对企业的非随机性选择问题进行控制。

首先参考聂辉华等（2012）的研究，对原始数据进行如下筛选：①剔除职工人数小于8人的企业样本；②剔除总资产小于流动资产的企业样本；

---

① 根据法人代码和企业名称进行匹配，匹配率高达95%以上。

③剔除总资产小于固定资产净值的企业样本；④剔除累计折旧小于当期折旧的企业样本；⑤剔除实收资本小于或等于0的企业样本。同时参考陈林（2018）的研究，由于2008年之后的工业企业数据中资本项存在较多错误，剔除资本项不对应的企业样本。

参考杨国超等（2017）、黎文靖和郑曼妮（2016）以及寇宗来和刘学悦（2020）的研究，本文衡量企业创新的核心解释变量为企业专利申请数，并使用企业专利申请数加1取对数来表示。其中，专利可分为发明专利和非发明专利（包括实用新型和外观设计两种），一般而言，发明专利质量较高，属于实质性创新。黎文靖和郑曼妮（2016）研究发现，产业政策有利于企业的策略性创新而对实质性创新没有显著影响，因此本文也使用发明专利数对认定政策的实质性创新效应进行检验。另外，考虑到企业可能存在操纵行为，本文也使用专利申请数/研发投入（单位：个/万元）取对数来衡量企业的创新效率。其逻辑在于，如果企业存在操纵行为，那么管理费用等非研发投入被计为研发投入则意味着创新效率下降。所以，研发操纵与政策效果是相反的。

本文的另一核心解释变量为是否通过认定成为高新技术企业，是取值为1，否则取值为0。按照《办法》的规定，通过高新技术企业认定的企业可以享受税收优惠政策，因此可以用全国企业创新活动调查数据库中的变量高新技术企业减免税来定义高新技术企业，换句话说，如果高新技术企业减免税大于0，则说明该企业享受了税收优惠政策，属于高新技术企业，否则就不属于高新技术企业，在样本中，高新技术企业共10684家。

本文选取了如下控制变量：企业年龄（age），用企业样本年份与企业注册年份的差值来表示。为了避免因样本年份注册而造成企业年龄为0的情况，采取企业样本年份与企业注册年份的差值加1的方法予以处理。资产负债率（$debt$），用总负债/总资产来表示。流动资产占比（liq）用流动资产占总资产的比例表示。企业规模（$size$）用工业总产值取对数表示。是否出口（$export$），是取值为1，否则取值为0，根据出口交货值定义。劳资比（kl）用从业人数/总资产来衡量。除此之外，上文已经提到，《办法》中明确规定了申请高新技术企业的条件，如果不对这些条件进行限制，会导致评估结果有偏，参考 Li 等（2016）的做法选取了如下关键解释变量：研发人员数占从业人数的比重、研发人员中本科及以上学历人数占比[①]、研发费用用于中国境内的占比、研发费用占总收入比重、新产品收入占总收入的比重。为了剔除异常值的影响，上述连续变量均在1%水平上进行缩尾处理。控制了行业固定效应、县级固定效应、所有制固定效应和规模固定效应。[②]

机制检验部分本文使用的机制变量有高新技术企业减免税、研发费用加计扣除及其占营业收入的比重、来自政府部门的科技活动资金及其占营业收入的比重、企业销售收入税负率［（企业应缴所得税+应缴增值税–高新技术企业减免税–研究开发费用加计扣除减免税）/营业收入］，*ROA*［（利润总额–应缴所得税）/ 总资产］、利润率（利润总额/营业收入）、融资约束指数（*SA*）、新产品销售额。所有变量描述性统计如表1所示。

表1　描述性统计

变量	定义	观测值	均值	方差
	A：核心解释变量			
lnpat	专利申请数加1，取对数	71720	1.005	1.223
ln*inv*	发明专利数加1，取对数	71720	0.512	0.847
lnnoout	创新效率：专利申请数/研发投入，取对数	71718	–4.146	0.751
HTF	高新技术企业是为1，否为0	71720	0.149	0.356
	B：关键解释变量（*CV1*）			
RDpoprate	研发人员数占从业人数的比重	71107	2.879	5.265
techpoprate	研发人员中本科及以上学历人数占比	71720	3.987	8.167
rate	研发费用用于中国境内的占比	71718	99.987	0.117
RDrate	研发费用占总收入比重	71718	3.954	4.075
incrate	新产品收入占总收入的比重	71718	23.186	31.460
	C：控制变量（*CV*）			
debt	资产负债率	71626	3.216	4.818
liq	流动资产占比	71720	0.593	0.2288

① 按照《办法》规定，这里应该是大专及以上学历人数占从业人数的比重，但没有大专人数数据，因此使用本科及以上学历人数占比代替。这个差异并不会对本文结果造成影响。

② 按照《办法》的规定，收入低于5000万元为小规模，大于2亿元为大规模，处于两者之间的为中等规模。

续表

变量	定义	观测值	均值	方差
size	企业规模	71616	0.464	1.309
kl	劳资比	71720	0.065	0.0826
age	企业年龄	71720	12.653	8.635
export	是否出口（是为1，否为0）	71720	0.616	0.486
	D：机制变量			
gov	来自政府部门的科技活动资金/营业收入	71718	0.001	0.005
lngov	来自政府部门的科技活动资金，取对数	71718	−7.630	6.635
lntax	研发费用加计扣除，取对数	71718	−9.214	5.561
tax	研发费用加计扣除/营业收入	71718	0.0007	0.003
lndedu	高新技术企业减免税，取对数	71718	−9.122	5.755
dedu	高新技术企业减免税/营业收入	71718	0.001	0.004
Tax_burder	企业销售收入税负率	60566	0.041	0.034
ROA	（利润总额–应缴所得税）/总资产	61302	0.106	0.167
Profit	利润总额/营业收入	71675	0.059	0.082
SA	融资约束指数	71720	−2.925	0.608
lnNewsale	新产品销售额，取对数	71718	−5.414	5.372

四　实证结果与讨论

（一）基准回归结果

首先使用OLS进行估计，估计模型为：

$$y_{ijkmn} = \beta HTF_{ijkmn} + \gamma X_{ijkmn} + \delta_j + \delta_k + \delta_m + \delta_n + \varepsilon_{ijkmn} \qquad (1)$$

其中，i 表示企业，j 表示行业，k 表示县市，m 表示所有制，n 表示规模。y 表示企业创新衡量指标，用企业专利申请数、发明专利申请数以及每万元研发投入的专利产出来衡量。δ_j 为行业固定效应，δ_k 为县级固定效应，δ_m 为所有制固定效应，δ_n 为规模固定效应，ε_{ijkmn} 是随机扰动项。HTF 是核心解释变量，通过高新技术企业认定的企业设定为1，否则为0。X 为控制变量集，包括控制变量（CV）和关键控制变量（$CV1$）两部分。

基准回归结果如表2所示。第（1）列仅控制了固定效应，同时考虑到同一县域内的企业扰动项可能存在相关性，使用聚类到县级层面的稳健标准误。可以看到，核心解释变量的系数显著为正，说明在保持其他条件不变的情况下，高新技术企业认定政策对企业创新具有显著的促进作用。第（2）列在第（1）列的基础上添加了控制变量，核心解释变量的系数略微变小但依然显著为正。第（3）列进一步添加关键的选择变量，核心解释变量系数变小但显著性水平没有变化。第（4）列把标准误聚类到省级层面，结果依然保持一致。第（5）列将发明专利数作为核心解释变量，系数依然显著为正。这与黎文靖和郑曼妮（2016）的发现不同，说明高新技术企业认定政策不仅促进创新总产出增加，还促进了企业的实质性创新；之前的检验中，尽管控制了关键的选择变量，但是企业之间的研发投入占比差距仍然很大，导致可比性较小，因此，在第（6）列把研发投入占比设定在1%~8%以控制企业之间的异质性，可以看到，系数依然显著为正。第（7）列将企业的创新效率作为核心解释变量，系数依然显著为正。

考虑到同一行业内企业的扰动项之间可能相关，在表2大括号中报告了使用双向聚类（two-way clustering）的稳健标准误，可以看到，相比仅聚类到县级层面，双向聚类的稳健标准误更大，但是并没有改变系数的显著性水平。

表 2　基准回归结果

变量	lnpat (1)	lnpat (2)	lnpat (3)	lnpat (4)	lninv (5)	lnpat (6)	lnnoout (7)
HTF	0.744***	0.703***	0.484***	0.484***	0.314***	0.394***	0.115***
	(0.022)	(0.023)	(0.018)	(0.034)	(0.014)	(0.019)	(0.009)
	{0.037}	{0.036}	{0.030}	{0.040}	{0.019}	{0.026}	{0.012}
CV	否	是	是	是	是	是	是
CV1	否	否	是	是	是	是	是
行业固定效应	是	是	是	是	是	是	是
县级固定效应	是	是	是	是	是	是	是
所有制固定效应	是	是	是	是	是	是	是
规模固定效应	是	是	是	是	是	是	是
样本量	69942	69744	69137	69137	69137	44489	69137
调整 R^2	0.238	0.260	0.316	0.316	0.266	0.311	0.136

注：*、**、***分别表示在10%、5%、1%的水平上显著，括号内为标准误。

虽然在表2中尽可能控制了影响企业创新的变量以及固定效应，特别是关键控制变量，但仍然无法完全排除不可观测变量对结果的潜在影响。为了解决该问题，使用Bellows和Miguel（2009）提出的系数稳定性理论计算第（3）列结果的Selection ratio[①]，Nunn和Wantchekon（2011）也使用了上述方法。Selection ratio的含义是，如果将核心解释变量的效应全部归因于不可观测变量的选择性偏误，这一偏误（相对于可观测变量的选择性偏误）必须达到多大值。Selection ratio值较大，说明不可观测变量（相对于可观测变量）的选择性偏误必须更大才能完全解释整个效应。换句话说，该值越大，不可观测变量造成的选择性偏误越不可能让本文得到的因果效应完全消失，即本文结果越可信。一般而言，该值大于1即表示可信（Bellows和Miguel，2009；Nunn和Wantchekon，2011）。在表3中可以看到，无论使用哪个被解释变量，计算得到的Selection ratio值均大于1。这说明，本文结果不太可能受到不可观测变量的影响。

表3   用可观测变量的选择性评估不可观测变量的选择性

Controls in the restricted set	Controls in the full set	lnpat (1)	lninv (2)	lnnoout (3)
NONE	Full set of CV	17.01	14.47	None[*]
	Full set of CV+CV1	1.86	1.96	16.67
CV	Full set of CV+CV1	2.21	2.43	6.02

注："*"根据Bellows和Miguel（2009）的计算方法，如果添加控制变量后系数反而变大，则无法计算Selection ratio的值。

（二）匹配结果

尽管在上述回归中控制了关键控制变量，但是关键变量之间也可能存在较高的异质性，即不同企业间的可比性较弱，从而导致估计结果出现偏误。在这里，为了进一步剔除因为样本之间不可比而造成的偏差，参考

[①] Bellows和Miguel（2009）的计算方法为：$\beta^F/(\beta^R-\beta^F)$。其中，$\beta^F$为添加全部控制变量的回归系数，$\beta^R$则为添加"有限"控制变量的结果。根据表3第（1）列得到的系数为β^R，根据表3第（2）列得到的系数为β^F。

Redding 和 Sturm（2008）的研究，使用匹配的方法进一步进行稳健性检验。该方法的逻辑是，基于影响研究结果的某一可观测变量，通过最小化其平方差来为处理组构建一对一无放回的匹配样本。当使用多个变量进行匹配时，通过最小化多个变量的平方和来构建匹配样本，[1]这样做的好处是为每一个处理组找到与其差异最小的对照组，最大程度降低处理组和对照组在关键变量上的差异，确保处理组和对照组之间的可比性。[2]该方法的缺点是会使样本大幅减少。

表4报告了使用匹配样本的回归结果。其中，第（1）~（5）列分别使用研发人员数占从业人数的比重、研发人员中本科及以上学历人数占比、研发费用用于中国境内的占比、研发费用占总收入比重、新产品收入占总收入的比重作为匹配变量，第（6）列同时使用上述五个变量作为匹配变量。可以看到，虽然样本量有所下降，但估计结果仍均显著为正，和基准结果保持一致。这表明，即使排除了样本之间的差异性或不可比性，核心解释变量仍然显著为正，即高新技术企业认定政策有正向效应。

本文也使用传统的倾向得分匹配（Propensity Score Matching，PSM）方法进行了估计，和基准结果依然保持一致，限于篇幅不再予以报告。总之，检验结果表明，在控制了样本的选择性偏误之后，该政策的正向效应依然存在。

表4 匹配检验结果

变量	lnpat (1)	lnpat (2)	lnpat (3)	lnpat (4)	lnpat (5)	lnpat (6)
HTF	0.468***	0.446***	0.543***	0.398***	0.467***	0.311***
	(0.023)	(0.023)	(0.024)	(0.022)	(0.025)	(0.020)
CV	是	是	是	是	是	是
CV1	是	是	是	是	是	是

---

① 这里可以这么做的原因是关键控制变量均为比值形式，不存在变量单位的差异。

② 需要注意的是，这里的匹配和多数文献使用的 PSM-DID 并不相同。传统的 PSM-DID 的步骤是先根据某些特征变量计算倾向得分，再使用 DID 进行检验。相比而言，本文更多的是把匹配作为数据与处理的手段（王文凯和任元明，2022）。

变量	lnpat (1)	lnpat (2)	lnpat (3)	lnpat (4)	lnpat (5)	lnpat (6)
行业固定效应	是	是	是	是	是	是
县级固定效应	是	是	是	是	是	是
所有制固定效应	是	是	是	是	是	是
规模固定效应	是	是	是	是	是	是
样本量	20409	20400	20364	20339	20412	20411
调整 R^2	0.323	0.309	0.356	0.317	0.307	0.264

注：同表2。

（三）断点回归[①]

这部分使用断点回归对高新技术企业认定政策效果进行估计，其中，估计模型为：

$$\tau_{RD} = \lim_{c \uparrow l} E(HTF_i | c_i = l^*) - \lim_{c \downarrow l} E(HTF_i | c_i = l^*) \qquad (2)$$

在该模型中，c 表示企业的研发投入强度（即研发投入与收入之比），根据《办法》规定，收入超过2亿元的企业的研发投入强度超过3%，收入小于0.5亿元的企业的研发投入强度超过6%，收入在0.5亿~2亿元的企业的研发投入强度超过4%，只有达到上述要求才有资格申请高新技术企业认定，当然，这并非是唯一的要求，因此，本文的断点回归为模糊断点，其

[①] 我们梳理了关于高新技术企业政策的相关文献，发现大部分文献使用的都是双重差分模型（DID），但是该方法本身不能确保因果关系被准确识别，也并不能解决待研究政策的内生性问题。要解决内生性问题，一个重要的前提是政策的外生性，即政策不能与误差项相关。在本文的研究情境中，众多无法被观测的企业特征（如企业与政府的关系、企业家精神等）可能都与该政策相关，因此我们有理由认为该政策并不能充分满足政策外生性的假定，这就导致使用该方法得到的结果的有效性遭到质疑，这也是本文没有使用该方法的一个重要原因。此外，还需要注意的是，即使研究者展示了平行趋势假定得到基本满足，在存在政策内生性的前提下，政策效应的实际效果可能是有偏误的，会导致对高新技术认定政策的真实效果的错误判断。相比之下，使用断点回归的优势在于能够借助高新技术认定政策本身的特点来构造接近准自然实验的情境。其基本设计思路为政策干预是基于某一连续变量，处于该连续变量两侧的个体受到政策影响的概率不同。因此，断点回归相比双重差分法，在本文的研究情境下，识别因果关系需要满足的条件更为宽松，结果更为准确。

中，l为不同规模对应的研发投入强度要求。

本文使用局部线性回归的方法分别计算$\lim_{c \uparrow l} E(HTF_i|c_i = l^*)$和$\lim_{c \downarrow l} E(HTF_i|c_i = l^*)$。参考既有文献，本文使用Calonico等（2014）提出的非参数方法计算带宽，并使用三角核权重（triangular weights），这意味着越靠近断点的观测值权重越大。为了便于比较，本文还使用了Imbens和Kalyanaraman（2012）以及Imbens和Lemieux（2008）提出的方法计算带宽。回归结果见表5第（1）~（3）列。可以看到，相比于基准结果，虽然断点回归的结果变小，但无论使用哪种带宽选择方法，断点回归的估计结果均显著为正。

表5　断点回归估计结果

变量	lnpat (1)	lnpat (2)	lnpat (3)	lnnoout (4)	lnpat (5)	lnpat (6)	lnpat (7)
RD estimand	0.197***	0.1983***	0.214***	0.055***	0.202***	0.243***	0.361***
	(0.036)	(0.035)	(0.026)	(0.017)	(0.035)	(0.034)	(0.024)
Bandwidth type	CCT	IK	CV	CCT	CCT	CCT	CCT
Bandwidth(%)	1.178	1.273	2.389	1.379	1.204	3.433	13.029
样本量	21385	22724	38762	24178	21744	43696	51725

注：同表2。

本文也给出了断点回归结果，如图1所示。其中，X轴表示不同规模的企业研发投入强度（RD Intensity）和《办法》规定的临界值之间的差值，负数表示低于临界值，正数表示高于临界值。圆点表示以0.2%为宽度的企业专利的均值，粗体线是线性拟合线，仍然使用三角核权重，灰色的细曲线显示了90%的置信区间。可以看出，在临界值附近，企业的专利申请数有明显的跳跃，研发投入强度高于临界值的企业的专利申请数明显高于低于临界值的企业。另外，作为稳健性检验，本文也提供了使用其他宽度的结果，如图2所示。其中左侧图示宽度设定为0.1%，右侧图示宽度设定为0.4%。可以看到，和图1结果相同。除此之外，使用断点回归要求控制变量在断点处均连续，本文满足该条件，具体结果如图3所示。

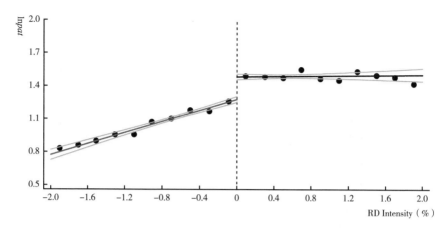

图1 企业研发投入强度和专利的断点图

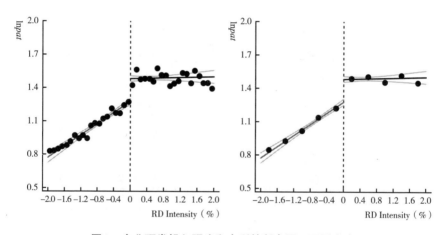

图2 企业研发投入强度和专利的断点图：不同宽度

考虑到有文献指出，高新技术企业认定政策会导致企业为获得认证资格而对研发投入强度进行操纵（杨国超等，2017），从而研发投入强度在门槛附近出现堆积的现象，如图4所示。根据不同规模对企业进行分类，可以看到，在不同规模的临界值，企业数量均呈现激增。这一方面可能是企业进行了研发操纵；另一方面也可能是位于临界值附近的企业为了获得高新技术企业认定资格而增加研发投入，因为临界值附近的企业的政策激励效应最大。如果是前者，那么基准结果就可能产生偏误。为此，接下来解决该问题。

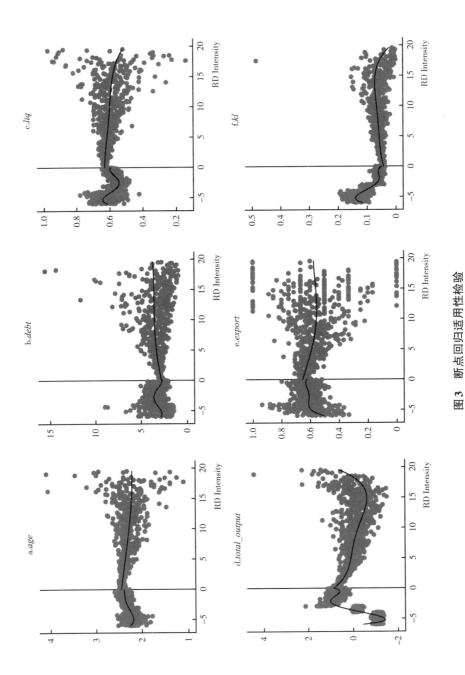

图 3 断点回归适用性检验

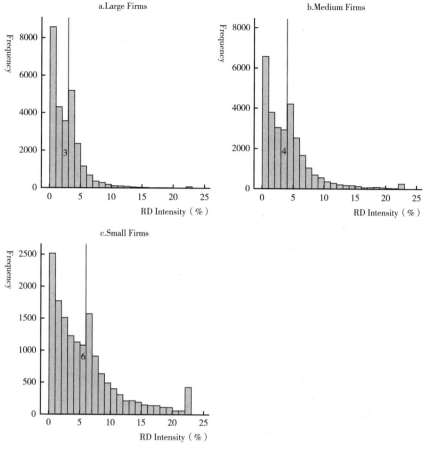

图4　不同研发投入占比企业分布：以1%为区间宽度

　　本文主要采用两种方法：首先，由表5第（4）列可知，解释变量使用创新效率，结果依然显著为正。使用创新效率的逻辑在于，如果存在研发操纵行为，即将管理费用计为研发投入，那么实际的研发投入并没有增加，相应的专利申请数也不会增加，创新效率会下降。如果真的存在研发操纵行为或者研发操纵情况较严重，会低估使用创新效率作为解释变量的结果，从而使得估计结果不显著。而第（4）列结果中系数显著为正则表明研发操纵行为并不会使基准回归结果发生变化。其次，使用甜甜圈 *RD*（Donut Hole RD）来解决该问题（Sun 和 Zhao，2016；谢谦等，2019），结果如第

（5）~（7）列所示。其中，第（5）列剔除了研发投入强度处于临界值的样本；第（6）列剔除了研发投入强度处于临界值左右0.5%的样本；第（7）列剔除了研发投入强度处于临界值左右1%的样本。可以看到，结果仍然显著为正。而且，剔除临界值附近的样本导致剩余样本的差异变大，回归结果的系数也变大。但总的来说，断点回归的结果表明，企业的研发操纵并不会影响本文的基准回归结果。

（四）异质性分析

为了进一步分析该政策对不同所有制和不同区域企业的影响，表6进行了异质性分析。首先，表6第（1）~（3）列根据企业注册资本金占比是否超过50%区分了国有企业（包括集体企业）、民营企业和外资企业（包括港澳台）；第（4）~（6）列根据省份区分了东部地区、中部地区和西部地区。①

从表6可以看出，民营企业中高新技术企业最多，且主要集中在东部地区，而西部地区最少，这说明本文的分类标准与实际情况较吻合。从回归结果看，无论是哪种企业所有制还是哪个区域，高新技术企业认定政策均对企业创新产生了显著的促进作用。从系数的绝对值上看，高新技术企业认定政策对外资企业和东部地区企业的创新促进作用更大，而国有企业和民营企业、中西部地区企业的系数大小非常接近。

表6　异质性分析

变量	国有企业 lnpat (1)	民营企业 lnpat (2)	外资企业 lnpat (3)	东部地区 lnpat (4)	中部地区 lnpat (5)	西部地区 lnpat (6)
HTF	0.433***	0.444***	0.601***	0.502***	0.405***	0.401***
	(0.067)	(0.018)	(0.049)	(0.021)	(0.035)	(0.078)
CV	是	是	是	是	是	是
CV1	是	是	是	是	是	是
行业固定效应	是	是	是	是	是	是

---

① 东部地区包括北京、天津、河北、辽宁、上海、江苏、浙江、福建、山东、广东、海南，中部地区包括山西、河南、安徽、湖北、江西、湖南、吉林和黑龙江，西部地区包括四川、云南、贵州、西藏、重庆、陕西、甘肃、青海、新疆、宁夏、内蒙古、广西。

续表

变量	国有企业 lnpat (1)	民营企业 lnpat (2)	外资企业 lnpat (3)	东部地区 lnpat (4)	中部地区 lnpat (5)	西部地区 lnpat (6)
县级固定效应	是	是	是	是	是	是
所有制固定效应	否	否	否	是	是	是
规模固定效应	是	是	是	是	是	是
样本量	3286	56092	7842	51079	12720	5217
调整 R^2	0.424	0.319	0.282	0.310	0.354	0.321

注：同表2。

五 机制检验与分析

（一）税收激励机制

《办法》规定，高新技术企业可以享受按15%的税率征收企业所得税的税收优惠政策，同时企业的研发费用支出可在计算所得税前扣除，且企业经过技术合同登记的技术开发、技术转让以及技术咨询活动可免征营业税，因此高新技术企业具有税收优惠激励。对该机制进行检验，回归结果见表7。

其中，第（1）列为高新技术企业减免税取对数作为变量的结果，第（2）列为高新技术企业减免税占营业收入的比重作为变量的结果，同样的，第（3）~（4）列分别为研发费用加计扣除及其占营业收入的比重作为变量的结果，可以看到，系数均显著为正，说明高新技术企业较非高新技术企业享受了更多的税收优惠政策。税收减免可以降低企业的税负，从第（5）列可以看到，HTF 系数显著为负，这验证了本文的假设，即高新技术企业享受了更多的税收优惠政策后，税负降低，有利于促进企业创新（Bronzini 和 Piselli，2016；刘行和赵健宇，2019；Chen 等，2021）。

需要说明的是，除了关注系数的显著性之外，还需要关注其经济意义，即系数的大小。从表7可以看出，系数的绝对值过小，从经济意义上来说似乎并不显著。但估计系数过小的原因在于被解释变量的数值过小，以第（5）列为例，从表1的描述性统计可以看出，企业销售收入税负率均值为

4.1%[①]，而回归系数表明其占比为 6.6%，该数值在经济学意义上也是显著的。

表7　税收优惠和政府补助激励检验结果

变量	lndedu (1)	dedu (2)	lntax (3)	tax (4)	Tax_burder (5)	lngov (6)	gov (7)
HTF	8.638***	0.003***	15.912***	0.008***	−0.003***	1.746***	0.0005***
	(0.155)	(0.0001)	(0.030)	(0.0001)	(0.0004)	(0.108)	(0.0001)
CV	是	是	是	是	是	是	是
CV1	是	是	是	是	是	是	是
行业固定效应	是	是	是	是	是	是	是
县级固定效应	是	是	是	是	是	是	是
所有制固定效应	是	是	是	是	是	是	是
规模固定效应	是	是	是	是	是	是	是
样本量	69137	69137	69137	69137	58198	69137	69137
调整 R^2	0.455	0.170	0.987	0.500	0.218	0.209	0.168

注：同表2。

（二）政府补助激励机制

《办法》虽没有明确给予高新技术企业以政府补助，但正如上文分析中提到的，许多地方政府明确提出加大对高新技术企业的补助力度，且强调补助应专款专用，即只能用于企业研发创新。因此，高新技术企业也面临政府补助的潜在激励（杨国超等，2017）。下文对该机制进行检验，结果见表7，第（6）列为企业研发中来自政府部门的科技活动资金取对数作为变量的结果，第（7）列为来自政府补助的资金占营业收入的比重作为变量的结果。和税收激励结果相一致，核心解释变量的系数均显著为正，说明通过高新技术企业认定的企业获得了更多的政府补助，这缓解了企业研发面临的融资约束，也降低了企业研发投入成本，有利于促进企业创新。

---

① 该数据和2017年大样本调查得到的税率4.7%的结果很接近，详见《大数据告诉你 中国企业税负究竟如何（市场观察）》，http://m.haiwainet.cn/middle/3541351/2016/1126/content_30523813_1.html。

（三）信号机制

通过认定的企业不仅可以享受到税收优惠和政府研发补助，而且可以获得高新技术企业的称号，而这种称号即一种信号，它向市场表明，该企业具有很强的研发能力。因此，这种信号可能会通过如下渠道影响企业创新。第一，改善企业的经营绩效。通过高新技术企业认定，表明企业的研发能力获得了政府的认可，这有利于改善企业的经营绩效，从而形成良性循环，即绩效改善可使创新获得更多的资金支持，表8第（1）~（2）列为通过高新技术企业评定是否改善了企业经营绩效的检验结果，可以看到，系数均显著为正。第二，通过高新技术企业评定这一信号也有利于带动企业新产品的销售，表8第（3）列验证了本文的结果，高新技术企业的新产品销售收入高于非高新技术企业。第三，创新投入大的特点导致企业创新往往面临融资约束问题，同时企业与外部投资者之间的信息不对称也会限制社会资本寻求有技术优势的企业进行投资，从而增加企业外部融资成本。而高新技术企业这一标签起到了信号传递作用，降低了企业和社会资本之间的信息不对称（Batjargal等，2013），进而降低外部融资成本，缓解企业的融资约束从而促进创新。因此，本文计算了 SA[①]，并在第（4）列进行了检验，发现 HTF 系数显著为负。总而言之，表8提供了信号机制存在的证据。

表8　信号机制检验结果

变量	ROA （1）	Profit （2）	lnNewsale （3）	SA （4）
HTF	0.010***	0.040***	0.780***	−0.008**
	(0.002)	(0.002)	(0.052)	(0.004)
CV	是	是	是	是
CV1	是	是	是	是
行业固定效应	是	是	是	是
县级固定效应	是	是	是	是
所有制固定效应	是	是	是	是

---

① 计算 SA 参考了 Hadlock 和 Pierce（2010）的方法，具体计算公式为：$SA=0.0438size^2-0.737size-0.04age$。其中，$size$ 为企业总资产取对数，单位为百万元，age 为样本年份减去企业成立年份加1。

续表

变量	ROA （1）	Profit （2）	lnNewsale （3）	SA （4）
规模固定效应	是	是	是	是
样本量	58930	69097	69137	69137
调整 R^2	0.263	0.131	0.639	0.830

注：同表2。

六 结论与政策建议

创新对于任何一个国家和企业而言都是可持续发展最为核心的要素，特别是我国在人口红利消失和经济发展面临转型的双重压力下，如何更好地促进企业创新成为关键的问题。2008 年，为了更好地激励企业进行研发创新，我国出台了《高新技术企业认定管理办法》，旨在助推高新技术产业及企业创新发展。

本文使用中国工业企业数据库和全国企业创新活动调查数据库合并的数据，对高新技术企业认定政策的效果进行了系统性检验。首先，从该政策的目的来看，鉴于既有文献并没有考虑样本选择问题及企业可能存在的研发操纵问题，本文利用数据包含的丰富的信息对上述问题进行处理，采用最小二乘法、断点回归和匹配等多种识别方法后的结果显示，该政策显著促进了用专利申请数来衡量的企业创新产出增加。在机制检验中，本文对三种可能的潜在机制进行了验证，发现税收优惠和政府补助等措施对企业创新产出会产生显著的促进作用，同时，高新技术企业认定的信号机制也能改善企业绩效、缓解企业融资约束等，从而促进企业创新。

本文为该政策是否有效提供了经验证据，同时也为后续的政策制定提供了参考。第一，降低企业税负，减少企业的创新成本和风险。这一建议并不只适用于高新技术企业，而是针对所有企业。税负是所有企业都面临的成本，税负较重可能会抑制企业研发创新的积极性，同时减少企业利润，进而会导致企业用于创新的资金减少，这意味着企业创新成本和风险增加，而降低税率或者实施有针对性的减税政策可以有效降低企业的成本。在我国，民营企业是创新主体之一，因此需要完善针对民营企业的减税措施。目前我国减税政策并不少，但大多数减税政策属于大水漫灌式，即只要企业符合某项标准便可享受，忽略了企业间的异质性。基于此，建议可以实施精准式减税措施，比如基于企业申请专利的数量和质量进行减税，专利申请数量越多、质量越高，减税力度越大，从而激励企业更多地进行创新；也可以针对企业参与研发的人员数、高学历员工占比等进行减税。

第二，制定完善的政府补助政策，确保企业将政府补助用于创新活动。目前我国针对企业的补助政策并不少，但是一些政策要么没有识别出最需要补助的企业，要么没有追踪补助资金的去向，导致企业把本应用于创新的资金挪作他用，造成财政资源浪费。基于本文的结论，建议在政策制定阶段广泛征集市场主体的意见，提高政策的针对性；在政策实施阶段，加强对需要补助的企业的识别，同时可以通过第三方评估机构或平台对企业是否符合补助要求进行评估，按照评估结果进行分类补助；在补助资金的使用方面，设立监督追踪机制，关注政策实施情况，及时对不达标或未专款专用的企业行为予以纠正。

第三，加快要素市场化改革，完善资本市场的信号功能。经过四十多年的改革开放，我国商品市场的成熟度转变，但要素市场发展明显滞后。2020年，中共中央、国务院发布关于要素市场化配置的《关于构建更加完善的要素市场化配置体制机制的意见》，2022年又发布了《要素市场化配置综合改革试点总体方案》和《关于加快建设全国统一大市场的意见》，可见要素市场化的重要性。市场机制最重要的功能是自我调节的价格信号，这对于高效的资源配置具有无可替代的作用，因此要素市场化有利于发挥市场的信号功能，从而使有创新能力但却面临融资约束问题的企业获得相应的支持。政府要构建要素公平公正交易的市场环境，增强市场透明度，尽量避免政府直接对要素资源配置的干预。另外，应当着力构建多层次多元化的要素市场体系。不同的企业在要素市场中的需求是不同的，单一的要素市场体系往往会导致供求结构失衡，而多层次多元化的要素市场体系可以通过公平竞争满足不同市场主体的需求，最终形成对企业自主创新能力的有力支撑和适应我国国情的要素市场体系。

参考文献

[1] 白俊红，2011，《中国的政府 R&D 资助有效吗?来自大中型工业企业的经验证据》，《经济学（季刊）》第 4 期。

[2] 陈林，2018，《中国工业企业数据库的使用问题再探》，《经济评论》第 6 期。

[3] 戴晨、刘怡，2008，《税收优惠与财政补贴对企业 R&D 影响的比较分析》，《经济科学》第 3 期。

[4] 董珍、缪言，2022，《高新技术企业认定政策与企业绩效——兼论高新区建设的调节作用》，《宏观经济研究》第 9 期。

[5] 冯海波、刘胜，2017，《所得课税、风险分担异质性与创新》，《中国工业经济》第 8 期。

[6] 郭玥，2018，《政府创新补助的信号传递机制与企业创新》，《中国工业经济》第 9 期。

[7] 寇宗来、刘学悦，2020，《中国企业的专利行为：特征事实以及来自创新政策的影响》，《经济研究》第 3 期。

[8] 雷根强、郭玥，2018，《高新技术企业被认定后企业创新能力提升了吗? ——来自中国上市公司的经验证据》，《财政研究》第 9 期。

[9] 黎文靖、郑曼妮，2016，《实质性创新还是策略性创新? ——宏观产业政策对微观企业创新的影响》，《经济研究》第 4 期。

[10] 刘婧、罗福凯、王京，2019，《环境不确定性与企业创新投入——政府补助与产融结合的调节作用》，《经济管理》第 8 期。

[11] 刘啟仁、龙健雄、张展辉、赵灿，2023，《税收激励、研发支出与出口绩效——基于高新技术企业认定条件改革的聚束分析》，《中国工业经济》第 4 期。

[12] 刘行、赵健宇，2019，《税收激励与企业创新——基于增值税转型改革的"准自然实验"》，《会计研究》第 9 期。

[13] 聂辉华、江艇、杨汝岱，2012，《中国工业企业数据库的使用现状和潜在问题》，《世界经济》第 5 期。

[14] 汪芳、胡梦蝶、赵玉林，2023，《高新技术企业认定政策的高质量发展效应研究——来自中国 A 股上市公司面板数据的实证研究》，《工业技术经济》第 2 期。

[15] 王文凯、任元明，2022，《边界效应、市场潜力与经济发展差异：基于重庆市直辖的研究》，《财贸经济》第 3 期。

［16］ 解维敏、唐清泉、陆姗姗，2009，《政府 R&D 资助，企业 R&D 支出与自主创新——来自中国上市公司的经验证据》，《金融研究》第6期。

［17］ 谢谦、薛仙玲、付明卫，2019，《断点回归设计方法应用的研究综述》，《经济与管理评论》第2期。

［18］ 徐建斌、彭瑞娟，2022，《企业所得税优惠政策对数字经济企业研发投入的激励效应研究》，《税务研究》第7期。

［19］ 徐军玲、刘莉，2020，《高新技术企业认定政策的创新增量效应及作用机制》，《科研管理》第8期。

［20］ 杨国超、刘静、廉鹏、芮萌，2017，《减税激励、研发操纵与研发绩效》，《经济研究》第8期。

［21］ 曾婧婧、龚启慧、王庆，2019，《中国高新技术企业认定政策绩效评估——基于双重差分模型的实证分析》，《科技进步与对策》第9期。

［22］ 张杰、陈志远、杨连星、新夫，2015，《中国创新补贴政策的绩效评估：理论与证据》，《经济研究》第10期。

［23］ Batjargal B., Hitt M. A., Tsui A. S., Arregle J.-L., Webb J. W., Miller T. L. 2013. "Institutional Polycentrism, Entrepreneurs' Social Networks, and New Venture Growth." *Academy of Management Journal* 56(4): 1024-1049.

［24］ Bellows J., Miguel E. 2009. "War and Local Collective Action in Sierra Leone." *Journal of Public Economics* 93(11): 1144-1157.

［25］ Bloom N., Griffith R., Van Reenen J. 2002. "Do R&D Tax Credits Work? Evidence from a Panel of Countries 1979 - 1997." *Journal of Public Economics* 85(1): 1-31.

［26］ Bronzini R., Iachini E. 2014. "Are Incentives for R&D Effective? Evidence from a Regression Discontinuity Approach." *American Economic Journal: Economic Policy* 6(4): 100-134.

［27］ Bronzini R., Piselli P. 2016. "The Impact of R&D Subsidies on Firm Innovation." *Research Policy* 45(2): 442-457.

［28］ Calonico S., Cattaneo M. D., Titiunik R. 2014. "Robust Nonparametric Confidence Intervals for Regression-Discontinuity Designs." *Econometrica* 82(6): 2295-2326.

［29］ Chen Z., Liu Z., Suárez Serrato J. C., Xu D. Y. 2021. "Notching R&D Investment with Corporate Income Tax Cuts in China." *American Economic Review* 111(7): 2065-2100.

［30］ Czarnitzki D., Hanel P., Rosa J. M. 2011. "Evaluating the Impact of R&D Tax Credits on Innovation: A Microeconometric Study on Canadian Firms." *Research Policy* 40(2): 217-229.

［31］ Dye R. A. 2002. "Classifications Manipulation and Nash Accounting Standards." *Journal of Accounting Research* 40(4): 1125-1162.

［32］ Greenwald B. C., Stiglitz J. E. 1986. "Externalities in Economies with Imperfect

Information and Incomplete Markets." *The Quarterly Journal of Economics* 101（2）：229–264.

[33] Hadlock C., Pierce J. 2010. "New Evidence on Measuring Financial Constraints: Moving Beyond the Kz Index." *Review of Financial Studies* 23: 1909–1940.

[34] Hall B., Van Reenen J. 2000. "How Effective Are Fiscal Incentives for R&D? A Review of the Evidence." *Research Policy* 29（4）: 449–469.

[35] Hirshleifer D., Hsu P. H., Li D. 2013. "Innovative Efficiency and Stock Returns." *Journal of Financial Economics* 107（3）: 632–654.

[36] Imbens G., Kalyanaraman K. 2012. "Optimal Bandwidth Choice for the Regression Discontinuity Estimator." *The Review of Economic Studies* 79（3）: 933–959.

[37] Imbens G. W., Lemieux T. 2008. "Regression Discontinuity Designs: A Guide to Practice." *Journal of Econometrics* 142（2）: 615–635.

[38] Kristiansen E. G. 1998. "R&D in the Presence of Network Externalities: Timing and Compatibility." *The RAND Journal of Economics* 29（3）: 531–547.

[39] Li P., Lu Y., Wang J. 2016. "Does Flattening Government Improve Economic Performance? Evidence from China." *Journal of Development Economics* 123: 18–37.

[40] Liu D., Chen T., Liu X., Yu Y. 2019. "Do More Subsidies Promote Greater Innovation? Evidence from the Chinese Electronic Manufacturing Industry." *Economic Modelling* 80: 441–452.

[41] Nunn N., Wantchekon L. 2011. "The Slave Trade and the Origins of Mistrust in Africa." *American Economic Review* 101（7）: 3221–3252.

[42] Redding S. J., Sturm D. M. 2008. "The Costs of Remoteness: Evidence from German Division and Reunification." *The American Economic Review* 98（5）: 1766–1797.

[43] Solow R. M. 1956. "A Contribution to the Theory of Economic Growth." *The Quarterly Journal of Economics* 70（1）: 65–94.

[44] Sun A., Zhao Y. 2016. "Divorce, Abortion, and the Child Sex Ratio: The Impact of Divorce Reform in China." *Journal of Development Economics* 120: 53–69.

[45] Takalo T., Tanayama T. 2010. "Adverse Selection and Financing of Innovation: Is There a Need for R&D Subsidies?" *The Journal of Technology Transfer* 35（1）: 16–41.

[46] Xu R., Shen Y., Liu M., Li L., Xia X., Luo K. 2023. "Can Government Subsidies Improve Innovation Performance? Evidence from Chinese Listed Companies." *Economic Modelling* 120: 106151.

（责任编辑：李兆辰）

数字生态下企业助力共同富裕表现

——基于多重分配视角的分析

余俊焱　吴　锴[*]

摘　要： 中国式现代化的本质是全体人民共同富裕的现代化，评估数字生态下企业在实现共同富裕中所发挥的作用具有重要意义。本文基于数字化词频占比和数字化无形资产占比两个指标发现，数字化转型有助于提升企业在实现共同富裕方面的表现。对收入分配效应的分析发现，数字变革有效改善了初次分配，且集中体现在员工就业和员工薪酬上，而对以捐赠和扶贫为代表的三次分配作用有限。机制检验表明，数字化从劳动力结构升级、流动性约束两个方面发挥作用，且在企业党组织嵌入更深、劳动密集度更高、生命周期步入成熟期和银行竞争更激烈的状况下，作用更为显著。此外，企业助力共同富裕的行为还有利于提升企业的生产效率、所获财政补助和社会形象。本文为新时代技术进步与社会福利关系的研究增加了证据，并为完善收入分配提供了相关启示。

关键词： 共同富裕　数字化转型　收入分配　劳动力结构　流动性约束

一　引言

共同富裕是中国特色社会主义的本质要求，是中国式现代化的重要特

* 余俊焱，硕士研究生，中央财经大学，电子邮箱：junyanyu1211@gmail.com；吴锴，副教授，中央财经大学金融学院，电子邮箱：wukai8759@cufe.edu.cn。本文获得国家自然科学基金青年科学基金项目"对赌协议视角下并购活动金融风险及影响机制研究"（72103217）的资助。感谢匿名审稿专家的宝贵意见，文责自负。

征。党的二十大报告指出，中国式现代化是全体人民共同富裕的现代化。技术进步作为生产的核心，在推动实现共同富裕方面所发挥的作用不言而喻。如何抓住第四次工业革命的历史性机遇，成为影响新兴大国崛起与国际秩序重构的关键。对于企业而言，作为市场经济活动的主要参与者、社会生产和服务的主要承担者，借助数字生态完成技术变革，在构建公平稳定的财富分配结构上具备理想的现实条件。我国迈入新发展格局的关键就在于促进要素自由流动和资源优化配置，实现由分配失衡转向共同富裕。调节收入分配是实现共同富裕的重要抓手，党的十九届五中全会提出构建初次分配、再分配、三次分配协调配套的基础性制度安排。企业能够通过多种途径优化三大分配结构，统筹协调经济增长与共同富裕（蒙克，2022；任颋等，2023）。

近年来，以 5G 网络、数据中心、工业互联网等为代表的新时代技术形式发展迅速。数字科技已实现全方位与生产要素深度融合，极大地提高了生产效率，降低了单位产出的劳动力成本（郑小碧，2017；Brynjolfsson 和 Mitchell，2017）。有研究发现，地区数字化发展能有效改善资源错配（韩长根和张力，2019），促进经济增长（Lin 等，2017），提高区域创新水平（韩先锋等，2019），提升创业活跃程度（赵涛等，2020）。因此，我国从国家层面加紧出台推动数字化转型的相关政策，以求深化新发展格局、优化产业发展环境。《中华人民共和国国民经济和社会发展第十四个五年规划和2035 年远景目标纲要》明确提出，以数字化转型整体驱动生产方式、生活方式和治理方式的变革，在顶层设计上明确了数字化的战略定位。在技术发展和政策推动的双重激励下，数字生态产业已成为促进我国新时代经济转型、实现高质量发展的重要支点。

然而，关于技术进步与社会福利之间关系的争论方兴未艾。以李嘉图为代表的古典政治经济学派认为，技术进步是一把"双刃剑"，即促进就业与引发结构性失业并存（毕先萍和李正友，2004）。Acemoglu 和 Restrepo（2020）通过研究工业机器人对美国劳动力市场的影响发现，工业机器人的广泛使用将显著冲击工人就业并降低其工资。那么，在我国技术进步与社会福利尤其是与共同富裕之间的关系究竟如何，是一个值得深入探讨的话题。《数字生态产业助推共同富裕发展白皮书》①提出数字经济发展是实现共同富裕的可行路径。目前，我国处于共同富裕与数字经济协同发展阶段（夏杰长和刘诚，2021），深入研究数字技术对共同富裕的影响机制，有助于挖掘其助力共同富裕的潜力，对实现全体人民共同富裕具有重要意义。

目前，数字化转型相关研究主要聚焦对企业自身的影响，缺乏对社会效益的探讨。一方面，数字变革将改变传统运营模式，提升信息传递效率、降低交易成本，助力企业去中介化（李海舰等，2014；谭松涛等，2016；严若森和钱向阳，2018；Balakrishnan 等，2014）。此外，企业数字化还可能提高企业创新能力和资源利用率，提升主业绩效及经济效益（何帆和刘红霞，2019；易露霞等，2021；Loebbecke 和 Picot，2015），促进实业投资和抑制企业"脱实向虚"（李万利等，2022）。从成本效益角度来看，数字化转型将赋予企业更强的活力，使其更具备响应政策号召、实现全面升级的现实基础。另一方面，祁怀锦等（2020）认为数字化转型将有效降低信息不对称和管理者决策非理性程度。同时，数字化转型还将优化企业自身组织结构（陈冬梅等，2020）、提升上市公司专业化分工水平（袁淳等，2021）、降低财务报告审计费用（张永珅等，2021）、提升劳动收入份额等（肖土盛等，2022；赵春明等，2023）。基于公司治理角度，数字化转型将完善公司治理机制，为企业加强内部监管、履行分配职能提供理想的条件。鉴于此，本文从多重分配视角出发，探究数字化转型对企业助力共同富裕表现的影响、作用机制及经济效应，为理解我国新时代技术进步与社会福利之间的关系提供新的证据。

具体而言，本文以2011~2019年我国A股上市公司为样本，将数字化词频占比与数字化无形资产占比作为数字化转型指标，研究其与企业助力共同富裕表现的关系。实证结果表明，数字化转型水平与企业助力共同富裕表现显著正相关。为缓解内生性问题，本文借助1984年地级市固定电话数量构造历史工具变量，并利用"宽带中国"地级市试点政策作为外生冲击的准自然实验，均得到了与基准回归相似的结果。基于多重分配视角，研

---

① 2021年9月，阿里云创新中心与鲸准研究院发布《数字生态产业助推共同富裕发展白皮书》。

究发现企业数字化显著改善了与职工相关的初次分配，而对以捐赠和扶贫为代表的三次分配作用有限。机制检验表明，数字化转型主要通过劳动力结构升级以及流动性约束两个渠道影响企业助力共同富裕的表现。异质性分析还发现该影响在党组织嵌入更深、劳动密集度更高、生命周期步入成熟期和银行竞争更激烈的样本中更为显著。经济效应检验表明，企业通过数字化转型助力共同富裕的行为提升了企业的生产效率、所获财政补助和社会形象。

本文的潜在贡献在于：首先，在研究内容上丰富了企业数字化转型相关文献，与现有研究主要关注数字化转型对企业自身的影响不同（何帆和刘红霞，2019；易露霞等，2021；Loebbecke 和 Picot，2015），本文从助力共同富裕的驱动因素和经济影响出发，聚焦企业数字化这一新时代技术变革表现形式，探究企业数字化转型产生的社会效益，为学术界争论的热点话题——技术进步与社会福利之间关系的提供来自我国的独特证据（毕先萍和李正友，2004；Acemoglu 和 Restrepo，2020）。其次，区别于现有数字经济与企业 ESG 研究（Fang 等，2023；Sun 等，2023），对企业助力共同富裕表现进行评价是学界关注的焦点，本文从多重收入分配视角解读企业助力共同富裕表现，为从企业层面理解我国共同富裕制度内涵提供了崭新的视角。此外，与方明月等（2022）研究的企业内部收入分配不同，本文基于多重收入分配视角，进一步探究数字化转型对多维度收入分配以及实现共同富裕的影响，并为我国收入分配制度完善提供了相关启示。本文还具有较强的现实意义，改革开放以来我国取得的成就举世瞩目，经济实现跨越式飞速发展，人均生活水平得到巨大提升。随着数字生态发展和数字化转型深入，我国逐步具备了实现收入分配调节和共同富裕总体目标的现实基础。本文对数字化转型战略促进共同富裕实现的探讨将为宏观政策的设计提供一定的经验支持。

本文的后续安排如下：第二部分提出理论分析与假说构建；第三部分描述样本构建与研究方法；第四部分展示实证结果分析；第五部分是结论。

二 理论分析与假说构建

现阶段，数字经济不仅是推动国家发展的核心动力，更是支撑国家重大战略部署的关键因素，对于实施供给侧结构性改革和推进创新驱动发展策略而言意义尤为凸显。诸多文献展开了对数字经济与企业数字化转型的讨论。首先，企业数字化转型可以提高劳动生产率和降低运营成本（倪克金和刘修岩，2021），增强创新能力（焦豪等，2021；Tsou 和 Chen，2023），进而提高企业的生产效率和产出水平（李唐等，2020；Cette 等，2021；陶锋等，2023）。可以说，数字化为经济增长和扩大就业创造了条件，使得更多的资源可以在员工之间分配，从而促进共同富裕实现。其次，企业数字化转型可以加快内部信息流转速度，实现各项生产经营活动的平衡，具体表现为企业内部控制程度提高（吴非等，2021a）。考虑到数字化转型赋能经济发展的重要路径之一是改善资源错配（韩长根和张力，2019），企业可以通过激活信息系统的内嵌流程，提升各类资源配置效率，进而提高内部控制质量（Morris，2011）。杨玉凤等（2010）研究发现企业进行内部控制能够有效降低代理成本，代理成本往往会对员工薪酬以及现金股利分配产生显著负向影响（徐寿福和徐龙炳，2015；徐悦等，2021）。因此，企业数字化转型可能通过加快信息流转速度增强内部控制，从而优化内部资源配置、改善收入分配（张勋等，2019），最终促进共同富裕实现。

关于技术进步与社会福利之间关系的争论方兴未艾。古典政治经济学派认为技术进步是一把"双刃剑"，即促进就业与引发结构性失业并存（毕先萍和李正友，2004）。企业数字化转型也会使实现共同富裕面临一些挑战。首先，企业数字化转型往往需要较大的前期投入，员工面临技能"数字鸿沟"的挑战（Shakina 等，2021），这会导致短期内员工福利减少。其次，数字技术的应用为许多人带来了便利，但那些缺乏数字化技术能力的人可能会被边缘化。数字化可能导致"赢家通吃"的现象出现，部分人获得巨大的利润，但更多的人则被边缘化，从而加剧收入不平等（Piketty，2014）。另外，在数字化和自动化的过程中，某些传统工作岗位会被机器人取代，导致工作机会减少，从而造成失业和工资下降（Autor，2015）。Acemoglu 和 Restrepo（2020）通过研究工业机器人对美国劳动力市场的影响指出，新科技的使用将显著冲击低技能劳动者就业并降低其工资。因此，企业数字化转型可能导致员工福利减少，收入差距拉大。

那么技术进步对于整体社会福利或者共同富裕而言究竟是提升效应还是挤出效应？我国企业是否会更加关注公共利益以及公司利益再分配？最重要的是，数字生态下，企业数字化转型究竟是加深福利不平等"鸿沟"还是"填坑"？基于前述讨论，本文提出如下两个竞争性假说。

假说1a：数字化转型将提高企业共同富裕表现。

假说1b：数字化转型将降低企业共同富裕表现。

调节收入分配是实现共同富裕的重要抓手，十九届五中全会明确提出构建初次分配、再分配和三次分配协调配套的基础性制度安排，我国在经济发展中追求更加公平与均衡的收入分配模式。初次分配直接关乎劳动力在生产中的价值创造与利润分享，是实现共同富裕的基础。同时，初次分配很大程度上依赖于要素市场完善程度（李实和朱梦冰，2022），而企业作为要素市场最大的买方，在"市场决定资源配置"上发挥着决定性作用。数字化转型，作为现代企业面临的一大技术与管理升级变革，对初次分配有着深远的影响。在生产环节，通过采用智能生产线和实现信息共享，企业能够精简流程、减少冗余，从而大幅度提高生产效率（刘飞，2020）。这一优化不只局限于生产流程，还延伸到供应链管理、产品设计、市场供应等各个环节，为企业带来了全方位的效率提升。这种基于生产效率大幅提升的"做大蛋糕"效应，为企业实现以员工为主体的内部共同富裕奠定了理想的现实条件（方明月等，2022）。具体来看，由于技能劳动与先进技术之间存在明显的互补性（何小钢等，2019），数字化转型显著加强了对资本和高技能劳动力的依赖。生产技术升级必然伴随着高技能劳动力引入，这将促使企业劳动力结构升级（叶永卫等，2022；陈东和郭文光，2024）。例如，先进设备需要高技能工程师进行调试（赵烁等，2020），数字化转型也催生了对数字化维护人员等新型劳动力的需求（Alexopoulos 和 Cohen，2016）。伴随着对高技能劳动力的需求增加，数字化相关高技能人才也获得了更强的劳动议价能力。新兴数字技术应用加快的同时，数字化人才短缺凸显，为此，企业愿意提供更高的薪酬待遇以吸引数字化人才（封思贤和郭仁静，2019）。总体而言，企业数字化转型会推动生产技术升级，拉动企业对高技能劳动力的需求，从而使劳动力结构得以优化。伴随着对数字化人才的激烈竞争，员工劳动议价能力得以提升。这些都将显著改善初次分配。

再分配主要通过国家税收政策执行，旨在对初次分配进一步调整和优化，保证社会资源合理分配，从而实现共同富裕。孙鲲鹏和石丽娜（2022）研究发现，在数字化转型的大背景下，税务部门借助大数据与互联网能显著增强企业的纳税遵从度。但企业数字化转型与再分配之间的关系值得进一步关注和探讨。一方面，数字化转型为企业带来了明显的经济效益和预期增长（何帆和刘红霞，2019；王康等，2023），理论上应增加企业的应纳税所得额。但囿于税收的刚性特质，特别是税收政策的稳定性、长期性和无偿性（李建军和苏明萃，2015），数字化转型带来的企业利润增长并不及时反映在企业的税收贡献上。另一方面，相关部门为鼓励数字经济发展、促进企业进行数字化创新，为进行数字化转型的企业提供了各类税收优惠和减免政策支持。[①]因此，尽管企业数字化转型可能带来较大幅度的预期收益增加，但其税收负担并未明显上升。这意味着与企业数字化转型带来的经济增长所对应的税收再分配效应在现阶段并未完全显现。综上，数字化转型在一定程度上推动了经济增长，但受税收的刚性特质以及鼓励数字创新的税收政策等影响，其对以税收为代表的再分配的影响并不明显。

社会捐赠与扶贫投入作为三次分配的主要形式是企业实现外部共同富裕的重要途径。然而，在数字化转型浪潮中，这种分配形式可能遭遇挑战。数字化转型初期企业对资金的需求巨大，涉及技术研发、设备更新、人才培训等（戚聿东和肖旭，2020）。此外，李万利等（2022）研究发现，数字化转型还会显著提高企业的实业投资水平。因此，这将直接导致企业对流动资金的需求大幅上升。数字化转型导致的内部资金结构性流转无疑

---

① 例如，自2020年工信部颁布《中小企业数字化赋能专项行动方案》以来，工信部、财政部已遴选38个细分行业98家数字化服务商，给予财政支持和税收优惠，累计金额达4.3亿元，详见 https://www.gov.cn/zhengce/zhengceku/2020-03/24/content_5494882.htm。

会给企业带来一定的流动性冲击。李思飞等（2023）研究发现，融资约束趋紧是制约企业数字化转型的重要原因。三次分配极度依赖高收入群体的自愿，其只能是对初次分配和再分配的有益补充。在流动性约束下，企业在短期内可能会对社会捐赠和扶贫投入持更为审慎的态度，因为其首先需要确保有足够的现金流来支撑自身的数字化建设和运营。尽管如此，伴随着数字化转型的深入，当可以通过优化运营、提高生产效率和拓展市场来获得更高利润时，企业会更加主动地参与三次分配，从而实现企业外部的共同富裕。但在短期内数字化转型对三次分配的作用有限可能是客观存在的现实。

假说 2：数字化转型将改善以员工为主体的初次分配，对再分配影响不明显，而对以捐赠与扶贫为代表的三次分配作用有限。

三　样本构建与研究方法

（一）数据来源

本文选择 2011~2019 年我国 A 股上市公司为初始样本，依次进行如下处理：剔除 ST 和样本期退市的公司；剔除 IPO 首年的观测值；剔除主要研究变量缺失的公司；为避免异常值的影响，对连续变量进行 1% 和 99% 的缩尾处理。最终获得 2808 家上市公司共计 19556 个观测值。共同富裕及公司财务数据均来自国泰安数据库（CSMAR），劳动力结构数据来自 Wind 数据库，新闻媒体报道数据来自中国研究数据服务平台（CNRDS），公司年报的相关数据来自上海证券交易所和深圳证券交易所的官方网站。

（二）变量构建

1. 企业共同富裕表现

在深入理解十九届五中全会政策内涵的前提条件下，本文采用 CSMAR 开发的企业共同富裕数据库，对企业助力共同富裕表现进行评价。具体来说，本文根据该数据库细分指标计算员工就业评分、员工薪酬评分、员工保障评分、顾客共享评分、股东共享评分、其他合作伙伴共享评分、良性竞争评分、税收贡献评分及公益慈善评分九个指标，并进一步得出企业共同富裕评级，明显区别于现有CSR/ESG指标构建体系：首先，起源不同，CSR/ESG概念为西方文化背景下的舶来品，对我国的发展问题缺乏相应的解释力度（徐尚昆和杨汝岱，2007）；共同富裕评级是在深度理解中央政策内涵的前提下构建的具有中国特色的共同富裕评价体系。其次，出发点不同，CSR/ESG针对企业在自身经营发展过程中应当履行的包含安全生产、产品质量、环境保护以及员工权益等在内的社会职责和义务，衡量的是企业可持续发展能力；共同富裕评级侧重于考虑企业在初次分配、再分配以及三次分配等细分领域的综合表现从而评价企业助力共同富裕表现。最后，评价的颗粒度不同，以使用最广泛的润灵环球ESG评级为例（权小锋等，2015），CSR/ESG关注整体、内容、技术、行业四大主题下的16个关键指标；企业共同富裕数据库关注上述三大分配领域九项主题下37个关键指标。总之，两者概念不同，本质不可比，共同富裕评级适用于对我国上市公司在共同富裕各环节的贡献与表现进行评价。

共同富裕评级将企业助力共同富裕表现分为三类九级，最高等级为"AAA"级，最低等级为"C"级。本文参照以往对债券信用评级的研究（黄小琳等，2017），以企业共同富裕评级构造评价指标CP，依次赋值1至9。此外，社会资源有效分配的重要落脚点是初次分配（李实和朱梦冰，2022）。本文将从员工就业、员工薪酬、员工保障、顾客共享、股东共享、其他合作伙伴共享及良性竞争等七个层面对企业在初次分配领域的表现进行评价，定义为企业初次分配得分PD。总分100分，分数越高对应企业在初次分配方面表现越好。而再分配得分SD和三次分配得分TD则分别选用税收贡献评分和公益慈善评分对企业进行评价。

2.企业数字化转型程度

企业数字化是一个长期、系统的过程，加之数字化概念本身的抽象性，对其进行定量测度一直是学术界讨论的焦点。过往文献在数字化定量测度上进行了大量研究，何帆和刘红霞（2019）按企业是否数字化设置虚拟变量，但无法反映不同企业数字化程度的差异。吴非等（2021b）则基于上市公司年报进行词频测度，将其作为企业数字化程度的代理变量。然而这种测度未考虑文本的长度，统计的仅仅是关键词出现的频数而非频率。此外，年报大部分内容是对公司本年度经营状况的披露，而数字化更应该反映为公司的业务转型和战略规划。通常年报"管理层讨论与分析"（MD&A）部分会披露公司发展规划（林乐和谢德仁，2016）。因此，借鉴袁淳等（2021）提出的衡量方式，对上市公司年报 MD&A 进行文本分析，利用数字化术语词典提取关键词出现的频率，以数字化词频占比来衡量企业的数字化程度。此外，该变量乘以 100 后的数值越大表示企业数字化程度越高。

文本分析得到的企业数字化指标能有效衡量企业数字化转型程度，但年报文本仅能反映企业的战略规划，而非落实情况，同样需要基于微观企业层面的数据对数字化程度进行更直观的展示。于是，本文借鉴祁怀锦等（2020）的方法，从数字化无形资产角度对企业数字化程度进行度量。当无形资产明细中包含软件、网络、客户端、管理系统及智能平台等数字化关键词以及与此相关的专利时，将其界定为数字化无形资产，汇总公司同年度该类资产，计算数字化无形资产在无形资产中的占比。

本文的控制变量包括：公司规模（*Size*）、杠杆比例（*Lev*）、总资产回报率（*ROA*）、托宾 Q 值（*TobinQ*）、机构投资者持股比例（*Inst*）、国有性质的虚拟变量（*SOE*）、公司成立年限（*FirmAge*）、管理层持股比例（*Mshare*）、管理费用率（*Mfee*）、是否由四大审计（*Big*4）机构审计以及董事会人数（*Board*）。其中公司成立年限和董事会人数变量取原始数据的自然对数。

（三）实证模型设定

为研究企业数字化程度对共同富裕的影响，设定了如下计量模型加以检验：

$$CPrating_{i,t+1} = \alpha_0 + \alpha_1 DT_{it} + X_{it} + \gamma_j + \mu_t + \epsilon_{i,t+1} \tag{1}$$

其中，模型的被解释变量为企业共同富裕评级 *CPrating*，核心解释变量企业数字化程度包含两个指标 *DWP* 和 *DIAP*，X_{it} 为一组前述控制变量，γ_j 为行业固定效应，μ_t 为时间固定效应，$\epsilon_{i,t+1}$ 为模型随机扰动项。为提升回归结果的可靠性，本文还进行如下处理：首先，考虑企业数字化转型对共同富裕的影响可能存在一定的时滞效应，对被解释变量 *CPrating* 进行领先一期处理，这样既考虑变量作用传递的过程，又尽可能减少反向因果等内生性问题带来的干扰；其次，所有回归报告均为在公司层面聚类调整稳健标准误的t统计量。

（四）描述性统计

主要变量的描述性统计如表1所示，企业共同富裕评级的均值和标准差分别为5.181和2.434，表明不同企业对共同富裕的贡献存在较大差异。DWP的均值和标准差分别为0.061和0.112，上下四分位数的差值达到0.061，同样表明不同企业的数字化程度差异明显。上市公司平均负债率为0.442，$TobinQ$的均值为2.101，与其他文献的数据基本保持一致。此外，分行业的统计结果显示，金融、教育和卫生部门对共同富裕的贡献较大，这也与传统认知相一致，金融部门主导资金配置，教育、卫生部门具有极强的正外部效应，有助于共同富裕目标的实现。企业数字化则集中于服务业和以新闻传播为代表的文娱产业，教育是两者的交集，这可能与近年来教育智慧化、信息化发展密不可分，而资源密集型传统行业的数字化程度则低于行业整体平均水平。

表1　描述性统计

变量	观测值	均值	标准差	最小值	中值	最大值
CPrating	19556	5.181	2.434	1.000	5.000	9.000
DWP	19556	0.061	0.112	0.000	0.013	0.550
DIAP	19556	0.102	0.231	0.000	0.012	1.000
Size	19556	22.121	1.253	19.660	21.981	25.841
Lev	19556	0.442	0.214	0.062	0.432	0.942
ROA	19556	0.040	0.071	−0.271	0.041	0.212
TobinQ	19556	2.101	1.402	0.872	1.641	9.233
SOE	19556	0.350	0.480	0.000	0.000	1.000
FirmAge	19556	2.871	0.343	1.102	2.942	3.970
Inst	19556	0.390	0.232	0.000	0.391	0.850
Mshare	19556	0.122	0.191	0.000	0.000	0.651
Mfee	19556	0.102	0.092	0.010	0.080	0.631
Big4	19556	0.041	0.212	0.000	0.000	1.000
Board	19556	2.130	0.201	0.691	2.201	2.891

四　实证结果分析

（一）基准回归

表 2 报告了企业数字化转型与共同富裕表现之间关系的基准回归结果。固定效应可能会对系数以及标准误的估计产生较大的影响，于是第（1）列和第（2）列控制行业与年份固定效应以剔除公司所在行业发展程度等因素造成的影响，分别以数字化词频占比（DWP）以及数字化无形资产占比（DIAP）作为解释变量进行回归。同时，为确保结论的稳健性，第（3）列和第（4）列在原有基础上控制省份固定效应。在所有回归中，企业数字化变量的系数在 1% 的显著性水平上均为正。同时企业数字化与共同富裕表现正向关系的结论在不同固定效应情况下是稳健的。从经济意义上看，以第（3）列的结果为例，企业数字化程度每提升 1 个标准差，将使企业共同富裕表现提升 2.59% 左右（0.11×1.219/5.18×100%）。这说明企业数字化对共同富裕表现的影响在经济意义上也是显著的，验证了假说 1a。

表 2　基准回归

变量	CPrating (1)	CPrating (2)	CPrating (3)	CPrating (4)
DWP	1.443*** (5.481)		1.219*** (4.672)	
DIAP		0.545*** (4.712)		0.439*** (3.833)
控制变量	是	是	是	是
行业固定效应	是	是	是	是
省份固定效应	否	否	是	是
年份固定效应	是	是	是	是
观测值	19556	19556	19556	19556
调整 R^2 值	0.361	0.360	0.372	0.371

注：*、**、***分别表示在 10%、5%、1% 的水平上显著。

（二）内生性问题

1.工具变量回归

本文的主要研究问题是企业数字化对共同富裕表现的影响，但上述基准回归的结论可能面临内生性问题，主要体现在：第一，遗漏变量，可能存在某些未被观测因素对企业数字化与共同富裕表现产生影响。例如，高瞻远瞩的管理层能迅速抓住科技革命的机遇并推动企业参与这一浪潮，同时他们注重企业对以促进共同富裕为代表的长期价值投资。第二，反向因果，助力共同富裕表现越佳的企业，其市场认可度可能越高，外部融资成本越低，为此，企业拥有更加充足的现金流来推进数字化战略。为缓解潜在的内生性问题，本文采用工具变量法进行检验。

在选择工具变量时，参考黄群慧等（2019）、赵春明等（2023）的研究，选用1984年各城市的固定电话历史数据与滞后一期的全国互联网普及率交互作为企业数字化转型的工具变量 IV，其背后逻辑为：在历史背景下，固定电话普及率较高的地区极有可能在早期的数字生态建设中抢占先机。这些地区的固定电话布局无疑为数字化建设铺设了初始基础。基于此，使用固定电话的历史数据作为该地区企业数字化转型的工具变量具有明确的相关性。但考虑到信息技术飞速发展，几十年后的固定电话数量对企业共同富裕表现的影响减弱，在控制其他因素的情况下，该工具变量同样满足排他性条件。

表3报告了工具变量两阶段回归的结果。[1] 首先，LM值分别为7.472和10.121，均在1%显著性水平上拒绝"不可识别"假设。此外，一阶段F值分别为18.551和22.393，因此所选工具变量与内生变量是强相关的。第一阶段估计的结果同样显示，该工具变量同两个企业数字化转型程度的度量指标之间均呈现1%水平上的显著正相关，表明所选工具变量满足要求。表3第（3）列和第（4）列的第二阶段回归结果显示，两个衡量企业数字化转型指标的系数仍然至少在5%的显著性水平上正相关，表明在考虑内生性问题后，本文基准回归研究的结论是稳健可靠的。

---

[1] 工具变量回归第二阶段所估计的系数相较基准回归有一定程度的放大，这可能是由于工具变量只捕捉了样本部分个体的平均处理效应（Jiang，2017），需对工具变量所估计系数的经济意义谨慎进行解读。

表3　工具变量回归

变量	DWP (1)	CPrating (2)	DIAP (3)	CPrating (4)
IV	0.006*** (2.731)		0.013*** (3.181)	
DWP		32.703** (2.482)		
DIAP				13.999*** (2.812)
控制变量	是	是	是	是
行业固定效应	是	是	是	是
省份固定效应	是	是	是	是
年份固定效应	是	是	是	是
观测值	10746	10746	10746	10746
LM 值		7.472***		10.121***
F 值		18.551		22.393

注：同表2。

2.双重差分检验

实际上，企业的数字化进程很大程度上受所在地区数字经济发展水平的影响（邱洋冬，2022）。为加强因果推断，本文采用"宽带中国"地级市试点政策作为外生冲击进行检验，采用双重差分模型（DID）进行评估（田鸽和张勋，2022；赵涛等，2020；肖土盛等，2022）。

2013 年8 月，为对我国数字经济发展进行科学性引导和系统性部署，国务院印发了《"宽带中国"战略及实施方案》，旨在推动我国数字经济快速发展。自此，"宽带中国"正式上升为国家战略，各级政府积极响应推进宽带等公共通信基础设施建设。在此基础上，国家发展和改革委员会于2014~2016 年分三个批次遴选出 117 个地级市作为"宽带中国"示范城市，入选城市的宽带等公共通信基础设施普及程度均达到国内领先水平。同时，该政策具有扩容性特点，因此提供了良好的准自然实验基础。本文按照"宽带中国"地级市试点政策，设置如下多期 DID 模型对数字经济发展是否促进所在地区企业共同富裕表现进行检验：

$$CP_{it} = \beta_0 + \beta_1 Bic_{it} + X_{it} + \gamma_j + \mu_t + \epsilon_{it} \tag{2}$$

其中，i表示公司，t表示年份；差分项表示若公司所在地级市入选"宽带中国"地级市试点政策名单，当年及之后取值1，否则取值0；X为相关控制变量；γ_j控制行业固定效应，μ_t控制年份固定效应；ϵ_{it}为随机误差项。回归前，依据事件检验法原则对本研究DID模型的平行趋势进行验证，结果如图1所示，表明研究模型满足这一重要前提假设。

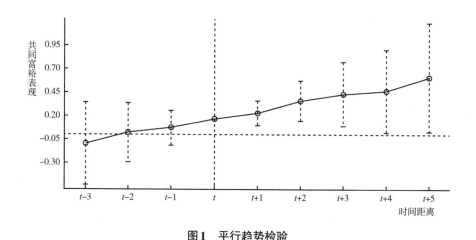

图1 平行趋势检验

全样本回归分析的结果见表4。第（1）列和第（2）列分别报告了不加入与加入控制变量的结果，均在1%的显著性水平上呈现正相关，表明"宽带中国"城市试点政策（Bic）对所在地区企业共同富裕表现具有显著的正向促进作用。由于"宽带中国"试点政策的冲击在城市维度，第（3）列将省份固定效应替换为城市固定效应，结果同样在10%的显著性水平上正相关，证明了替换固定效应条件下结论的稳健性。此外，本文还假设将政策的发布时间向前倒推，进行安慰剂测试，第（4）列和第（5）列分别将地级市入选的时间向前倒推2年（$Bic2$）和3年（$Bic3$），结果不再显著，再次证明是"宽带中国"地级市试点政策对企业共同富裕表现所产生的正向影响。

表4 "宽带中国"试点政策对企业共同富裕表现的影响

变量	"宽带中国"城市试点			安慰剂测试	
	（1）	（2）	（3）	（4）	（5）
Bic	0.314***	0.221***	0.103*		
	（3.631）	（3.342）	（1.771）		
$Bic2$				0.026	
				（0.420）	
$Bic3$					−0.076
					（−0.910）
控制变量	否	是	是	是	是
行业固定效应	是	是	是	是	是
省份固定效应	是	是	否	否	否
城市固定效应	否	否	是	是	是
年份固定效应	是	是	是	是	是
观测值	19556	19556	19556	19556	19556
调整 R^2 值	0.101	0.382	0.412	0.431	0.434

注：同表2。

　　地级市随时间推移而变化的非观测因素仍可能会对本研究的DID方法产生干扰，本文控制了行业固定效应、城市固定效应及时间固定效应，但仍有可能存在一些未被观测的区域特征对本研究造成影响。为缓解这一问题，本文参考周茂等（2018）的方法，进行间接安慰剂检验：通过随机抽样方法，产生一组随机的"宽带中国"地级市试点政策实验名单，此情况下会产生错误的估计系数，将该过程重复500次，观察系数分布。结果如图2所示，其分布近似于一个均值为0的正态分布，表明其他的非观测因素并不会对本研究结果产生显著影响。

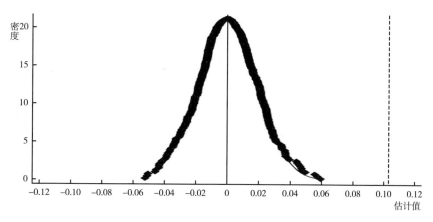

图2　安慰剂检验

（三）多重分配视角分析

1.收入分配效应

企业数字化转型对分配领域的影响主要来自三大细分领域，即初次分配、再分配和三次分配。参照理论分析部分，企业数字化转型对各分配领域的影响值得关注。表5的第（1）~（2）列报告了两个企业数字化转型指标对初次分配的影响，分别在1%和5%的显著性水平上为正，因此企业数字化转型对改善初次分配的作用是显著的。第（3）~（4）列报告了企业数字化转型对再分配的影响，尽管系数都大于0，但是统计意义并不显著。这可能与税收的刚性特质有关，企业并不能通过自身对此细分领域产生实质性影响。第（5）列和第（6）列报告了企业数字化转型对三次分配的影响，发现两种度量方式所得出的系数均为负数，且分别在10%和5%的水平上显著，证明企业数字化转型对三次分配的显著负向冲击。三次分配只是对前两次分配的补充，初次分配仍然是我国现阶段的主要分配方式。国际成熟经验均借助税收和转移支付实现了再分配以及三次分配，进而成功缩小收入分配差距。从企业数字化转型战略来看，其对我国共同富裕的促进作用主要集中体现在初次分配，对再分配的影响并不明显，而对三次分配作用有限，这进一步证明了假说2。

表5　收入分配效应

变量	初次分配		再分配		三次分配	
	(1)	(2)	(3)	(4)	(5)	(6)
DWP	1.180***		2.519		−0.828*	
	(3.032)		(1.442)		(−1.843)	
DIAP		0.434**		1.416		−0.404**
		(2.451)		(1.591)		(−2.161)
控制变量	是	是	是	是	是	是
行业固定效应	是	是	是	是	是	是
省份固定效应	是	是	是	是	是	是
年份固定效应	是	是	是	是	是	是
观测值	19556	19556	19556	19556	19556	19556
调整 R^2 值	0.321	0.320	0.303	0.302	0.961	0.962

注：同表2。

2.收入分配细分项目

在验证了企业数字化转型对改善初次分配的作用之后，另一个值得关注的问题是，初次分配哪些细分项目是企业数字化转型影响的关键，于是本文尝试对初次分配的分解指标进行分析。具体而言，根据初次分配的不同细分层次，从员工就业（Employment）、员工薪酬（Salary）、员工保障（Guarantee）、顾客共享（Customer）、股东共享（Shareholder）以及其他合作伙伴共享 Otherpartner 六个层次[1]展开分析，表6的 Panel A 报告了初次分配分解指标的回归结果。

---

[1]　初次分配细分项目包含指标如下：①员工就业，年终员工数、新增就业岗位、管理层性别多样性、职位竞争力与职业生涯管理、弱势群体关爱等；②员工薪酬，每股薪酬贡献、雇员利润分享、人均薪酬、员工薪酬增长率、董监高和其他员工平均薪酬比等；③员工保障，合法用工、安全生产投入、安全生产水平、职业健康保障、雇员社会保障基金缴付比例、商业保险、员工权益保护等；④顾客共享，产品/服务质量、产品召回数量、消费者权益保护等；⑤股东共享，净资产收益率、每股现金分红、小股东权益保护（独董制度）等；⑥其他合作伙伴共享，供应商权益保障、分销商权益保障、每股债息贡献、债务人权益保障、社区生态环境保护等。

其中，第（1）列和第（2）列分别报告了企业数字化转型对员工就业和员工薪酬的影响。一方面，企业进行数字化转型需要大量技术人员的支持，相应技术型就业岗位得以扩充，企业对数字化相关劳动力的需求强劲，进而促进了对就业的正向影响；另一方面，此类技术岗位提高了普通员工的平均薪资水平，缩小了企业高管与其他员工之间的薪酬差距，员工也能获得更多的企业发展红利。表6第（1）列和第（2）列显著正向的结果也证明了上述观点。然而，企业进行数字化转型初期，无论是基础设施建设还是对劳动力的需求，都需要企业投入大量的资本，相应转型还面临不确定性风险，这可能影响企业对债权人权益的保障，进而增加债权人对企业财务状况的担忧。第（6）列的结果也反映了企业数字化转型对其他合作伙伴的显著负向影响。总体而言，由于员工薪酬大幅提高，企业数字化转型改善了以员工为主体的初次分配表现。

在讨论了企业数字化转型对初次分配的影响后，其对三次分配的具体影响如何，尤其是在发现两类数字化度量方式对三次分配的负向冲击后，需进一步关注企业数字化转型对企业外部，尤其是社会公益的影响。因此本文从企业社会捐赠、扶贫投入以及资助贫困生等角度对数字化转型在三次分配领域的影响展开分析，表6的Panel B报告了三次分配分解指标的回归结果。

首先，第（1）列和第（2）列报告了企业数字化转型对社会捐赠的影响，两类度量方式的回归结果均呈现负相关，且以 *DIAP* 衡量的结果在5%水平上显著。这说明数字化转型战略会显著抑制企业的对外捐赠行为。其次，精准扶贫是我国发展进入新阶段落实低收入群体生活保障工作的亮点。而企业在助力精准扶贫方面的投入可被看作其对三次分配产生影响的关键。第（3）列和第（4）列报告的结果显示，企业数字化转型在精准扶贫投入方面的影响均为负相关，其中以 *DIAP* 衡量的结果在1%的显著性水平上对扶贫投入产生显著负向影响。此外，数字化转型对企业资助贫困生的影响结果也均为负数。综上所述，企业的数字化转型战略对三次分配，尤其是企业外部的社会捐赠以及扶贫工作会产生一定的抑制作用。这可能是由于三次分配以自愿为基础，不具有制度的强制执行性，只是对初次分配和再分配的补充。三次分配是企业对社会公益慈善事业的投入，而企业数字化转型需要大量现金流的支撑，这也可能是企业在社会公益慈善方面投入减少的原因。也有可能企业数字化转型对三次分配的正向影响需要更长的时间才能体现。总体而言，无论是对外部其他合作伙伴共享还是对三次分配，企业数字化转型对企业的外部共同富裕表现存在一定程度的抑制。

表 6　收入分配分解项目分析

	Panel A 企业数字化转型与初次分配					
变量	员工就业	员工薪酬	员工保障	顾客共享	股东共享	其他合作伙伴
	（1）	（2）	（3）	（4）	（5）	（6）
DWP	5.143***	6.648***	−0.033	0.142	−1.187	−1.835**
	（3.440）	（5.261）	（−0.091）	（0.722）	（−0.691）	（−2.223）
控制变量	是	是	是	是	是	是
行业固定效应	是	是	是	是	是	是
省份固定效应	是	是	是	是	是	是
年份固定效应	是	是	是	是	是	是
观测值	16089	16089	16089	16089	16089	16089
调整 R^2 值	0.241	0.241	0.022	0.802	0.203	0.141
	Panel B 企业数字化转型与三次分配					
变量	社会捐赠		扶贫投入		资助贫困生	
	（1）	（2）	（3）	（4）	（5）	（6）
DWP	−3.357		−0.208		−0.880	
	（−1.501）		（−0.301）		（−0.732）	
$DIAP$		−2.133**		−0.482***		−0.430
		（−2.030）		（−3.431）		（−0.760）
控制变量	是	是	是	是	是	是
行业固定效应	是	是	是	是	是	是
省份固定效应	是	是	是	是	是	是
年份固定效应	是	是	是	是	是	是
观测值	16089	16089	8864	8864	8864	8864
调整 R^2 值	0.112	0.112	0.022	0.024	0.051	0.052

注：同表 2。

（四）机制检验

根据本文的理论分析与假说构建，企业数字化转型主要通过劳动力结构升级与流动性约束两条渠道来影响共同富裕表现。一方面，数字化转型引起的企业对信息技术人才的需求增加，将加速劳动力结构升级。这无疑有利于生产效率的提高，并带来更高的产出水平（何小钢等，2019；Syverson，2011），意味着有更多的资源可以在员工之间分配。另外，随着技能和知识水平的提高，员工可以从事具有更高附加值的工作，这提高了员工的收入和职业流动性（Kerr等，2019），有助于缩小公司内部的收入差距（方明月等，2022）。参照赵春明和李宏兵（2014）对我国高学历人才的界定，本文用上市公司员工中本科及以上学历人数占员工总数的比例衡量企业的劳动力结构。表7第（1）列和第（2）列分别报告了两个企业数字化转型指标的回归结果，发现企业数字化转型对劳动力结构的影响均在1%的显著性水平上正相关，表明企业数字化转型战略的实施能够显著提升高学历劳动力的占比，促进企业劳动力结构升级，这对支撑企业分配决策以及促进企业高质量发展具有重要意义。

表7　企业数字化转型对共同富裕表现的影响机制

变量	劳动力结构升级		流动性约束	
	（1）	（2）	（3）	（4）
DWP	0.222***		−0.102***	
	(9.731)		(−5.601)	
DIAP		0.108***		−0.051***
		(9.273)		(−5.740)
控制变量	是	是	是	是
行业固定效应	是	是	是	是
省份固定效应	是	是	是	是
年份固定效应	是	是	是	是
观测值	19556	19556	19556	19556
调整 R^2 值	0.410	0.411	0.202	0.203

注：同表2。

另一方面，数字化转型是企业针对当前发展趋势作出的战略决策，通常预示着企业生产经营模式和盈利策略的重大调整。伴随着企业内部资金配置的结构性流转，资金更多地流向数字化研发和专业人才等。而以社会捐赠与扶贫投入为代表的三次分配，无疑需要企业有强大的现金流支持。为了更深入地探讨这一问题，参考李万利等（2021）、Bates 等（2009）的定义，用现金与总资产比值衡量企业流动性约束状况。表7第（3）列和第（4）列的结果显示，数字化转型显著加剧了企业的流动性约束，这进一步强调了数字化转型对企业内部资源的重新配置，进而影响企业行为。

（五）异质性分析

不同类型企业受限于流动性约束的程度也不相同。本部分尝试从党组织嵌入深度、劳动密集度，以及企业所处生命周期、外部融资可得性角度分析在不同流动性约束情况下企业数字化促进共同富裕表现的异质性。

企业数字化转型对共同富裕表现的影响可能随党组织嵌入深度的不同而存在差异。党组织嵌入更深的公司可能更能通过党委参与公司治理，在数字生态背景下增加就业岗位，增强员工权益保障，进而促进劳动力结构升级（董志强和魏下海，2018）。党委治理还能避免高管异常行为，完善企业内资源配置机制，最终缩小公司内部收入差距（马连福等，2013）。而党组织嵌入程度低的公司则始终以利润最大化为目标，缺乏数字化转型以及关注共同富裕的动机。此外，国有企业的党组织嵌入程度往往更高，也更关注社会稳定以及共同富裕目标的达成（林毅夫等，2004）。为验证上述推论，本文按照企业高管中的党组织成员数是否大于中位数构造虚拟变量 *HParty*，并在式（1）中引入其与企业数字化转型指标的交乘项。表8第（1）列的结果表明，党组织嵌入更深的公司更能通过数字化转型促进共同富裕表现的提升，且这种影响在统计意义上显著，与上述推论完全一致。

市场中劳动力与资本之间的替代关系近年来受到学术界的关注（Geng等，2022），两者是区分企业发展模式和界定生产要素功能的有效工具，探究不同类型企业助力共同富裕表现的异质性具有重要的现实意义。一方面，劳动密集型企业囿于职工基数，对实现共同富裕有着天然的

"诉求"，而资本密集型企业则更关注如何实现资产的规模效应。另一方面，数字化转型带来的劳动力结构升级必将导致员工议价能力提升，进而促使企业在决策过程中更多地考虑员工诉求。因此，数字化转型对企业共同富裕表现的提升效果理应在劳动密集型企业中更为明显。具体来说，参考 Liu 等（2021）的方法用企业员工总数与资产比值来衡量企业劳动密集度，将处于上四分位数的企业界定为劳动密集型企业并构造虚拟变量 *HLabor*，同时引入其与企业数字化转型程度的交乘项。根据表 8 第（2）列所报告的结果显示，数字化转型促进企业共同富裕表现的正向效应在劳动密集型企业中得到加强，这佐证了前述分析的有效性。

企业所处的生命周期也有可能会使数字化转型对共同富裕表现的影响不同。企业步入成熟期之后，更有动力实施数字生态发展、劳动力结构升级等战略，也更有可能从全面发展的视角看待共同富裕对企业自身的重要性。同时，现金股利的发放同样需匹配企业生命周期，更成熟的公司会加大现金股利的发放力度，进而优化企业内部的分配活动及资源配置（宋福铁和屈文洲，2010）。但是，处于生命周期前期的企业进行数字化转型是迫于外部环境压力而做出的变革，这类企业受到的融资约束也较大（黄宏斌等，2016）。其最重要的目标是生存，因此可能缺乏对共同富裕的关注。本文参考李云鹤等（2011）的划分方式，通过上市公司销售收入增长、资本支出、留存收益以及年龄计算生命周期总得分，并进一步根据得分将企业生命周期划分为成长、成熟、衰退三个阶段，按照是否步入成熟期构造虚拟变量 *LStage*，同样在式（1）中引入其与企业数字化转型指标的交乘项。表 8 第（3）列的结果显示，生命周期步入成熟期的公司更能通过企业数字化转型促进共同富裕表现的提升，验证了上述推论。

此外，金融体系和信贷市场发展决定了企业的外部融资可得性（Love，2003；Monacelli 等，2023）。银行之间的激烈竞争可能会增加企业信贷可得性并缓解企业融资约束（张伟俊等，2021）。若本文所提出的流动性约束渠道成立，那么预计在拥有更强竞争的金融体系中，数字化转型对共同富裕表现的影响更为明显。参考 Benfratello 等（2008）的研究，用每万人商业银行分支机构数量作为银行竞争指标，将上四分位数定义为强银行竞争组并引入虚拟变量 HBank 和交乘项。表 8 的第（4）列显示，交乘项的系数在 1% 的显著性水平上正相关，这进一步证明在银行竞争激烈的地区，企业信贷可得性增强且流动性约束得到缓解，提升了企业数字化转型对共同富裕表现的正向效应。

表8　异质性分析

变量	共同富裕"诉求"		流动性约束缓解	
	（1）	（2）	（3）	（4）
DWP×HParty	1.088**			
	（2.440）			
DWP×HLabor		0.698*		
		（1.733）		
DWP×LStage			1.208***	
			（2.832）	
DWP×HBank				2.159***
				（3.832）
DWP	1.012***	0.868***	0.203	0.917***
	（3.591）	（3.121）	（0.462）	（3.253）
HParty	−0.085			
	（−1.211）			
HLabor		0.921***		
		（14.003）		
LStage			−0.083	
			（−1.412）	

变量	共同富裕"诉求"		流动性约束缓解	
	（1）	（2）	（3）	（4）
HBank				−0.168
				（−1.432）
控制变量	是	是	是	是
行业固定效应	是	是	是	是
省份固定效应	是	是	是	是
年份固定效应	是	是	是	是
观测值	19556	19556	19556	19556
调整 R^2 值	0.371	0.401	0.372	0.371

注：同表2。

（六）稳健性检验

1.模型替换

CSMAR企业共同富裕评级是针对企业共同富裕表现进行评价，尽管该评级按照分位数划分评级，但是三类九级的评级方式仍有可能忽视了各评级之间的非线性关系。以往关于债券信用评级的研究就针对各评级之间的非线性关系进行了更精细的考量（Datta等，1999）。因此，借鉴Ding等（2022）的方法，采用有序Logit模型对主体回归模型进行替代。表9报告了采用有序Logit模型替代主体回归后的结果，第（1）列和第（2）列分别报告了在控制行业、年份固定效应下，用数字化词频占比以及无形资产占比衡量的企业数字化转型程度与共同富裕表现之间的关系；第（3）列和第（4）列则在此基础上进一步控制了省份固定效应。第（1）列至第（4）列的结果同样在1%的显著性水平上正相关，进一步证明在考虑评级非线性关系的模型替代情况下，基准回归的结论仍是稳健的。

表9　有序 Logit 回归

变量	CPrating (1)	CPrating (2)	CPrating (3)	CPrating (4)
DWP	1.320***		1.148***	
	(5.431)		(4.692)	
DIAP		0.460***		0.362***
		(4.321)		(3.383)
控制变量	是	是	是	是
行业固定效应	是	是	是	是
省份固定效应	否	否	是	是
年份固定效应	是	是	是	是
观测值	19556	19556	19556	19556
准 R^2 值	0.110	0.113	0.113	0.112

注：同表2。

2.替代变量定义

为保证研究结论的稳健性，本文还尝试从以下多个替代变量定义的角度进行稳健性检验。

首先，词频占比度量方式可能包含一定的噪音进而影响研究结论。于是，借鉴张叶青等（2021）的处理方式，将 DWP 更换为虚拟变量 DWPdum，若公司在该年度 MD&A 部分披露了数字化相关词语则取1，否则取0。单纯的虚拟变量忽略了对企业数字化转型程度的衡量，因此根据词频占比构建分类变量 DWP3。公司在该年度未披露数字化相关词语则取0，若进行了披露则按照数字化词频占比大小排序并分为三类，依次赋值3、2、1。此外，再考虑仅从数字化词频总数的角度进行衡量，构造 lnDW，即数字化词频数加1的自然对数。对于数字化无形资产占比的替代衡量也采取同样的方式。表10的检验结果显示，更换若干企业数字化转型的替代变量后，企业数字化转型对共同富裕表现的影响系数仍然为正，且在1%的水平上显著，这说明企业数字化转型确实显著促进了共同富裕表现的提升，支持基准回归的结论。

表10　替代企业数字化指标

变量	（1）	（2）	（3）	（4）
DWPdum	0.376***			
	(7.822)			
DWP3		0.198***		
		(8.322)		
ln*DW*			0.171***	
			(7.171)	
ln*DIA* 中				0.035***
				(8.814)
控制变量	是	是	是	是
行业固定效应	是	是	是	是
省份固定效应	是	是	是	是
年份固定效应	是	是	是	是
观测值	19556	19556	19556	19556
调整 R² 值	0.373	0.382	0.371	0.382

注：同表2。

　　其次，企业助力共同富裕的程度本身难以量化，采用CSMAR数据库中企业共同富裕评级对共同富裕表现进行衡量，各大类之内贡献水平的差异可能并不明显。考虑仅从ABC三大类出发，将企业助力共同富裕的程度进行替代性度量，即合并大类之内的细分等级，三大类由低至高依次赋值1、2、3。表11的第（1）列和第（2）列分别报告了数字化词频占比以及数字化无形资产占比对替代共同富裕表现的影响。此外，参考常莹莹和曾泉（2019）、寇宗来等（2015）的研究，按照评级是否为A级设置虚拟变量 *Arating*，并采用Logit模型进行回归，表11第（3）列和第（4）列呈报了该结果。两个数字化转型衡量指标均在1%水平上显著正相关，表明企业数字化转型程度越高，获得高共同富裕表现评级的概率越高，这同样说明基准回归的结论是稳健的。

表11 替代共同富裕评价指标

变量	CPrating3 (1)	CPrating3 (2)	Arating (3)	Arating (4)
DWP	0.167***		1.239***	
	(3.792)		(6.472)	
DIAP		0.092***		0.326***
		(4.874)		(3.654)
控制变量	是	是	是	是
行业固定效应	是	是	是	是
省份固定效应	是	是	是	是
年份固定效应	是	是	是	是
观测值	19556	19556	19556	19556
调整 R^2/准 R^2值	0.190	0.191	0.252	0.253

注：同表2。

3. 调整研究样本

为了得到普适性结论，在基准回归中将 A 股所有行业的上市公司作为研究对象。但是不同行业企业对研究结论的影响值得关注，于是本文对研究样本进行如下调整。第一，考虑到以数字化为主营业务的软件和信息服务行业的上市公司与采用数字化转型进行辅助生产的公司不同，为避免此类影响，剔除以数字化相关技术为主营业务的样本重新进行检验。第二，企业数字化可能还存在同群效应，导致同行业群体数字化水平趋同（陈庆江等，2021）。由于数字化萌芽期上市公司的重视程度不高以及信息披露制度不完备，公司对年报文本信息的重视程度不高。为防止这一问题对研究结论造成干扰，参照王守海等（2022）的做法，仅保留萌芽期之后（2014年及以后）的样本重新进行检验。第三，考虑到直辖市有较强的自主性，与其他省份在经济领域可能存在差距，对处于直辖市的企业的共同富裕表现的影响也有较大不同。对此，剔除来自直辖市的企业样本后再进行检验。如表12所示，所有回归均控制行业、年份及省份固定效应，基于上述调整后的研究样本所取得的结论均与基准回归一致。

表 12 调整研究样本

变量	剔除软件和信息服务行业		剔除数字化萌芽期		剔除直辖市样本	
	（1）	（2）	（3）	（4）	（5）	（6）
DWP	1.221***		1.077***		1.007***	
	(3.232)		(3.880)		(3.291)	
DIAP		0.345**		0.511***		0.437***
		(2.471)		(4.362)		(2.924)
控制变量	是	是	是	是	是	是
行业固定效应	是	是	是	是	是	是
省份固定效应	是	是	是	是	是	是
年份固定效应	是	是	是	是	是	是
观测值	16239	16239	13827	13827	15970	15970
调整 R^2 值	0.380	0.381	0.382	0.382	0.362	0.363

注：同表2。

（七）企业共同富裕的经济效应

数字化转型在各分配领域影响着共同富裕表现，为理解数字化转型引起的共同富裕表现提升对企业带来的深远影响，本文尝试从生产效率、财政补助及社会形象等影响企业发展的重要因素入手，探索企业助力共同富裕表现的经济效应。具体来说，引入企业数字化转型与共同富裕表现的交乘项。

前人研究发现，互联网发展将显著提升企业的生产效率（黄群慧等，2019）。上述已经证明，企业数字化转型通过扩大就业以及提升员工薪酬等来改善初次分配，那么这种正向作用必定会提振员工士气进而对员工的工作效率和企业生产效率产生影响。本文参考黎文靖和胡玉明（2012）的研究，采用企业全要素生产率（TFP）作为生产效率的代理。具体来说，为对同时性偏差进行修正，采用固定效应估计方法进行计算（鲁晓东和连玉君，2012）。表13的第（1）列报告了共同富裕表现对生产效率的影响，回归结果中交乘项的系数在1%的显著性水平上为正。这表明企业数字化转型提升共同富裕表现，使得内部员工得到激励，这极大地提振了员工士气，从而提升了企业的生产效率。

从财政补助来看，企业积极响应政策号召，助力共同富裕，有利于我国早日实现"全体人民共同富裕"这一政策性目标，政府也必然会从某些角度对这类企业予以支持。财政补助作为刺激企业创新的有效政策工具，在我国长期发挥着重要作用（杨洋等，2015）。本文尝试对企业获得的财政补助金额（*FS*）进行探讨，具体为使用各级政府各类补贴以及税收退返汇总值加 1 的自然对数来表示。表 13 的第（2）列报告了对财政补助金额的影响，结果同样在 5% 的显著性水平上为正。企业数字化转型提升共同富裕表现的同时会得到来自政府的肯定。作为激励与支持，政府加大了对企业的财政补助力度，这是一种双向的共赢互惠。

本文尝试从企业社会形象角度展开分析。企业数字化转型促进共同富裕表现的提升，有利于打造企业整体形象，这将直接表现为新闻媒体对其报道的导向。本文采用孔东民等（2013）的方法，汇总证监会指定的信息披露报《中国证券报》、《上海证券报》和《证券时报》等权威报刊中与公司相关的正面报道与负面报道来计算媒体报道情绪，具体为（正面报道量－负面报道量）/（正面报道量 + 负面报道量）。表 13 的第（3）列报告了对企业社会形象的影响，结果发现同样在 10% 的显著性水平上正相关。这表明，企业数字化促进共同富裕表现提升的同时，也会收获来自社会各界对企业的良好印象，财经新闻媒体对公司的正面报道情绪也会提升。

综上，数字化转型对共同富裕表现的提升也会为公司带来一定的经济效应，将对企业发展产生深远影响，具体表现为企业生产效率的提高、所获财政补助的增加以及企业社会形象的提升。究其根本，企业促进共同富裕的行为收获了来自内部员工、政府以及新闻媒体的肯定。

表 13　企业共同富裕贡献的经济效应

变量	生产效率 （1）	财政补助 （2）	社会形象 （3）
DWP×CPrating	0.091^{***}	0.103^{**}	0.022^{*}
	(4.401)	(2.044)	(1.813)

变量	生产效率 (1)	财政补助 (2)	社会形象 (3)
DWP	−0.288**	−0.017	−0.071
	(−2.012)	(−0.050)	(−0.874)
CPrating	0.044***	0.045***	0.002
	(10.783)	(5.251)	(0.852)
控制变量	是	是	是
行业固定效应	是	是	是
省份固定效应	是	是	是
年份固定效应	是	是	是
观测值	19556	19556	19556
调整 R²值	0.802	0.372	0.123

注：同表2。

五　结论

本文将我国A股上市公司年报中MD&A部分数字化词频占比以及数字化无形资产占比作为了衡量企业数字化转型的关键指标，并在此基础上研究了企业数字化转型对共同富裕表现的影响及其作用机制和异质性，为企业进行数字化转型及提升共同富裕表现提供了实证证据。研究发现，企业数字化转型能显著提升共同富裕表现。此外，借助1984年地级市固定电话数量构造历史工具变量以及"宽带中国"地级市试点政策作为外生冲击的准自然实验缓解内生性问题，最终得到与基准回归一致的结论。进一步分析企业数字化转型的收入分配效应可以发现，数字化转型显著改善了初次分配，且主要集中体现在扩大就业以及员工薪酬增加这两个细分层面。而企业数字化转型对三次分配，尤其是以社会捐赠以及扶贫投入为代表的外部共同富裕表现可能存在一定程度的限制。机制检验表明，企业数字化转型通过劳动力结构升级和流动性约束影响共同富裕表现。特别地，数字化转型对共同富裕的影响在党组织嵌入更深、劳动密集度更高、生命周期步入成熟期以及银行竞争更激烈的样本中更为显著。此外，企业共同富裕表现的提升有益于提升企业的生产效率、所获财政补助和社会形象。

总体来看，本文从数字科技革命角度为理解共同富裕这一宏观政策提供了崭新的视角。研究结论有助于深化人们对技术革命以及共同富裕内涵的理解，也为"十四五"规划及 2035 年远景目标纲要中提出的以数字化转型整体驱动生产方式、生活方式和治理方式的变革，以及党的十九届五中全会所勾勒的"实现全体人民共同富裕"蓝图提供了经验证据。这对于理解我国经济发展新常态下如何利用科学技术赋能经济发展议题具有一定的启发。

本文结论具有一定的政策启示：第一，政府应持续优化数字生态，引导企业加快数字化转型步伐。一方面，应加快数字基础设施建设，完善 5G 网络、工业互联网等新一代信息基础设施，为企业数字化转型创造良好的外部环境。加快推进数字产业化和产业数字化，大力发展数字经济，推动数字技术与实体经济深度融合，为企业数字化转型提供有力支撑。另一方面，应优化产业数字化转型的顶层设计，加大对企业数字化转型的政策支持力度，鼓励企业加大投入，推动传统产业数字化、智能化。支持企业运用大数据、云计算、人工智能等新一代信息技术改造提升传统产业，提高生产效率和管理水平。同时，还要注重营造公平竞争的市场环境，加强反垄断监管，防止不正当竞争行为，维护中小企业合法权益，推动大中小企业融通发展。支持创新型中小微企业发展，提供融资、人才等支持，促进其快速成长。

第二，要充分发挥财政政策的杠杆调节作用，引导企业增加员工薪酬。研究发现，企业数字化转型主要通过改善初次分配尤其是增加员工薪酬这一路径来助力共同富裕，但对社会捐赠、扶贫投入等三次分配改善存在一定的制约。对此，一方面，要进一步完善工资制度，建立与经济发展和企业效益相匹配的工资增长机制，统筹产业发展和企事业单位工资均衡增长。加快建立企业薪酬调查和信息发布制度，引导企业合理确定工资水平。另一方面，要充分利用税收优惠政策鼓励企业实施员工持股计划，让员工分享企业发展成果。对捐赠、扶贫等社会公益支出给予企业税前扣除等优惠支持，鼓励企业积极履行社会责任。同时，还要加大个人所得税改革力度，提高综合所得税起征点，加大中低收入群体税收优惠力度，发挥税收调节收入分配的作用。

　　第三，企业应将数字化作为战略发展方向，并与助力共同富裕紧密结合。一方面，企业应加大数字化投入，积极应用数字技术，加快推动生产、管理、营销等环节的数字化改造，提升企业数字化水平。加强与高校、科研院所的产学研合作，吸引数字化人才，为企业数字化转型提供智力支持。另一方面，企业应树立共同富裕理念，在推进数字化转型的同时，完善薪酬激励和福利保障机制，促进劳资关系和谐。尤其是对高技能、数字化人才，要给予更有竞争力的薪酬待遇。建立多层次、多渠道的员工培训体系，加强员工数字技能培训，提高员工数字素养和创新能力，实现员工与企业共同成长。此外，企业还应主动承担社会责任，积极参与教育、医疗、扶贫等领域的公益活动，助力共同富裕目标的实现。积极参与东西部协作、定点帮扶等工作，促进区域经济协调发展。

　　第四，全社会应形成促进实现共同富裕的合力。各类社会组织、行业协会等应发挥桥梁和纽带作用，加强政企沟通协调，引导企业树立共同富裕理念。充分发挥工会、共青团、妇联等组织的作用，切实维护职工合法权益，构建和谐劳动关系。媒体、公众等应加强对企业助力共同富裕典型案例的宣传报道，营造良好的舆论氛围。鼓励更多的企业家投身教育、扶贫、慈善等公益事业，在促进企业发展的同时主动回馈社会。高校、科研机构等应加强数字技术研发和人才培养，为数字经济发展提供智力支持。加快建设一批高水平理工科大学、产业学院等，培养掌握现代科学知识和具有创新创业能力的高素质人才。只有政府、企业、社会各界形成合力，共同推进，才能加快构建初次分配、再分配、三次分配协调配套的基础性制度安排，促进全体人民共同富裕目标的实现。

参考文献

［1］毕先萍、李正友，2004，《技术进步对就业的综合作用机制及社会福利影响研究》，《中国软科学》第5期。

［2］常莹莹、曾泉，2019，《环境信息透明度与企业信用评级——基于债券评级市场的

经验证据》，《金融研究》第 5 期。

［3］陈东、郭文光，2024，《数字化转型如何影响劳动技能溢价——基于 A 股上市公司数据的经验研究》，《数量经济技术经济研究》第 3 期。

［4］陈冬梅、王俐珍、陈安霓，2020，《数字化与战略管理理论——回顾、挑战与展望》，《管理世界》第 5 期。

［5］陈庆江、王彦萌、万茂丰，2021，《企业数字化转型的同群效应及其影响因素研究》，《管理学报》第 5 期。

［6］董志强、魏下海，2018，《党组织在民营企业中的积极作用——以职工权益保护为例的经验研究》，《经济学动态》第 1 期。

［7］方明月、林佳妮、聂辉华，2022，《数字化转型是否促进了企业内共同富裕？——来自中国 A 股上市公司的证据》，《数量经济技术经济研究》第 11 期。

［8］封思贤、郭仁静，2019，《数字金融、银行竞争与银行效率》，《改革》第 11 期。

［9］韩先锋、宋文飞、李勃昕，2019，《互联网能成为中国区域创新效率提升的新动能吗》，《中国工业经济》第 7 期。

［10］韩长根、张力，2019，《互联网是否改善了中国的资源错配——基于动态空间杜宾模型与门槛模型的检验》，《经济问题探索》第 12 期。

［11］何帆、刘红霞，2019，《数字经济视角下实体企业数字化变革的业绩提升效应评估》，《改革》第 4 期。

［12］何小钢、梁权熙、王善骝，2019，《信息技术、劳动力结构与企业生产率——破解"信息技术生产率悖论"之谜》，《管理世界》第 9 期。

［13］黄宏斌、翟淑萍、陈静楠，2016，《企业生命周期、融资方式与融资约束——基于投资者情绪调节效应的研究》，《金融研究》第 7 期。

［14］黄群慧、余泳泽、张松林，2019，《互联网发展与制造业生产率提升：内在机制与中国经验》，《中国工业经济》第 5 期。

［15］黄小琳、朱松、陈关亭，2017，《债券违约对涉事信用评级机构的影响——基于中国信用债市场违约事件的分析》，《金融研究》第 3 期。

［16］焦豪、杨季枫、王培暖、李倩，2021，《数据驱动的企业动态能力作用机制研究——基于数据全生命周期管理的数字化转型过程分析》，《中国工业经济》第 11 期。

［17］孔东民、刘莎莎、应千伟，2013，《公司行为中的媒体角色：激浊扬清还是推波助澜?》，《管理世界》第 7 期。

［18］寇宗来、盘宇章、刘学悦，2015，《中国的信用评级真的影响发债成本吗?》，《金融研究》第 10 期。

［19］黎文靖、胡玉明，2012，《国企内部薪酬差距激励了谁?》，《经济研究》第 12 期。

[20] 李海舰、田跃新、李文杰，2014，《互联网思维与传统企业再造》，《中国工业经济》第10期。

[21] 李建军、苏明萃，2015，《现代财政制度下的税收特征——税收"三性"释义》，《税务研究》第2期。

[22] 李实、朱梦冰，2022，《推进收入分配制度改革促进共同富裕实现》，《管理世界》第1期。

[23] 李思飞、李鑫、王赛、佟岩，2023，《家族企业代际传承与数字化转型：激励还是抑制？》，《管理世界》第6期。

[24] 李唐、李青、陈楚霞，2020，《数据管理能力对企业生产率的影响效应——来自中国企业—劳动力匹配调查的新发现》，《中国工业经济》第6期。

[25] 李万福、林斌、宋璐，2011，《内部控制在公司投资中的角色：效率促进还是抑制？》，《管理世界》第2期。

[26] 李万利、潘文东、袁凯彬，2022，《企业数字化转型与中国实体经济发展》，《数量经济技术经济研究》第9期。

[27] 李万利、徐细雄、陈西婵，2021，《儒家文化与企业现金持有——中国企业"高持现"的文化内因及经济后果》，《经济学动态》第1期。

[28] 李云鹤、李湛、唐松莲，2011，《企业生命周期、公司治理与公司资本配置效率》，《南开管理评论》第3期。

[29] 林乐、谢德仁，2016，《投资者会听话听音吗？——基于管理层语调视角的实证研究》，《财经研究》第7期。

[30] 林毅夫、刘明兴、章奇，2004，《政策性负担与企业的预算软约束：来自中国的实证研究》，《管理世界》第8期。

[31] 刘飞，2020，《数字化转型如何提升制造业生产率：基于数字化转型的三重影响机制》，《财经科学》第10期。

[32] 鲁晓东、连玉君，2012，《中国工业企业全要素生产率估计：1999~2007》，《经济学（季刊）》第2期。

[33] 马连福、王元芳、沈小秀，2013，《国有企业党组织治理、冗余雇员与高管薪酬契约》，《管理世界》第5期。

[34] 蒙克，2022，《中国应采取何种社会政策来实现共同富裕——全球视野下社会政策比较制度优势的分析与启示》，《南京大学学报（哲学·人文科学·社会科学）》第1期。

[35] 孟宏玮、赵华平、张所地，2022，《信息基础设施建设与区域数字化创业活跃度》，《中南财经政法大学学报》第4期。

[36] 倪克金、刘修岩，2021，《数字化转型与企业成长：理论逻辑与中国实践》，《经济

管理》第 12 期。

[37] 彭俞超、王南萱、顾雷雷，2023，《企业数字化转型、预判性信息披露与股价暴跌风险》，《财贸经济》第 5 期。

[38] 祁怀锦、曹修琴、刘艳霞，2020，《数字经济对公司治理的影响——基于信息不对称和管理者非理性行为视角》，《改革》第 4 期。

[39] 戚聿东、肖旭，2020，《数字经济时代的企业管理变革》，《管理世界》第 6 期。

[40] 权小锋、吴世农、尹洪英，2015，《企业社会责任与股价崩盘风险："价值利器"或"自利工具"？》，《经济研究》第 11 期。

[41] 邱洋冬，2022，《网络基础设施建设驱动属地企业数字化转型——基于"宽带中国"试点政策的准自然实验》，《经济与管理》第 4 期。

[42] 任颋、肖有智、张桐川，2023，《员工持股计划与企业社会责任——基于精准扶贫视角》，《中国经济学》第 2 期。

[43] 宋福铁、屈文洲，2010，《基于企业生命周期理论的现金股利分配实证研究》，《中国工业经济》第 2 期。

[44] 孙鲲鹏、石丽娜，2022，《企业互联网使用与大数据治税的效应》，《经济研究》第 5 期。

[45] 谭松涛、阚铄、崔小勇，2016，《互联网沟通能够改善市场信息效率吗？——基于深交所"互动易"网络平台的研究》，《金融研究》第 3 期。

[46] 陶锋、朱盼、邱楚芝等，2023，《数字技术创新对企业市场价值的影响研究》，《数量经济技术经济研究》第 5 期。

[47] 田鸽、张勋，2022，《数字经济、非农就业与社会分工》，《管理世界》第 5 期。

[48] 王康、赵蕊、苏盖美，2023，《数字化如何助力全国统一大市场建设——基于企业资本跨地区流动视角》，《中国经济学》第 2 期。

[49] 王守海、徐晓彤、刘烨炜，2022，《企业数字化转型会降低债务违约风险吗？》，《证券市场导报》第 4 期。

[50] 吴非、常曦、任晓怡，2021a，《政府驱动型创新：财政科技支出与企业数字化转型》，《财政研究》第 1 期。

[51] 吴非、胡慧芷、林慧妍、任晓怡，2021b，《企业数字化转型与资本市场表现——来自股票流动性的经验证据》，《管理世界》第 7 期。

[52] 夏杰长、刘诚，2021，《数字经济赋能共同富裕：作用路径与政策设计》，《经济与管理研究》第 9 期。

[53] 肖土盛、孙瑞琦、袁淳、孙健，2022，《企业数字化转型、人力资本结构调整与劳动收入份额》，《管理世界》第 12 期。

[54] 徐寿福、徐龙炳，2015，《现金股利政策，代理成本与公司绩效》，《管理科学》第

1 期。

[55] 徐尚昆、杨汝岱，2007，《企业社会责任概念范畴的归纳性分析》，《中国工业经济》第5期。

[56] 徐悦、刘运国、蔡贵龙，2021，《非 CEO 高管差异化薪酬与国有企业代理效率》，《财经研究》第3期。

[57] 严若森、钱向阳，2018，《数字经济时代下中国运营商数字化转型的战略分析》，《中国软科学》第4期。

[58] 杨洋、魏江、罗来军，2015，《谁在利用政府补贴进行创新？——所有制和要素市场扭曲的联合调节效应》，《管理世界》第1期。

[59] 杨玉凤、王火欣、曹琼，2010，《内部控制信息披露质量与代理成本相关性研究——基于沪市 2007 年上市公司的经验数据》，《审计研究》第1期。

[60] 叶永卫、李鑫、刘贯春，2022，《数字化转型与企业人力资本升级》，《金融研究》第12期。

[61] 易成岐、窦悦、陈东等，2021，《全国一体化大数据中心协同创新体系：总体框架与战略价值》，《电子政务》第6期。

[62] 易露霞、吴非、常曦，2021，《企业数字化转型进程与主业绩效——来自中国上市企业年报文本识别的经验证据》，《现代财经（天津财经大学学报）》第10期。

[63] 袁淳、肖土盛、耿春晓、盛誉，2021，《数字化转型与企业分工：专业化还是纵向一体化》，《中国工业经济》第9期。

[64] 张继德、纪佃波、孙永波，2013，《企业内部控制有效性影响因素的实证研究》，《管理世界》第8期。

[65] 张伟俊、袁凯彬、李万利，2021，《商业银行网点扩张如何影响企业创新：理论与经验证据》，《世界经济》第6期。

[66] 张勋、万广华、张佳佳、何宗樾，2019，《数字经济、普惠金融与包容性增长》，《经济研究》第8期。

[67] 张叶青、陆瑶、李乐芸，2021，《大数据应用对中国企业市场价值的影响——来自中国上市公司年报文本分析的证据》，《经济研究》第12期。

[68] 张永珅、李小波、邢铭强，2021，《企业数字化转型与审计定价》，《审计研究》第3期。

[69] 赵春明、班元浩、李宏兵、刘烨，2023，《企业数字化转型与劳动收入份额》，《财经研究》第6期。

[70] 赵春明、李宏兵，2014，《出口开放、高等教育扩展与学历工资差距》，《世界经济》第5期。

[71] 赵涛、张智、梁上坤，2020，《数字经济、创业活跃度与高质量发展——来自中国城市的经验证据》，《管理世界》第10期。

［72］赵烁、施新政、陆瑶、刘心悦，2020，《兼并收购可以促进劳动力结构优化升级吗?》，《金融研究》第10期。

［73］郑小碧，2017，《"+互联网"、"互联网+"与经济发展：超边际一般均衡分析》，《经济学动态》第6期。

［74］周茂、陆毅、杜艳、姚星，2018，《开发区设立与地区制造业升级》，《中国工业经济》第3期。

［75］Acemoglu D., Restrepo P. 2020. "Robots and Jobs: Evidence From US Labor Markets." *Journal of Political Economy* 128(6): 2188−2244.

［76］Alexopoulos M., Cohen J. 2016. "The Medium is the Measure: Technical Change and Employment, 1909−1949." *Review of Economics and Statistics* 98(4): 792−810.

［77］Allen F., Qian J., Qian M. 2005. "Law, Finance, and Economic Growth in China." *Journal of Financial Economics* 77(1): 57−116.

［78］Autor D. H. 2015. "Why are There still so Many Jobs? The History and Future of Workplace Automation." *Journal of Economic Perspectives* 29(3): 3−30.

［79］Balakrishnan K., Billings M. B., Kelly B., Ljungqvist A., 2014. "Shaping Liquidity: On the Causal Effects of Voluntary Disclosure." *Journal of Finance* 69(5): 2237−2278.

［80］Bates T. W., Kahle K. M., Stulz R. M. 2009. "Why do US Firms Hold so Much More Cash Than They Used to?" *Journal of Finance* 64(5): 1985−2021.

［81］Benfratello L., Schiantarelli F., Sembenelli A. 2008. "Banks and Innovation: Microeconometric Evidence on Italian Firms." *Journal of Financial Economics* 90(2): 197−217.

［82］Brynjolfsson E., Mitchell T. 2017. "What Can Machine Learning Do? Workforce Implications." *Science* 358(6370): 1530−1534.

［83］Cette G., Nevoux S., Py L. 2021. "The Impact of ICTs and Digitalization on Productivity and Labor Share: Evidence from French Firms." *Economics of Innovation and New Technology* 31(2): 1−24.

［84］Datta S., Iskandar-Datta M., Patel A. 1999. "Bank Monitoring and the Pricing of Corporate Public Debt." *Journal of Financial Economics* 51(3): 435−449.

［85］Ding Y., Xiong W., Zhang J. 2022. "Issuance Overpricing of China's Corporate Debt Securities." *Journal of Financial Economics* 144(1): 328−346.

［86］Mingyue Fang, Huihua Nie, Xinyi Shen, 2023. "Can Enterprise Digitization Improve ESG Performance?" *Economic Modelling* 18: 106101.

［87］Geng H. G., Huang Y., Lin C., Liu S. 2022. "Minimum Wage and Corporate Investment: Evidence from Manufacturing Firms in China." *Journal of Financial and Quantitative*

Analysis 57：94−126.

[88] Jiang W. 2017. "Have Instrumental Variables Brought Us Closer to the Truth." *Review of Corporate Finance Studies* 6(2)：127−140.

[89] Kerr S. P.，Kerr W. R.，Lincoln W. F. 2019. "Skilled Immigration and the Employment Structures of US Firms." *Journal of Labor Economics* 33(S1)：S147−S186.

[90] Lin J.，Yu Z.，Wei Y. D.，Wang M. 2017. "Internet Access，Spillover and Regional Development in China." *Sustainability* 9(6)：946.

[91] Love I. 2003. "Financial Development and Financing Constraints：International Evidence from the Structural Investment Model." *Review of Financial Studies* 16(3)：765−791.

[92] Liu G.，Liu Y.，Ye Y.，Zhang C. 2021. "Collateral Menus and Corporate Employment：Evidence from China's Property Law." *Journal of Economic Behavior & Organization* 189：686−709.

[93] Loebbecke C.，Picot A. 2015. "Reflections on Societal and Business Model Transformation Arising from Digitization and Big Data Analytics：A Research Agenda." *The Journal of Strategic Information Systems* 24(3)：149−157.

[94] Morris J. J.，2011. "The Impact of Enterprise Resource Planning (ERP) Systems on the Effectiveness of Internal Controls Over Financial Reporting." *Journal of Information Systems* 25(1)：129−157.

[95] Monacelli T.，Quadrini V.，Trigari A. 2023. "Financial Markets and Unemployment." *Journal of Financial Economics* 147(3)：596−626.

[96] Piketty T. 2014. "*Capital in the Twenty−First Century.*" Boston：Harvard University Press.

[97] Shakina E.，Parshakov P.，Alsufiev A. 2021. "Rethinking the Corporate Digital Divide：The Complementarity of Technologies and the Demand for Digital Skills." *Technological Forecasting and Social Change* 162：120405.

[98] Lipeng Sun，Nur Ashikin，Mohd Saat.2023. "How Does Intelligent Manufacturing Affect the ESG Performance of Manufacturing Firms? Evidence from China." *Sustainability* 15(4)，2898.

[99] Syverson C. 2011. "What Determines Productivity?" *Journal of Economic Literature* 49 (2)：326−365.

[100] Tsou H. T.，Chen J. S. 2023. "How Does Digital Technology Usage Benefit Firm Performance? Digital Transformation Strategy and Organisational Innovation As Mediators." *Technology Analysis & Strategic Management* 35(9)：1114−1127.

（责任编辑：焦云霞）

贸易网络地位与企业ESG表现

——基于网络拓扑结构下的产业链传导

韦江英　胡日东[*]

摘　要： 中国式现代化强调在绿色发展原则下实现经济高质量增长，提升企业在环境、社会与公司治理（ESG）方面的表现是实现目标的重要路径。本文利用上市公司年报中的交易数据，实证研究贸易网络地位对企业ESG表现的影响及其内在机制，并分析节点企业通过贸易网络对上下游企业ESG表现产生的间接影响。研究发现，企业贸易网络地位的提升对其ESG表现具有促进作用，特别是在二阶间接关联中，嵌入贸易网络结构的企业的ESG表现提升更加明显。机制分析发现，处于网络核心节点的企业通过缓解融资约束、提高媒体和资本市场的关注度实现ESG表现的提升。异质性分析发现，在非国有企业、管制行业和市场化程度较低的地区，贸易网络地位对企业ESG表现的提升作用更显著。进一步地拓展分析发现，节点企业的ESG表现具有溢出效应，显著提升了上下游企业的ESG表现，尤其是对下游客户。贸易网络地位增强了节点企业ESG表现的溢出效应。当节点企业与上下游企业处于同一行业或地区时，这种效应更为明显。随着节点企业与上下游企业之间ESG协同水平提高，节点企业对上下游企业ESG表现提升的促进作用也更加突出。

关键词： 网络地位　ESG　网络拓扑结构　产业链传导

---

* 韦江英，博士研究生，华侨大学数量经济研究中心，电子邮箱：18811357678@163.com；胡日东（通讯作者），教授，华侨大学数量经济研究中心，电子邮箱：1170696 110@qq.com。
本文获得国家社会科学基金重点项目（21AJY001）的资助。感谢匿名审稿专家的宝贵意见，文责自负。

一　引言

21世纪初，面对气候变化、环境恶化及社会责任等外部压力，经济与金融界首次提出将环境、社会与公司治理（ESG）要素作为企业评估标准并纳入市场规范，旨在通过改革企业内部管理和治理结构来适应全球可持续发展趋势，实现企业经营理念的根本转变。随后，ESG 逐渐成为企业信息披露的标准内容，并衍生出一系列 ESG 评级、指数和投资产品，作为评价企业非财务风险的重要工具，受到投资界的广泛关注和应用。尽管全球对 ESG 的观点仍存在分歧，但鉴于全球社会经济发展在资源和环境上面临的严峻挑战，国际社会已普遍认同 ESG 对于实现可持续发展的关键作用。在这一背景下，党的二十大报告强调了 ESG 的核心理念，倡导推动绿色发展，促进人与自然和谐共生。

构建 ESG 体系是一个长期且复杂的过程，需要稳步推进而非急功近利。我国在 ESG 信息披露领域的制度建设体现出严谨和连贯的逻辑。2007年，国家环境保护总局通过了《环境信息公开办法（试行）》，为企业环境信息公开设定官方标准，奠定我国 ESG 信息披露政策基石。2006年，中国证监会发布《上市公司信息披露管理办法》，将 ESG 披露边界拓展至资本市场，增加上市公司信息公开义务。2007年12月，中国发布了首个企业社会责任指南《国家电网公司履行社会责任指南》，此举标志着中国企业社会责任运动进入了一个理念与管理实践全面融合的新阶段。2021年6月，国务院国资委发布《关于中央企业履行社会责任指导意见》，明确了中央企业在履行社会责任方面的总体要求及具体措施。此后，多项政策法规陆续出台，逐步巩固了 ESG 信息披露在中国法律制度中的地位。

近年来，学术界从宏观外部环境和企业内部异质性等角度（任颋等，2023；Ng 和 Rezaee，2020；Friede 等，2015），深入探讨如何提升企业 ESG 表现。然而，随着全球化和数字化的深入，上中下游企业形成的复杂的商业关系网络，既丰富了各种合作和发展的机会，也可能导致风险传播和危机冲击。因此，推动 ESG 建设不再是"独善其身"的个体行为，从贸易网络层面共同推动 ESG 建设已经成为必然趋势。现有文献主要聚焦探究贸易网络地位对企业策略和行为的影响（邢丽云等，2022；杜勇等，2023），以及分析 ESG 的经济后果。然而，关于贸易网络地位如何影响企业 ESG 表现的经验分析相对较少。基于此，本文提出以下问题：提升贸易网络地位是否有利于改善企业 ESG 表现，影响机制是什么？企业特征与外部环境的差异是否使得影响存在异质性？通过研究贸易网络地位对企业 ESG 表现的影响，有助于厘清 ESG 决策的内在驱动因素，完善 ESG 评价体系，推动企业实现低碳转型的目标。

本文基于 2011~2022 年上市公司的数据，采用 PageRank 算法，探究企业在贸易网络中的位置如何影响其 ESG 表现。结果显示，处于网络核心节点的企业更易获得融资也面临更多的外部监管，对 ESG 表现的提升效果更为显著。这一促进效应在非国有企业、管制行业及市场化程度较低的地区尤为突出。值得关注的是，随着节点企业贸易网络地位的提高，节点企业的 ESG 建设也能够推动产业链上下游企业 ESG 建设。当节点企业与上下游企业同属一行业或省份时，产业链 ESG 的溢出效应更加明显。提高产业链 ESG 协同水平能够促进上下游企业 ESG 表现的提升。

相较于现有文献，本文主要贡献在于：第一，已有研究关注到贸易网络在资源交换和传递过程中的重要作用，但对贸易网络地位如何影响企业 ESG 表现的研究不足。本文通过整合上市公司的交易数据，利用 PageRank 算法界定企业在贸易网络中的位置和拓扑结构，分析贸易网络地位对企业 ESG 表现的影响，丰富了贸易网络的相关研究。第二，重点揭示贸易网络地位通过缓解融资约束、受到媒体和资本市场更多监督等途径提升企业 ESG 表现，基于企业、行业、省份特征深入剖析贸易网络地位对企业 ESG 表现的异质性影响，不仅厘清了贸易网络地位与企业 ESG 之间的逻辑链条，还为促进经济高质量发展提供了重要的政策启示。第三，目前的研究主要关注企业自身因素对其 ESG 表现的影响。本文从产业链视角出发，探讨节点企业 ESG 表现对上下游企业 ESG 表现的影响，深入研究合作伙伴 ESG 表现的传导效应，识别出我国产业链 ESG 建设的主要驱动力是拉动上游还是推动下游，加快产业链 ESG 建设"点—网"模式的形成，推动经济可持续发展。

二 文献回顾、理论分析与研究假设

(一) 文献回顾

1. 网络地位的相关研究

对网络结构的研究最初主要集中在社会学领域，特别是关于人际关系的探讨。20世纪70年代，社会学领域开始研究网络，首次引入"弱关系"的概念，探索社交网络中的信息传播机制。随后，引入"结构洞"理论，加深对社交网络中信息流动、资源分配和权力结构的理解。到了20世纪90年代，网络理论被广泛应用于经济学领域，探讨经济网络的稳定性，以及网络的形成与演变模式。经济网络的某些特征显示出无标度属性，例如，网络中少数节点的高度连接与众多节点的低度连接。在经济网络研究中融合社交网络理论后，引入了中心性、连通性和路径长度等关键概念及其度量标准。

网络地位的研究主要集中在贸易网络的测量及其对经济的影响。在国际层面，重力模型常用于衡量国际贸易网络，将贸易流量、经济规模与距离相关联。De Benedictis 和 Taglioni（2011）通过社交网络分析评估全球贸易网络，计算国家中心度和聚类系数，揭示国家在全球贸易网络中的地位。在产业层面，着重于研究网络结构和核心位置。Hidalgo 等（2007）利用"产品空间"测量产品在全球贸易中的中心性。在企业层面，通过企业交易往来关系构建贸易网络，衡量核心节点企业（度中心性、接近中心性、中介中心性）、网络密度、模块性以及核心—外围结构（Fagiolo 等，2010）。贸易网络的测量方法不限于贸易连接，也将贸易权重、直接效应和间接效应纳入其中。对企业贸易网络经济后果的相关研究，集中在贸易网络如何影响经济冲击的传导，例如 Acemoglu 等（2012）提出，输入输出网络的结构会影响部门间经济冲击的传递，引起经济的整体波动。此外，也有研究探索企业网络地位与并购、绩效之间的关系，如 Bernard 等（2019）发现由于地区供应链网络的强化，产业集群可以提升企业绩效；Ahern 和 Harford（2014）指出，产品市场的强联系导致跨行业并购的发生率更高。

2.ESG 的相关研究

2005 年在联合国的推动下，ESG 概念逐渐成为衡量企业社会责任的标准，涵盖企业在环境保护、社会责任和良好治理等方面的绩效。ESG 理念、企业战略目标以及长期价值创造之间存在密切关联。大多数企业的主要目标是股东利益和利润最大化，但全球化和工业化带来的气候变化、环境污染和社会矛盾等问题促使人们重新思考股东利益最大化的理念，并推动对企业责任的重新定义（Kramer 和 Porter，2011）。目前，企业责任已经跨越经济层面，扩展至促进环境改善和承担新的社会责任层面。Friede 等（2015）研究发现，ESG 实践能够为企业带来长期的经济利益。Brammer 等（2007）指出，良好的 ESG 行为能够降低成本并提升效率。此外，利益相关者理论主张企业不仅应为股东创造价值，还应关注员工、客户、社区等其他利益相关方的利益。因此，ESG 是企业长期可持续发展的关键，并逐渐被视为战略管理和风险控制的重要工具。

在经济后果的相关文献中，许多研究表明，具有优异 ESG 表现的企业能够获得更好的财务成绩（Friede 等，2015）。在市场不稳定或危机时期，良好的 ESG 表现是企业抵抗风险的有效屏障（Lins 等，2017）。从企业管理的角度看，积极践行 ESG 理念有助于增强团队的凝聚力、提高生产效率（张倩等，2015），增加市场份额。此外，ESG 的实施与降低审计费用、改善融资渠道、提升企业竞争力以及促进海外投资密切相关（晓芳等，2021；邱牧远和殷红，2019）。在风险管理领域，ESG 发挥着关键作用：通过提升信息透明度，能够减少信息不对称问题（Reber 等，2022）、降低非系统性风险（Barth 等，2017），最终影响股票和债券的风险评估（宋献中等，2017；Seltzer 等，2022）。

总体而言，ESG 理念促使企业对经济利益和股东利益优先策略进行重新评估，引领企业由追求短期利润向注重长期价值转变。这种变革不仅优化了市场运作机制，而且促进了企业策略的转变。当前研究主要聚焦 ESG 表现对财务绩效和股票回报的影响，对于影响企业 ESG 表现的因素以及贸易网络地位如何促进 ESG 表现的提升等问题的研究仍显不足。

（二）理论分析与研究假设

网络地位定义了企业在贸易网络中的位置及其重要性，直接影响到企业在资源获取、信息交流和市场竞争中的优势。在我国独特的关系文化背景下，社会学和组织学的研究揭示了企业如何通过社会网络进行经济活动，其中网络的配置和模式对交易成果有决定性影响。因此，社会网络被认为是理解我国经济活动的关键因素。

1.网络地位、融资约束与企业ESG表现

在现代经济体系中，融资约束是企业普遍面临的挑战，影响企业的发展（华岳等，2022）。研究表明，企业的商业网络关系在缓解融资约束方面扮演了关键角色。本文结合资源依赖理论、社会资本理论、信号理论，探讨了网络地位是如何缓解融资压力的。首先，从资源依赖理论的角度看，企业在贸易网络中的高地位为其提供了更多的资源获取机会和渠道（Borgatti和Halgin，2011）。高地位表明企业具有广泛的业务联系和高质量的合作伙伴，从而能更有效地获得外部资源，包括资金。通过这些稳定且可靠的商业关系，企业可以减少外部不确定性，提升对资金提供者的吸引力，进而在一定程度上减轻融资压力。其次，社会资本理论强调企业通过其社会关系网络获取资源的重要性。贸易网络中高地位的企业通常具有丰富的社会资本，享有较高的信誉和市场认可度（宁博等，2022）。这种认同能够缓解潜在资金提供方对企业未来表现的不确定性担忧，促使企业更易获取融资，享受更优惠的融资条件。此外，社会资本的积累促进了信息的流动和共享，进一步帮助企业更准确地识别和把握融资机会。最后，信号理论阐述企业如何通过向市场发出积极信号以减少融资过程中的信息不对称问题。企业在贸易网络中的高地位本身就是一个强有力的信号，表明该企业拥有稳固的商业关系和良好的市场声誉。这种积极信号向资金提供方展示了企业的可靠性和发展潜力，从而降低投资者感知的风险，使企业能够以较低的成本获取融资。

企业的贸易网络地位通过提高资源获取能力、增加社会资本和发出积极的市场信号来有效地缓解融资约束，由此企业得以在多个方面进行改进：投资环境友好技术和流程，如减少废物产生、降低能源消耗或使用可回收材料，直接提升环境绩效（Benlemlih和Bitar，2018）；积极履行社会责任，实行更优的劳动政策、社会贡献项目和社区发展计划（翟淑萍和顾群，2014）；开展良好的公司治理，包括增强合规性、提升透明度以及遵循高标准商业道德（贾兴平和刘益，2014）。

2.网络地位、外部压力与企业ESG表现

在当前经济环境中，贸易网络地位成为企业核心竞争力的关键组成部分。位于贸易网络核心的企业因显著的市场地位和对关键贸易流程的控制而拥有塑造行业标准以及影响环境保护、社会责任和治理结构趋势的能力。为了促进可持续发展和道德经营、提高整个行业的标准，监管机构、非政府组织、媒体和公众等外部监督者会对这些企业予以严格的监控（李连伟等，2022），确保其在追求经济利益的同时，积极承担社会责任和环境责任。根据结构洞理论，贸易网络中心的企业通过连接网络中的不同群体，控制着对其他企业而言至关重要的资源（Pfeffer和Salancik，2006），成为媒体和公众关注的重点。位于贸易网络核心的企业因显著的影响力及其对社会和环境的重大影响而受到公众、媒体和监管机构的监督。这种监督既体现在合规性审查中，也涵盖了对企业环境、社会和治理（ESG）表现的评估。外部监管和注意力有助于确保这些企业负责任地管理其资源和影响力，推动整个行业乃至经济体系的稳定与持续发展。

随着外部监督的加强，企业被要求公开在环境保护、社会责任和治理结构方面的行动与成效，以回应外部监督者和公众的关注。在这种压力下，企业更倾向于采取负责任的行为，避免负面报道或公众批评，以保护或增强其市场声誉（潘玉坤和郭萌萌，2023；徐莉萍等，2011）。良好的环境（E）实践，通过减少与气候变化相关的风险以及提高资源效率，增强企业的可持续性。社会责任（S）措施，通过践行对员工、供应商和社区的承诺，提升品牌价值并增加员工忠诚度。透明和公平的治理（G），减少欺诈和腐败的可能性。这些综合的ESG因素不仅可以降低长期投资风险，而且通过采用可持续和负责任的经营策略，创造新的投资机会。越来越多的投资者认识到ESG因素在投资决策中的重要性（李培功和沈艺峰，2010），企业致力于提升ESG表现，以吸引更多的投资（白雄等，2022）。同时，外部监督的加强进一步激励企业在环境保护、社会责任和治理方面采取积极行动。

综上所述，位于贸易网络核心的企业通过缓解融资约束、增强外部监督压力来提升ESG表现：①处于贸易网络核心的企业能够缓解信息不对称问题，降低代理成本，从而缓解融资约束并增加对践行社会责任的投入（陈晓珊和刘洪铎，2023；陈诗一等，2021）；②贸易网络中心的企业更易受到媒体和资本市场的关注，面临更为严格的公众监督（熊正德等，2020）。外部监督有助于减少企业不当行为，并通过促进信息公开披露的方式来改进ESG实践（陶云清等，2023）。因此，本文提出如下假说。

假说1：企业越处于贸易网络核心，ESG表现就越好。

三　变量设定与计量模型

（一）变量设定

1.样本选择与数据来源

本文选取2011~2022年A股上市公司作为研究样本，并遵循以下标准进行样本选择：剔除金融行业公司、剔除ST和资不抵债的公司、剔除相关变量数据不完整的公司。经过筛选，共获得6988个有效观测值。所使用的公司财务数据主要来源于国泰安（CSMAR）数据库，ESG数据来源于Wind数据库。

2.关键变量度量

（1）企业网络地位的度量

本文整理了上市公司与前五大客户及供应商的面板数据，参考了杨金玉等（2022）构建的"节点企业—供应商—年度"和"节点企业—客户—年度"数据集。随着上市公司与客户和供应商关系的不断演进，商业关系展现为复杂的网络结构，这为分析企业的网络地位提供了较好的切入点。本文利用PageRank算法，基于企业在贸易网络中的邻接结构，计算企业的网络影响力，以此来表征企业的贸易网络地位，并展示企业在整个贸易网络中的整合程度及其影响力，具体计算公式如下：

$$Central(l_{i,t}) = \beta \sum_{l_{j,t} \in I_{l_{i,t}}} \frac{Central(l_{j,t})}{O(l_{j,t})} + \frac{1-\gamma}{L} \tag{1}$$

其中，$Central(l_{i,t})$ 和 $Central(l_{j,t})$ 表示企业 i 和 j 在 t 年的 PageRank 值，$I_{l_{i,t}}$ 为企业 i 在 t 年所有入链企业的集合，β 通过实验调整过程来确定，以平衡或调节邻近企业之间的网络影响力，确保 PageRank 值既反映直接的网络联系，又考虑到整个网络的结构。$O(l_{j,t})$ 表示节点 j 在 t 年的出链个数，$Central(l_{j,t})/O(l_{j,t})$ 则表示企业 j 在 t 年均分给其每一个出链的影响力（PageRank 值）。$O(l_{j,t})$ 和 $(1-\gamma)/L$ 用于调整两种特殊情形下的地位偏差，$O(l_{j,t})$ 将节点的中心性根据其出链个数进行稀释，第二项替任意节点设定了一个基础影响力，γ 为阻尼系数（0.85），L 代表网络中企业数量。本文还根据每年贸易网络的节点数调整了 PageRank 值（将非加权的 PageRank 值乘以节点数），最终得到企业在历年贸易网络中的重要程度。

在网络分析领域，关键指标的集成应用为分析网络的结构与功能特征提供了丰富的视角。节点表示网络中的独立实体，其互相连接的边数揭示了网络的关系密度和潜在的交互复杂性。平均出度和平均入度分别用于量化网络中单个节点平均能够影响和被影响的其他节点数量，为理解网络的方向性流动和交互强度提供标准。网络密度为实际边数与网络中可能边数的最大理论值之比，反映网络整体的紧密程度。连通片区数通过测算网络中相互独立的连通子图数量，评估网络的分割情况及其对整体连通性的影响。出度熵与入度熵则分别评估了网络中节点出度和入度分布的均匀性，为衡量网络的异质性及信息流动的复杂性的工具。

其中，平均出度/入度的测算公式如下：

$$AverageDegree_t = \frac{1}{N_t} \sum_{i=1}^{N_t} degree(node_i, network_t) \tag{2}$$

N_t 是 $network_t$ 中 $node$（企业）的总数；$degree(node_i, network_t)$ 计算网络 $network_t$ 中节点 i（即单个公司）直接连接的节点数（表示客户和供应商的数量）。

网络密度的测度公式如下：

$$Density = \frac{L}{node \times (node - 1)} \qquad (3)$$

L为表示网络中的边数，$node$表示网络中节点个数。

结构熵（出度熵和入度熵）的测算公式如下：

$$H = -\sum_{i=1}^{N} p_i \log p_i \qquad (4)$$

其中，p_i是第i个节点的度占所有节点度总和的比例，即$p_i = \dfrac{k_i}{\sum\limits_{j=1}^{N} k_j}$，$k_i$为

节点i的度（即连接的边数）。网络的结构熵越高，说明网络的异质性越强，节点的连接度分布越不均匀，趋向于无标度网络的特性。

表1展示了2011~2022年网络结构的演变。可以看出，网络的节点数和边数的整体呈增长趋势。尽管2014~2016年显著下降，但从2017年开始网络再次呈现增长态势。平均出度和平均入度的变化相对稳定，趋近于1，表明企业间的客户与供应商单向关系日益加强。这意味着企业分工的深化及专业化水平的提升。网络密度自2011年以来保持在0.0012左右，表明虽然企业数量增加，但相互作用效果并未显著加强，反映出关系的稳定性以及企业倾向于维持现有的联系。连通片区数在2012年达到高峰后逐渐减少，说明尽管企业数量增加，但在网络中呈不均匀分布，大多数企业通过一级供应关系连接，二级或更高级的供应关系相对较少。出度熵和入度熵的波动较小，但逐年上升，表明企业间的供应和需求关系呈现复杂化和多样性，且分布趋于分散。

表1　2011~2022年网络结构演变

年份	节点数	边数	平均出度	平均入度	网络密度	连通片区数	出度熵	入度熵
2011	647	508	0.785	0.785	0.0012	203	5.606	5.692
2012	834	697	0.836	0.836	0.0010	251	5.889	5.966
2013	780	673	0.863	0.863	0.0011	235	5.766	5.915

续表

年份	节点数	边数	平均出度	平均入度	网络密度	连通片区数	出度熵	入度熵
2014	499	384	0.770	0.770	0.0015	159	5.353	5.601
2015	567	448	0.790	0.790	0.0014	176	5.464	5.666
2016	512	399	0.779	0.779	0.0015	160	5.403	5.522
2017	670	515	0.769	0.769	0.0011	202	5.632	5.859
2018	597	456	0.764	0.764	0.0013	186	5.563	5.725
2019	617	488	0.791	0.791	0.0013	183	5.535	5.780
2020	560	473	0.845	0.845	0.0015	156	5.464	5.646
2021	670	552	0.824	0.824	0.0012	197	5.675	5.774
2022	657	527	0.802	0.802	0.0012	191	5.737	5.747

（2）企业网络结构的度量

贸易网络的结构特征对企业的市场策略、资源分配和信息传递有决定性影响。贸易网络结构揭示了企业、客户和供应商间的拓扑关系，以及企业在贸易网络中的位置多样性。通过分析客户与供应商之间共享的商业关系，本文能够精确理解贸易网络的复杂性，帮助企业充分利用网络提供的信息优势。

本文深入分析贸易网络结构，区分了一阶关联（即短链结构）与单向二阶关联。在一阶关联中，企业通过与特定供应商建立直接业务关系来扩展供应资源，降低市场搜索成本，减少信息不对称，同时增加与新供应商建立联系的可能性。此结构为企业提供了多样化的资源获取途径，增强了市场适应性。而单向二阶关联则形成所谓的"结构洞"，其中企业A占据策略性节点，连接两组不同的业务实体（B、C与D、E）。若企业A退出网络，则B、C与D、E之间的联系会中断，导致D和E无法直接接触到潜在的需求端供应商，从而影响供需匹配效率。一阶关联和单向二阶关联展现了供应链间的复杂相互作用，如图1所示。

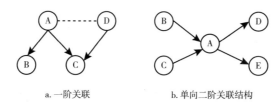

a. 一阶关联　　　　　　b. 单向二阶关联结构

图1　网络拓扑结构

（3）企业ESG表现

本文选用华证指数的ESG评级作为评估标准。这些评级按从低到高的顺序被分配1~9的分值，取企业每年四次评分的平均值，作为反映企业当年ESG表现的指标。

（二）计量模型设定

根据前述理论分析，本文分别考察企业自身网络地位的变化对企业ESG表现和供应商/客户ESG表现的影响，检验假说1。基准回归模型设定如下：

$$Self\_ESG_{i,t} = \alpha_0 + \alpha_1 Central_{i,t} + \alpha_n Controls_{i,t} \\ + Industry_i + Province_j + Year_t + \varepsilon_{i,t} \tag{5}$$

其中，$Self\_ESG_{i,t}$表示i企业在t年的ESG评分，$Central_{i,t}$表示i企业在t年的贸易网络地位，是采用式（1）计算的每个节点企业的网络影响力值。$Industry$、$Province$、$Year$分别表示行业、省份、年份固定效应。$Controls_{i,t}$为一系列控制变量。本文参考雷雷等（2023）以及马文杰和余伯健（2023）的研究，选取了如表2所示的控制变量。

表2　主要变量定义

变量类型	变量名称	变量符号	变量定义
被解释变量	企业自身ESG水平	$Self\_ESG$	华证ESG评分
	供应商/客户ESG水平	$Counter\_ESG$	华证ESG评分
解释变量	企业网络地位	$Central$	利用PageRank算法得到
	企业网络拓扑结构	$Short\_Chain$	企业是否以一阶关联结构（短链）融入网络的虚拟变量，取值分别为1和0

续表

变量类型	变量名称	变量符号	变量定义
		Long_Chain	企业是否以二阶关联结构融入网络的虚拟变量，取值分别为 2、1 和 0
	企业年龄	Age	对总资产取对数
	资产负债率	Lev	总负债与总资产的比值
	成长能力	Growth	账面资产与市场价值的比值
控制变量	两权分离率	Dual	
	董事会规模	BoardSize	董事会人数加 1 取对数
	股权集中度	Shrhfd5	公司前五大股东持股比例的平方和
	固定资产增长率	ppe	

四 实证结果分析

（一）基准回归结果

在前述的指标体系和理论探讨基础上，本文从经验角度分析了网络地位对企业 ESG 表现的影响，回归结果详见表 3。

表3　基准回归结果

变量	网络地位	长链	短链
	（1）	（2）	（3）
网络地位	0.063***		
	(0.024)		
长链		0.104***	
		(0.025)	
短链			0.100***
			(0.028)
常数项	3.325***	3.350***	3.349***
	(0.230)	(0.229)	(0.229)
控制变量	是	是	是
年份固定效应	是	是	是

续表

变量	网络地位	长链	短链
	（1）	（2）	（3）
行业固定效应	是	是	是
省份固定效应	是	是	是
样本量	6988	6988	6988
R^2	0.182	0.184	0.183

注：***表示在1%的水平下显著，括号内为稳健标准误。

表3的第（1）列结果显示，在控制年份、行业和省份固定效应后，网络地位对企业ESG表现的正向影响在1%的显著性水平上成立，表明网络地位的提高能够提升企业ESG表现。第（2）列和第（3）列进一步区分短链和长链关联的影响，结果显示，两者在1%的水平上显著正相关，说明无论是通过短链还是长链关联，间接的商业关系均能帮助企业更有效地获取市场信息和外部资金，显示出间接关系在企业策略调整中的作用。相较而言，长链意味着更多的企业进入核心网络，增强了网络嵌入对ESG表现的正向效应，其影响更为显著。

（二）内生性问题

1.工具变量法

基准回归结果可能存在内生性问题。网络地位促进企业ESG表现提升，与此同时，企业通过积极践行社会责任和良好的治理结构，可能会吸引到更多的合作伙伴和客户，从而提高其网络地位。为解决潜在的反向因果问题，本文采用工具变量法进行内生性检验。

一是将行业网络地位（*Ind_Central*）作为工具变量。借鉴包群和但佳丽（2021）的研究方法，通过投入产出表估算行业网络地位。具体来说，根据2012年、2015年、2017年和2020年我国42个部门的投入产出表，构建每年的行业间投入产出网络，并计算每个细分行业的网络地位。通过匹配企业行业代码，确定企业在行业中的网络地位。在工具变量的相关性方面，位于网络中心的行业通常是信息流通的枢纽，该行业内的企业更容易获得信息，进而在网络中占据更加显著的位置。就工具变量的外生性而言，行业网络地位作为一个高层级的属性，不会直接影响企业的ESG表现，其影响是通过改变企业网络地位来间接实现的，满足工具变量的外生性要求。表4的第（1）列展示了第一阶段的回归结果，证实了行业网络地位和企业网络地位之间存在显著关系；同时，F统计量和Sargan统计量的结果也证实了工具变量的有效性。第（2）列进一步证明，企业网络地位仍然显著正向影响企业ESG表现。

表4　稳健性检验

变量	ESG （1）	彭博ESG （2）	CSR （3）	ESG （4）	ESG （5）
网络地位	0.058** (0.023)	2.788*** (0.298)	0.934** (0.370)	0.070*** (0.024)	0.058** (0.024)
政策效应				0.241*** (0.066)	
环境保护税					−0.009*** (0.003)
年份固定效应	是	是	是	是	是
行业固定效应	是	是	是	是	是
省份固定效应	是	是	是	是	是
样本量	6004	2569	6456	6988	6988
R^2	0.174	0.621	0.245	0.184	0.183

注：**、***分别表示在5%、1%的水平下显著。括号内为稳健标准误。

二是将地理空间网络中心度（*Geo_Central*）作为工具变量。本文参考程大中和汪宁（2023）的研究方法，利用我国国家地理信息系统平台提供的328个地级市的数据，通过逆距离加权法构建地理空间网络，测算每个城市在地理空间网络中的中心度。就相关性而言，位于地理中心的城市拥有发达的物流和通信基础设施，企业能够以较低的交易成本迅速进入多样的市场，提升在供应链和分销网络中的地位。在外生性方面，城市的地理网络位置受区位和历史因素的影响，与企业的ESG表现没有直接的联系。工具变量的回归结果见表4的第（3）列和第（4）列，结果显示，城市的网络地位显著正向影响企业的网络地位，且企业网络地位对企业ESG表现的正向影响仍然存在。

2.倾向性得分匹配

企业根据自身特征和策略主动选择其在网络中的位置，这种自主选择行为可能与企业的ESG表现相关。例如，更加重视可持续发展和社会责任的企业倾向于与持有相似价值观的企业建立联系，获得特定的网络地位。因此，本文的基准模型结果可能会受到个体自主选择偏误的影响。为了解决这一问题，本文采用倾向得分匹配（PSM）方法。设定企业网络地位的均值并作为划分高低网络地位组的标准，控制行业因素，将样本分为高网络地位组和低网络地位组。匹配后样本回归的结果如表3所示，即使考虑可能的样本自主选择偏误，网络地位系数显著为正，研究结论依旧稳健。

（三）稳健性检验

1.考虑数据截取问题

限于数据可得性，本文仅访问上市公司的主要供应商和客户数据，可能导致对小规模供应商和客户交易的低估。其他研究（Bellamy等，2014；Bernard等，2019；包群和但佳丽，2021；程大中和汪宁，2023）也面临相似的数据问题，因此都可能受到样本截断问题的干扰。为解决样本截断问题，本文在构建网络模型时，采用Bernard等（2019）提出的双向匹配策略，结合公司公开的信息与其他上市公司的数据。在采用这种双向匹配策略后，回归结果如表4第（1）列所示，网络地位仍会显著影响企业ESG表现，但效应略有减弱。这说明处于网络核心位置的企业更有可能被其他公司识别为供应商或客户，数据截断可能微调了网络中心性的分布，但并未改变其基本特征。

2.更换ESG的衡量指标

前文基准回归中将华证ESG评级数据作为被解释变量。为确保结果的稳健性，本文还引入两个学界认可的ESG评估指标：和讯网企业ESG总评分（CSR）和彭博ESG综合评分指数（雷雷等，2023）。表4的第（2）列和第（3）列的回归结果表明，网络地位的回归系数显著为正，本文核心结论依然是成立的。因此，本文基准结果在不同评价体系下仍然稳健。

3.控制环境政策的政策效应

本文的样本涵盖2011~2022年，其间我国实施了环境保护税政策（陈屹立，2023）。企业ESG表现的提升可能与该政策的推行有关。为了消除环境保护税政策对ESG表现可能的影响，本文在分析中控制了环境保护税政策效应。定义环境保护税的指示变量为$Post$，其中2017年《中华人民共和国环境保护税法》实施前为0，实施后为1，并将样本分为重污染行业（$Treat$值取1）和非重污染行业（$Treat$值取0）。$Post \times Treat$表示《环境保护税法》出台后的政策效应。考虑政策效应后的结果如表4的第（4）列所示，基准回归结论仍然成立。

4.控制环境保护税的影响

为了剔除环境保护税对企业ESG表现的影响，进一步控制企业环境保护税。鉴于2018年实施的环境保护税与之前征收的排污费在征收范围和税率上的差异较小（李青原和肖泽华，2020），本文选取包含2011~2017年的排污费数据和2018~2022年的环境保护税数据。表4的第（5）列结果显示，在控制环境保护税后，网络地位的系数仍然显著为正。

（四）机制分析

本部分检验网络地位如何通过两个渠道影响企业ESG表现：一是缓解融资约束，二是增加媒体和资本市场的关注度。

1.网络地位、融资约束与企业ESG表现

位于网络核心的企业，凭借较高的可见性和信誉度，能更高效地获取信息和资源，降低资金获取的边际成本。这种融资能力的提升为企业在环保措施、社会责任项目以及治理结构优化方面提供了更大的投资空间，直接促进了企业ESG表现提升。因此，网络地位通过增加资本的可获得性，间接促进了企业的可持续发展投入，推动了企业在环境保护、社会贡献及治理良好方面获得显著成绩。

本文借鉴宋敏等（2021）的方法，使用流动性比率、非流动性比率和收益率三项指标来衡量股票流动性，通过主成分分析法构建信息不对称指数，以量化非知情投资者与知情投资者之间的信息差距。指数值越高，信息不对称问题越严重。表5的第（1）列结果显示，网络地位的系数在1%的水平上显著为负，表明网络地位能够显著降低企业的信息不对称性。

进一步,参照刘莉亚等(2015)的研究,通过公式(−0.737×公司规模+0.043×公司规模的平方−0.04×公司年龄)计算SA指数来度量企业融资约束,其中,SA值越高,融资约束就越强。表5的第(2)列汇报了网络地位对融资约束的检验结果,网络地位的系数在1%的水平上显著为负,表明网络地位能够显著缓解企业融资约束。

表5 网络地位影响企业ESG表现的影响机制

变量	信息不对称(1)	融资约束(2)	媒体关注度(3)	资本市场关注度(4)
网络地位	−0.009***	−0.005***	0.127***	0.038**
	(0.002)	(0.001)	(0.019)	(0.018)
年份固定效应	是	是	是	是
行业固定效应	是	是	是	是
省份固定效应	是	是	是	是
样本量	6438	6438	8375	8375
R^2	0.313	0.807	0.245	0.310

注:同表4。

2.网络地位、外部压力与企业ESG表现

位于网络核心的企业通过有效访问和控制信息资源,在市场和行业发展中占据重要的地位。媒体作为信息传播的关键渠道,通常会重点报道这些企业的活动与表现,为公众及市场参与者提供关键的行业信息与市场洞察。同时,资本市场参与者,如投资者和分析师,也会密切监控网络核心企业的表现和战略决策,评估其潜在的投资价值和风险。因此,为应对外部的监督压力、管理声誉风险、回应投资者对可持续发展准则的关注,受到媒体和资本市场监督的企业将会提升其ESG表现。

在媒体关注度上,本文采用潘玉坤和郭萌萌(2023)的方法,从我国研究数据服务平台(CNRDS)获取企业年度网络媒体新闻报道数据,并将企业的媒体关注度用对数形式表示。表5的第(3)列结果显示,网络地位的系数在1%水平上显著为正,证明网络地位越高的企业,媒体关注度也越高。在市场关注度上,本文选用国泰安数据库中的分析师关注度数据作为衡量资本市场参与者关注度的指标。表5的第(4)列的结果表明,网络地位的系数显著为正，说明网络地位能显著提高资本市场关注度。

（五）异质性分析

1.基于企业产权性质的异质性

在我国的信贷环境中，国有企业通常能获得更优惠的条件。相较而言，中小型企业在融资过程中较难获得所需的资金支持（李旭超等，2017）。本文基于所有权性质，将企业划分为国有企业与非国有企业两大类。表6的第（1）列和第（2）列汇报了分组回归的结果，网络地位的回归系数在非国有企业组显著为正，而在国有企业组则不显著，说明网络地位的提升能够缓解非国有企业的融资约束，提高其ESG表现。

表6　异质性分析

变量	国有企业 (1)	非国有企业 (2)	管制行业 (3)	竞争行业 (4)	高市场化 (5)	低市场化 (6)
网络地位	0.006	0.078***	0.051**	0.031*	0.053	0.088**
	(0.032)	(0.016)	(0.023)	(0.016)	(0.037)	(0.035)
年份固定效应	是	是	是	是	是	是
行业固定效应	是	是	是	是	是	是
省份固定效应	是	是	是	是	是	是
样本量	2436	4802	1889	5349	3898	3257
R^2	0.413	0.181	0.325	0.198	0.209	0.247

注：*、**、***分别表示在10%、5%、1%的水平下显著。括号内为稳健标准误。

2.基于行业竞争的异质性

在市场竞争压力下，企业努力最大化地减少资金供应者与需求者之间的信息不对称问题，以便以更低的成本获取外部资金（伊志宏等，2010）。在竞争度较低的行业中，信息不对称及信贷分配扭曲现象更为明显，导致网络地位对企业ESG表现的促进作用更加突出。本文采用袁淳等（2021）的方法，将样本行业划分为竞争行业和管制行业。表6的第（3）列和第（4）列结果显示，管制行业中网络地位的系数显著高于竞争行业，表明管制行业的信息透明度较低，企业通过提高网络地位，降低信息不透明度，进而改善ESG表现。在管制行业中，网络地位对提高企业ESG表现的影响更为显著。

3.基于市场环境的异质性

在市场化程度较低的地区，契约执行环境不佳，市场行为的失信及合同违约风险更高，加剧了信息不对称和融资约束问题。如果信息获取和资金供给在企业ESG建设中起着重要作用，则处于低市场化地区的企业应该显著表现为网络地位的提升。本文利用省级市场化指数来评估区域市场化水平，并以该指数的中位数为界，将样本分为高市场化组和低市场化组两个组别。回归结果如表6的第（5）列和第（6）列所示，网络地位对企业ESG表现的影响仅在低市场化组显著，与预期相符。

五　进一步分析

（一）产业链ESG溢出效应分析

前文分析表明网络地位能够促进企业ESG表现的提升。基于这一发现，本文进一步扩展研究范围，探讨企业ESG表现的传导效应。据此，提出新的研究问题：节点企业的ESG表现是否会影响上下游企业的ESG表现？是对上游供应商有推动效应，还是对下游客户有拉动效应？随着节点企业网络地位的不断提高，节点企业ESG对上下游企业ESG表现的影响是否不断增强？这些问题不仅深化了对已有理论框架的探讨，也是理解企业ESG表现在整个产业链中如何传播的关键。

为检验节点企业ESG对上下游企业ESG表现的影响，计量模型设定如下：

$$Counter\_ESG_{i,k,t} = \beta_0 + \beta_1 Self\_ESG_{i,t} + \beta_n Controls_{k,t} \\ + \sum Industry + \sum Province + \sum Year + \varepsilon_{i,t} \tag{6}$$

其中，$Self\_ESG_{i,t}$ 表示 i 企业在 t 年的ESG评分，$Counter\_ESG_{i,k,t}$ 表示 i 企业在 t 年的第 k 名供应商/客户ESG。

进一步检验节点企业网络地位是否会加强产业链ESG的溢出效应，构建计量模型为：

$$Counter\_ESG_{i,k,t} = \beta_0 + \beta_1 Self\_ESG_{i,t} + \beta_2 Central_{i,t} + \beta_3 Central_{i,t} \times Central_{i,t}$$
$$+\beta_n Controls_{k,t} + \sum Industry + \sum Province + \sum Year + \varepsilon_{i,t} \tag{7}$$

表7的第（1）列检验了节点企业ESG对上下游企业ESG表现的影响，结果显示，节点企业ESG系数在5%的水平上显著为正，说明上下游企业ESG受益于节点企业的正向溢出效应。第（2）列显示，网络地位加强了节点企业ESG对上下游企业ESG表现的正向影响。为进一步探讨节点企业ESG如何影响上下游企业ESG表现，本文细化分析了不同的联动模式，分别对供应商组和客户组进行回归分析。第（3）列和第（4）列的结果表明，在客户组，节点企业ESG系数在1%的水平上显著为正，而在供应商组，节点企业ESG系数不显著。

表 7　产业链ESG建设的联动效应

变量	上下游企业ESG (1)	上下游企业ESG (2)	供应商ESG (3)	客户ESG (4)
节点企业 ESG	0.029**	0.030**	0.019	0.038***
	(0.012)	(0.012)	(0.014)	(0.010)
网络地位		−0.027*		
		(0.015)		
节点企业ESG×网络地位		0.040**		
		(0.019)		
年份固定效应	是	是	是	是
行业固定效应	是	是	是	是
省份固定效应	是	是	是	是
样本量	9140	9140	3711	5429
R^2	0.198	0.199	0.249	0.217

注：同表6。

（二）产业链ESG溢出效应的特性分析

上下游企业的ESG表现不仅受到产业链中节点企业的溢出效应影响（包括知识共享、共识建立和共同价值创造），也受企业间、产业间及区域间协同效应的影响。这些协同效应使合作成果超越单个组成部分之和。特别是，当上下游企业与节点企业之间存在密切的行业联系时，这些企业能够更深入地理解、学习并采纳节点企业的先进技术和管理经验，进一步增强产业链 ESG 的整体溢出效应。因此，本文将继续探讨产业链 ESG 溢出效应是否会受到行业和地区异质性的影响。

表8的第（1）列和第（2）列对节点企业与上下游企业是否处于同一行业进行了分组检验，分为同一行业组和不同行业组。结果显示，在同一行业组，节点企业 ESG 系数在1%的水平上显著，而在不同行业组，节点企业 ESG 系数不显著。表8的第（3）列和第（4）列显示，在同一省份组，产业链 ESG 溢出效应更加显著。

表8　产业链 ESG 溢出效应的特性、ESG 协同回归结果

变量	不同行业 (1)	同一行业 (2)	不同省份 (3)	同一省份 (4)	上下游企业 ESG (5)
节点企业 ESG	0.006	0.082***	0.012	0.079***	
	(0.010)	(0.017)	(0.009)	(0.017)	
ESG 协同					0.310***
					(0.043)
年份固定效应	是	是	是	是	是
行业固定效应	是	是	是	是	是
省份固定效应	是	是	是	是	是
样本量	6750	2390	6894	2246	9104
R^2	0.183	0.257	0.184	0.237	0.161

注：***表示在1%的水平下显著。括号内为稳健标准误。

（三）节点企业与上下游企业的 ESG 协同效应

产业链 ESG 协同水平的提升主要通过两种路径实现：一是资源配置与风险管理。高度协同的上下游企业在环境、社会和治理方面采取一致的行动和措施，这能够更高效地分配资源、提升运营效率，在供应链中实现更优的风险管理，提高企业整体 ESG 表现。如果上下游企业 ESG 表现存在显著差异，形成"ESG 鸿沟"，会对产业链的持续性和稳定性构成威胁。二是产业链生态网络的反馈效应。在这一网络中，上下游企业形成一个相互连接的复杂动态结构。ESG 表现的显著差距可能会降低企业整体的运行效率。

本文对 ESG 协同的测度如下：

$$\text{ESG协同} = \frac{\max(ESG_{self}, ESG_{counter}) - \left| ESG_{self} - ESG_{counter} \right|}{\max(ESG_{self}, ESG_{counter})} \tag{8}$$

ESG 协同的数值越大，代表节点企业与上下游企业的 ESG 差距越小。表 8 的第（5）列为 ESG 协同的回归结果，ESG 协同的系数在 1% 的水平上显著为正，说明节点企业与上下游企业之间的 ESG 差距越小，越有助于推动上下游企业 ESG 建设。

六　结论和启示

本文从网络组织视角探讨产业链 ESG 建设问题，重点分析了贸易网络地位对企业 ESG 表现的影响，以及节点企业对上下游企业 ESG 的传导效应，主要结论包括：在贸易网络中的地位越高，越有助于提升企业 ESG 表现。具体而言，通过间接商业关系形成的网络嵌入结构对企业 ESG 表现有正向影响。其中，长链关系带来的效果更为显著。处于网络节点的企业，可通过缓解融资约束和提升媒体关注度及市场关注度三种机制，提升 ESG 表现。贸易网络地位对企业 ESG 表现的作用在非国有企业、管制行业和市场化程度较低的地区更为显著。节点企业 ESG 对上下游企业 ESG 建设有重要驱动和传导效应，特别是对下游企业。节点企业的贸易网络地位越高，这种效应越明显。产业链 ESG 建设受所属行业、省份等因素影响，当节点企业与上下游企业属于同一行业和同一省份时，产业链 ESG 的溢出效应更强。进一步，产业链 ESG 协同有助于提升上下游企业 ESG 表现。在此基础上，本文的政策启示如下。

一是制定产业链 ESG 评价体系。研究发现，网络节点企业能够带动上下游企业 ESG 建设。为此，首先应建立跨部门协作框架，包括网络核心节点企业、政府部门、行业协会、学术机构在内的工作组，负责制订产业链 ESG 评价体系。该工作组的目标是确保评价体系不仅遵循国际可持续标准委员会（ISSB）的国际标准，同时也考虑本地特定条件和需求。其次，进行产业链内的 ESG 合规性评估。应引领网络节点企业在产业链内推广和执行 ESG 评价标准，并定期对供应链上下游企业的 ESG 合规性进行评估。评估应重点关注企业操作的合法性、对相关法律法规的遵守情况及其对环境的影响。进一步，建立监督和激励机制。对 ESG 表现不佳的企业，应实施措施，如将其列入黑名单，限制或暂停合作。相反，对 ESG 表现出色的企业，应予以奖励和激励，比如签署优先采购和长期合作协议。最后，进行环保技术转让和 ESG 培训。网络节点企业应创建环保技术转让平台，通过技术共享和援助的方式，协助产业链中其他企业提升环保技术能力。应定期举办供应链 ESG 培训工作坊和研讨会，丰富产业链上下游企业的环保法规、社会责任标准以及治理实践等相关知识。

二是推动金融创新，完善外部监管机制。机制检验分析表明，网络节点企业通过缓解融资约束、加强外部监督，进而提升 ESG 表现。因此，政府首先应鼓励金融机构和市场参与者创新金融产品和服务，特别是那些能够支持和激励企业提升 ESG 表现的融资工具。例如，发展绿色债券、可持续发展目标（SDG）债券与 ESG 表现挂钩的产品，不仅能为企业提供必要的资金支持，还能够激励企业采取积极措施提升 ESG 表现。其次，监管机构应实施更严格的 ESG 信息披露标准，确保企业能够定期和全面地报告其 ESG 状况，提高透明度，同时向投资者和公众提供关键信息以评估企业的 ESG 表现。最后，政府应支持建立第三方评价机构和平台，对企业的 ESG 表现进行独立、客观地评估和监督。同时，鼓励媒体和公众参与对企业 ESG 表现的监督，提高社会对 ESG 表现优秀的企业的认可度。

三是实施精准帮扶策略，缩小企业间的 ESG 表现差距。为弥补不同企业间的 "ESG 鸿沟"，政策制定者应从区域层面、行业层面和企业层面进行精准帮扶。在区域层面，政府应制定差异化政策框架，考虑到不同地区的经济发展水平、产业结构和环境特点，提供定制化的支持措施。例如，为资源约束较大的地区提供更多的绿色技术转移和资金支持，鼓励低碳发展和环境保护。此外，通过建立区域 ESG 信息共享平台，促进区域内外的知识共享和最佳实践交流。在行业层面，根据不同行业的特点，制定行业特定的 ESG 提升方案。行业协会应扮演关键角色，调动行业内外部资源，提供 ESG 相关培训、资讯和技术支持。同时，鼓励行业内领先企业与中小企业之间的合作，通过供应链管理和能力建设等方式，帮助后者提升 ESG 表现。在企业层面，鼓励企业建立内部 ESG 评估和管理机制，深化对 ESG 重要性的认识，并将其整合进企业战略。政府可以通过提供税收优惠、财政补贴等激励措施，鼓励企业投资 ESG 相关项目，如能效提升、员工培训和社区发展项目。同时，加强企业 ESG 信息披露，提高透明度和可信度，吸引更多负责任的投资，形成良好的 ESG 表现激励机制。

参考文献

［1］ 白雄、朱一凡、韩锦绵，2022，《ESG 表现、机构投资者偏好与企业价值》，《统计与信息论坛》第 10 期。

［2］ 包群、但佳丽，2021，《网络地位、共享商业关系与大客户占比》，《经济研究》第 10 期。

［3］ 陈诗一、张建鹏、刘朝良，2021，《环境规制、融资约束与企业污染减排——来自排污费标准调整的证据》，《金融研究》第 9 期。

［4］ 陈晓珊、刘洪铎，2023，《投资者关注影响上市公司 ESG 表现吗——来自网络搜索量的经验证据》，《中南财经政法大学学报》第 2 期。

［5］ 陈屹立，2023，《环境规制如何影响重污染企业融资？——来自新〈环境保护法〉实施的证据》，《中国经济学》第 4 期。

［6］ 程大中、汪宁，2023，《贸易网络与企业创新——理论和来自中国上市公司的经验证据》，《数量经济技术经济研究》第 5 期。

［7］ 杜勇、娄靖、胡红燕，2023，《供应链共同股权网络下企业数字化转型同群效应研究》，《中国工业经济》第 4 期。

［8］ 华岳、金敏、张勋，2022，《数字基础设施与企业融资约束》，《中国经济学》第 1 期。

［9］ 贾兴平、刘益，2014，《外部环境、内部资源与企业社会责任》，《南开管理评论》第 6 期。

［10］ 雷雷、张大永、姬强，2023，《共同机构持股与企业 ESG 表现》，《经济研究》第 4 期。

［11］ 李连伟、吕镯、任浩锋、纪骁鹏，2022，《股权激励计划与企业创新——基于契约异质性视角的检验》，《中国经济学》第 3 期。

［12］ 李培功、沈艺峰，2010，《媒体的公司治理作用：中国的经验证据》，《经济研究》第 4 期。

［13］ 李青原、肖泽华，2020，《异质性环境规制工具与企业绿色创新激励——来自上市企业绿色专利的证据》，《经济研究》第 9 期。

［14］李旭超、罗德明、金祥荣，2017，《资源错置与中国企业规模分布特征》，《中国社会科学》第2期。

［15］刘莉亚、何彦林、王照飞、程天笑，2015，《融资约束会影响中国企业对外直接投资吗？——基于微观视角的理论和实证分析》，《金融研究》第8期。

［16］马文杰、余伯健，2023，《企业所有权属性与中外ESG评级分歧》，《财经研究》第6期。

［17］宁博、潘越、汤潮，2022，《地域商会有助于缓解企业融资约束吗？——来自A股民营上市企业的证据》，《金融研究》第2期。

［18］潘玉坤、郭萌萌，2023，《空气污染压力下的企业ESG表现》，《数量经济技术经济研究》第7期。

［19］邱牧远、殷红，2019，《生态文明建设背景下企业ESG表现与融资成本》，《数量经济技术经济研究》第3期。

［20］任颋、肖有智、张桐川，2023，《员工持股计划与企业社会责任——基于精准扶贫视角》，《中国经济学》第2期。

［21］宋敏、周鹏、司海涛，2021，《金融科技与企业全要素生产率——"赋能"和信贷配给的视角》，《中国工业经济》第4期。

［22］宋献中、胡珺、李四海，2017，《社会责任信息披露与股价崩盘风险——基于信息效应与声誉保险效应的路径分析》，《金融研究》第4期。

［23］陶云清、侯婉玥、刘兆达、阳镇，2023，《公众环境关注如何提升企业ESG表现？——基于外部压力与内部关注的双重视角》，《科学学与科学技术管理》第7期。

［24］晓芳、兰凤云、施雯、熊浩、沈华玉，2021，《上市公司的ESG评级会影响审计收费吗？——基于ESG评级事件的准自然实验》，《审计研究》第3期。

［25］邢丽云、俞会新、任相伟，2022，《网络嵌入、绿色动态能力与企业绿色创新——环境规制和管理者环境注意力的调节作用》，《科技进步与对策》第14期。

［26］熊正德、魏唯、顾晓青，2020，《网络位置、跨界搜索与制造企业服务创新绩效》，《科学学研究》第7期。

［27］徐莉萍、辛宇、祝继高，2011，《媒体关注与上市公司社会责任之履行——基于汶川地震捐款的实证研究》，《管理世界》第3期。

［28］杨金玉、彭秋萍、葛震霆，2022，《数字化转型的客户传染效应——供应商创新视角》，《中国工业经济》第8期。

［29］伊志宏、姜付秀、秦义虎，2010，《产品市场竞争、公司治理与信息披露质量》，《管理世界》第1期。

［30］袁淳、肖土盛、耿春晓、盛誉，2021，《数字化转型与企业分工：专业化还是纵向一体化》，《中国工业经济》第9期。

［31］翟淑萍、顾群，2014，《融资约束、代理成本与企业慈善捐赠——基于企业所有权视角的分析》，《审计与经济研究》第 3 期。

［32］张倩、何姝霖、时小贺，2015，《企业社会责任对员工组织认同的影响——基于 CSR 归因调节的中介作用模型》，《管理评论》第 2 期。

［33］Acemoglu D., Carvalho V. M., Ozdaglar A., Tahbaz-Salehi A. 2012. "The Network Origins of Aggregate Fluctuations." *Econometrica* 80(5): 1977-2016.

［34］Ahern K. R., Harford J. 2014. "The Importance of Industry Links in Merger Waves." *The Journal of Finance* 69(2): 527-576.

［35］Barth M. E., Cahan S. F., Chen L., Venter E. R. 2017. "The Economic Consequences Associated with Integrated Report Quality: Capital Market and Real Effects." *Accounting, Organizations and Society* 62: 43-64.

［36］Bellamy M. A., Ghosh S., Hora M. 2014. "The Influence of Supply Network Structure on Firm Innovation." *Journal of Operations Management* 32(6): 357-373.

［37］Benlemlih M., Bitar M. 2018. "Corporate Social Responsibility and Investment Efficiency." *Journal of Business Ethics* 148: 647-671.

［38］Bernard A. B., Moxnes A., Saito Y. U. 2019. "Production Networks, Geography, and Firm Performance." *Journal of Political Economy* 127(2): 639-688.

［39］Borgatti S. P., Halgin D. S. 2011. "On Network Theory." *Organization Science* 22(5): 1168-1181.

［40］Brammer S., Millington A., Rayton B. 2007. "The Contribution of Corporate Social Responsibility to Organizational Commitment." *The International Journal of Human Resource Management* 18(10): 1701-1719.

［41］De Benedictis L., Taglioni D. 2011. *The Gravity Model in International Trade*. Springer Berlin Heidelberg.

［42］Fagiolo G., Reyes J., Schiavo S. 2010. "The Evolution of the World Trade Web: A Weighted-Network Analysis." *Journal of Evolutionary Economics* 20: 479-514.

［43］Friede G., Busch T., Bassen A. 2015. "ESG and Financial Performance: Aggregated Evidence from More than 2000 Empirical Studies." *Journal of Sustainable Finance & Investment* 5(4): 210-233.

［44］Hidalgo C. A., Klinger B., Barabási A. L., Hausmann R. 2007. "The Product Space Conditions the Development of Nations." *Science* 317(5837): 482-487.

［45］Kramer M. R., Porter M. 2011. *Creating Shared Value*. Boston, MA, USA: FSG.

［46］Lins K. V., Servaes H., Tamayo A. 2017. "Social Capital, Trust, and Firm Performance: The Value of Corporate Social Responsibility During the Financial Crisis." *The Journal of*

Finance 72(4): 1785-1824.

[47] Ng A. C., Rezaee Z. 2020. "Business Sustainability Factors and Stock Price Informativeness." *Journal of Corporate Finance* 64: 101688.

[48] Pfeffer J., Salancik G. 2006. *The External Control of Organizations: A Resource Dependence Perspective*. Beijing: People Press.

[49] Reber B., Gold A., Gold S. 2022. "ESG Disclosure and Idiosyncratic Risk in Initial Public Offerings." *Journal of Business Ethics* 179(3): 867-886.

[50] Seltzer L. H., Starks L., Zhu Q. 2022. "Climate Regulatory Risk and Corporate Bonds." NBER Working Paper 29994.

产业基础再造与工业企业生产效率

——基于工业强基工程的准自然实验

李　娅　侯建翔[*]

摘　要： 实施产业基础再造工程是建设制造强国的客观要求，也是加快推动产业基础高级化、产业链现代化的重要举措。本文创新性地利用《工业"四基"发展目录》对工业"四基"相关上市公司予以识别，构建双重差分模型评估产业基础再造对我国工业企业生产效率的影响。研究发现：产业基础再造有效提高了"四基"领域内工业企业生产效率。这一结论在考虑了平行趋势条件和其他可能干扰估计结果的一系列因素后依然成立。此外，产业基础再造对生产效率的影响在民营企业、中低技术企业和有较好工业基础的地区更为明显。进一步研究发现，上游产业基础再造能通过产业链的垂直溢出效应提高中下游企业生产效率。在公共卫生事件冲击和全球产业链重塑的背景下，产业基础再造提升了产业链供应链的完备性和安全性，有助于企业降低生产中断风险。本研究有助于进一步理解产业基础再造对工业体系产生的深远影响，也为如何加快建设现代化产业体系、着力提升产业链供应链韧性与安全水平提供了重要的政策启示。

关键词： 产业基础再造　工业"四基"　产业链供应链　工业企业

---

*　李娅，教授，云南大学经济学院，电子邮箱：liya_hjx_ynu@163.com；侯建翔（通讯作者），博士研究生，云南大学经济学院，电子邮箱：houjianxiang@stu.ynu.edu.cn。本文获得国家社会科学基金项目（18BJL052）的资助。作者感谢云南大学"群策群力论文工作坊"以及匿名审稿专家的宝贵意见，文责自负。

一　引言

产业基础是决定国家工业竞争力和发展潜力的核心要素。实施产业基础再造工程是建设制造强国的客观要求，也是加快推动产业基础高级化、产业链现代化，保障产业安全的重要举措。理论研究和跨国经验证据均表明，产业基础在支撑产业链完整性、保障国家安全及战略利益、推动产业转型升级中起着关键作用（Humphrey 和 Hubert，2002；Coe 等，2008；陈钊和初运运，2023）。我国拥有世界上规模最大、门类最齐全的制造业体系，制造业增加值占世界的28.55%。但与美国、德国、日本等制造强国相比，我国产业基础不牢、地基不稳问题突出：一是核心基础零部件和关键基础材料严重依赖进口，产品质量和可靠性亟待提升；二是先进基础工艺应用程度不高，共性技术缺失；三是产业技术基础体系不完善，基础软件、操作系统、计算机算法等现代产业的核心基础技术更是主要依赖国外。产业基础薄弱成为制约我国工业高质量发展的关键因素（黄群慧，2020）。

2013年，工业和信息化部首次提出了"工业基础"的概念，将解决产业基础薄弱问题纳入重要议程。2015年，国务院明确指出我国制造业未来的战略任务和重点之一是"强化工业基础能力"。核心基础零部件（元器件）、先进基础工艺、关键基础材料和产业技术基础（以下统称"四基"）等工业基础能力薄弱，是制约我国制造业创新发展和质量提升的症结所在。2016年，工业和信息化部等部门联合发布了《工业强基工程实施指南（2016—2020年）》（以下简称《指南》），着手实施关键领域的"一揽子"突破行动，推行重点产品的"一条龙"应用方案，建立一系列产业技术基础平台，培育一批专精特新的"小巨人"企业，并促进"四基"领域的融合发展。2019年，党中央、国务院提出要打好产业基础高级化和产业链现代化攻坚战，进一步确立了产业基础在国家战略中的重要地位。

产业基础再造工程的本质是通过技术创新来夯实重点领域的产业基础，进而推动整个工业体系实现技术经济范式的转变。图1描绘了我国专精特新企业2010~2020年专利申请的发展趋势。2016~2020年，专精特新企业的专

利申请总数显著上升。尤其是实用新型专利，申请数量从 2015 年的 31817
件激增至 2020 年的 112532 件，增幅超 2.5 倍。这表明我国通过加强对专精
特新"小巨人"企业的培养，成功提升了某些专精特新领域的产业基础能
力。一个需要深入研究的问题是：产业基础再造工程究竟在多大程度上提
升了工业企业的生产效率？本文将从中观产业到微观主体的视角，重点关
注产业基础再造工程对工业企业生产效率的影响，并进一步从产业链供应
链视角探讨上游的产业基础升级是如何通过产业链影响中下游企业的生产
效率的。针对这一问题的研究有助于深入理解产业基础再造对微观企业的
经济影响，同时对建设我国现代化产业体系和制造强国具有借鉴意义。

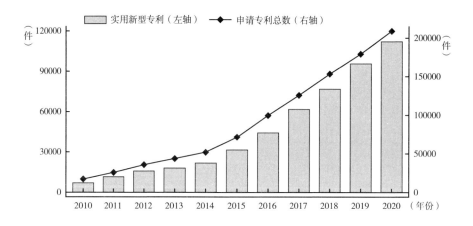

图1 专精特新企业专利申请的发展趋势

资料来源：专精特新企业信息来源于工业和信息化部公布的第一批至第五批专精特新"小巨
人"企业名单，专利数据来源于国家知识产权局。

目前，尚未有研究将产业基础再造和企业生产效率联系在一起，但一
些文献间接探讨了产业基础对企业生产效率的影响。产业基础再造可以理
解为一种新技术的引进和普及，这在很大程度上是一系列技术创新行为。
技术创新的重要性并不仅局限于产品改良，也同样体现为生产流程的优化
（Brynjolfsson 和 McAfee，2014）。这些创新行为能有效地提升生产效率，从
而推动经济快速发展。以信息通信技术为例，早期 ICT（包括互联网、计算

机）的发展和应用不仅可以提高生产效率，还可以通过优化组织和管理方式，进一步提高企业的生产效率（Bresnahan 等，2002）。随着技术的迭代升级，人工智能、云计算、大数据、物联网等技术逐渐兴起，对生产方式产生了变革性影响。机器人、AI 逐渐替代了一些重复的、高强度的劳动，极大提高了生产效率（Acemoglu 和 Pascual，2018）。来自我国城市和企业层面的经验证据表明，互联网作为现代产业的核心基础技术，可以通过降低交易成本、减少资源错配以及促进创新来提升制造业生产效率（黄群慧等，2019）。

此外，产业基础再造依赖于优化上游"四基"产品，并在整个产业链中推广这些产品。这一过程涉及创新在产业链中产生的溢出效应。上游产业的技术创新可以通过产业链对中下游产业的生产效率提升产生影响（Audretsch 和 Feldman，1996）。例如，Lema 等（2019）对全球价值链的研究表明，上游企业的技术和知识创新可以被下游企业吸收和应用，从而推动全球价值链持续发展并提高生产效率。来自我国无人机行业的经验证据表明，上游产业基础的提升不仅能吸引企业进入，也可以通过垂直溢出效应推动整个产业链转型升级（陈钊和初运运，2023）。

上述文献为深入理解产业基础再造提供了丰富而深刻的洞见，也为本文的研究奠定了基础。工业"四基"处于产业链上中游，是典型的用于投入再生产的中间品，具有标准化、适配性等特点，是支撑整个产业的基础性、共性产品（孙飞红，2023）。产业基础提升具有较强的外部性，这意味着产业基础再造不仅可以直接推动上游企业转型升级，还有可能通过产业链的垂直溢出效应影响中下游企业的生产效率。更重要的是，在国际局势动荡的背景下，产业基础再造可以通过降低对高精尖技术产品、关键生产原材料和关键生产设备的进口依赖，提高产业链的安全水平，这有助于企业更好地应对各种不确定性，降低生产中断风险，对产业的安全和稳定发展具有"压舱石"作用。本研究旨在探讨《指南》发布以来我国工业企业生产效率的变化，以工业强基十大领域的 A 股上市公司为研究对象，检验产业基础再造是否有效提高了工业企业的生产效率，并在此基础上进一步探讨产业基础再造如何通过提升供应链安全性来提高工业企业的生产效率。

与既有文献相比，本文的贡献体现在：①直接将产业基础再造和工业企业生产效率联系在一起，从产业链溢出的视角阐述上游产业基础提升如何通过产业链影响中下游企业的生产效率，并对整个工业系统产生深远的影响，从而丰富技术创新和产业链供应链领域的研究。②本文依据《工业"四基"发展目录》来识别与工业"四基"相关的上市公司，评估了工业强基工程对我国工业企业生产效率的影响，为一系列的产业政策提供了经验证据。目前尚未看到公开发表的同类研究。③在样本的识别策略方面，已有文献对产业政策的评估一般把政策作为准自然实验，将属于政策目标行业的企业列为实验组、非目标行业的企业列为控制组（钱雪松等，2018；张莉等，2019）。这样的分组设计存在以下问题：一是未能精准地识别受到产业政策影响的企业，难以将考察的产业政策与未考虑政策的影响有效分离；二是无法控制两组样本不同的政策效应和行业本身的增长效应；三是由选择偏误引发的内生性问题。政策目标行业的企业可能具有某些特性使其更易获得政策支持，这些特性也可能影响结果，导致双向因果关系问题。另外，目标行业与非目标行业在技术、市场需求、生产成本等方面可能有显著差异，这会影响被解释变量，导致内生性问题，难以准确评估"干净的"政策效应。为克服上述问题，本文将研究样本限定为政策涉及的十大领域上市公司，将工业"四基"相关的企业列为实验组，十大领域范围内的非"四基"企业列为控制组。这样的研究设计不仅能将工业强基工程与其他产业政策进行有效分离，也能够保证实验组与控制组之间的可比性。④在公共卫生事件冲击和全球产业链加速重塑的情境下，关键领域供应链的韧性对维持生产的安全稳定愈发重要。已有文献从供应链视角研究了公共卫生事件冲击下国有企业对供应链上下游民营企业经营活动的影响，强调国有企业作为经济稳定器的重要作用（曾嶒和唐松，2023）。本文则是从产业链供应链完备性和安全性视角，揭示了产业基础再造可以减少中下游企业对特定供应商的依赖，提升供应链的区域多样性，降低生产中断风险，从而在不确定环境下提升企业的生产安全性与效率。这为通过产业基础再造提升产业链供应链韧性与安全水平提供了重要的政策启示。

二 政策背景和特征事实

(一)政策背景

制造业作为国民经济的重要支柱,是我国经济在未来实现创新驱动和转型升级的核心领域。我国已经成为制造大国,但距离制造强国的目标仍有差距。在当今全球制造业四级梯队格局中,我国处于第三梯队,与美国、欧洲各国、日本等制造强国相比还有较大差距。"十一五"期间,我国工业的增加值率约为20%,远低于工业发达国家35%的水平。随着新一轮技术革命和产业变革的到来,我国的制造业面临生产效率提升速度减缓、技术学习难度增加,以及相对劳动成本优势减弱等一系列挑战。因此,塑造我国制造业新优势并实现从制造大国到制造强国的转变,对于新时期我国经济发展而言具有重要的意义。2013年以来,习近平总书记多次强调,深入实施创新驱动发展战略,增强工业核心竞争力,推动中国制造向中国创造转变、中国速度向中国质量转变、中国产品向中国品牌转变。2013年,工业和信息化部在《2013年工业强基专项行动实施方案》中提出了"工业基础"的概念,工业强基工程进入起步阶段。2015年5月,我国明确了要增强工业基础能力,实施工业强基工程。2016年4月,工业和信息化部等部门联合印发《指南》,在新一代信息技术、高档数控机床和机器人、航空航天装备、轨道交通装备、海洋工程及高技术船舶、节能与新能源汽车、电力装备、农业装备、新材料、生物医药及高性能医疗器械十大领域遴选了核心基础零部件(元器件)287项、关键基础材料268项、先进基础工艺82项、产业技术基础49项,并组织开展工业"四基"的"一揽子"突破行动。《指南》在引导企业进行产业基础领域的产品和技术研究、激励社会资本参与产业基础领域的发展等方面发挥了重要作用。

(二)我国工业企业全要素生产率变化的特征事实

本文测算了沪深两市十大领域A股上市公司的全要素生产率。图2a绘制了"四基"企业与非"四基"企业TFP均值的时间变化趋势。2015年之前，十大领域企业生产效率保持相对稳定。十大领域企业的TFP 2016~2019年呈增长趋势，特别是"四基"企业的TFP 2016~2019年明显提升。企业TFP的变化趋势在一定程度上反映了产业基础再造工程对工业企业的生产效率可能有促进作用，这为本文的研究假说提出提供了初步证据。

与此同时，本文基于上市公司披露的前五大供应商数据识别了工业"四基"的上游企业和中下游企业，并比较了"四基"与非"四基"上中下游企业生产效率的时间变化趋势（见图2b）。产业基础再造工程实施以来，"四基"中下游企业TFP的增长速率明显高于非"四基"中下游企业，这体现了产业基础再造对促进中下游企业生产效率提升的积极作用。值得注意的是，2019~2021年国际公共卫生事件冲击下，工业企业的生产效率不降反升，这似乎预示着产业基础再造能力的提升有助于促成产业链供应链的安全高效布局，企业可以通过寻求国内替代供应商、提高供应链的地域多样性和灵活性，降低供应链风险，提高生产稳定性和效率。

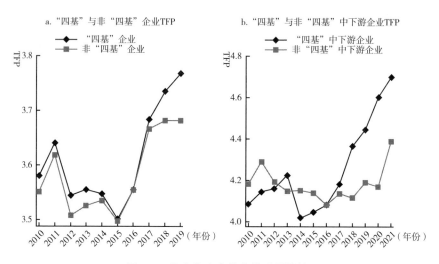

图2　工业企业生产效率的时间趋势

上述特征事实的统计分析为证明工业企业在产业基础再造工程实施前后生产效率有明显变化提供了初步证据。但是，产业基础再造对工业企业生产效率是否有直接影响，影响的因果逻辑和机制是什么，影响的净效应有多大？这就需更加严格的实证检验。因此，在后续的实证分析部分，本文将进一步构建计量方程，关注产业基础再造工程对工业企业生产效率的影响，进行更为科学严谨地政策评估。

三 理论机制和研究假说

（一）产业基础再造对工业企业生产效率的直接效应

工业强基工程的重点任务可以简单概括为"四个一"，即开展关键领域"一揽子"突破行动、实施重点产品"一条龙"应用方案、建设一批产业技术基础平台、培育一批专精特新"小巨人"企业。在"四个一"中，围绕十大领域产业基础开展的工程化、产业化"一揽子"突破行动是工业强基的核心。通过对关键核心技术产品的创新攻关可以有效推动科技创新成果在生产中的工程化、产业化应用，突破高端装备和重大工程发展瓶颈。这一过程中的技术创新具体体现为基础零部件和基础材料改进带来的产品创新、基础工艺改善带来的工艺创新、工业基础软件和产业技术基础提升带来的技术平台创新。这些技术创新显著提升了中观层面的工业基础能力，从而为微观企业提供了新的效率源泉。以技术创新最为活跃的新一代信息技术领域为例，传感器、芯片、工业软件等关键基础领域的技术突破有助于数字技术与实体经济更加广泛深入地融合，加快传统工业经济范式向数字经济范式的转化，并为工业企业的产品质量提升、效率改进提供重要支撑（中国社会科学院工业经济研究所课题组，2023）。

"一条龙"应用方案旨在通过技术研发、产品设计、专用材料开发等多环节的合作，实现重点产品和工艺的推广和应用。其核心是提升先进基础工艺的普及率，从而促进工业企业向高端化、智能化、绿色化、服务化转型。基础工艺的普及意味着新技术和新方法在相关工业领域得到了广泛应用，并通过优化生产过程和降低生产成本来提高企业的生产效率。一方面，采用自动化和智能化设备可以实现对生产过程的精确控制，减少人工干预，降低生产过程中的失误率，这有助于提高设备的使用效率，缩短生产周期，从而提高整体生产效率（Lu等，2018）。另一方面，先进的基础工艺可以提高原材料的利用率，减少材料损耗，有助于降低生产成本。例如，采用新的基础工艺（如3D打印），企业可以减少传统生产方式中的原料浪费，降低单位产品的生产成本（Ford 和 Mélanie，2016）。

建设一批产业技术基础公共服务平台，针对不同领域和行业的发展需求，提供技术基础支撑，如可靠性试验验证、计量检测、标准制修订等。这有助于企业更好地掌握技术发展动态，提高生产过程中的技术水平，从而提高生产效率。通过产业技术基础公共服务平台，企业能够实现高质量的资源配置，如试验验证环境和仪器设备等。这些平台的持续改进和升级有助于构建与重点产业及技术发展相匹配的支撑能力。另外，依托高校和科研院所建设工业大数据平台，企业可以通过政策研究、产业运行分析与预测等获取更多有关产业技术的信息，进行资源整合配置和开放协同，从而提高生产效率。

培育一批专精特新"小巨人"企业对于提高工业企业生产效率而言发挥着不可忽视的作用。培育专精特新企业的主要目标：一是在工业"四基"的细分领域发掘和支持具有专业特长和竞争优势的企业，最终形成100家左右的掌握本领域核心技术的专精特新企业；二是依托国家新型工业化产业示范基地，打造10家左右创新能力强、品牌形象优、配套条件好、具有国际竞争力、年销售收入超过300亿元的"四基"产业集聚区。专精特新"小巨人"企业能够深入研究和掌握细分领域的核心技术，为整个产业链提供高效、高质量的产品和服务，有助于提高产业链中各环节的生产效率，增强整个产业的竞争力。打造"四基"产业集聚区有助于形成集聚效应，降低企业交易成本，促进企业间的技术交流与合作（Crescenzi 和 Luisa，2018），从而提高集聚区内企业的生产效率。基于对工业强基"四个一"的分析，本文提出假说。

假说1：产业基础再造会提高工业企业的生产效率。

（二）上游产业基础再造对中下游企业生产效率的影响效应

工业"四基"产品处于产业链的上中游，主要用于投入再生产，为下游企业提供关键技术和原材料，具有标准化、适配性、丰富性、基础性、公共性和外部性等特点。这类产品的创新形式涵盖了科学原理、隐性知识以及知识型创新。创新过程依赖扎实的科学技术根基、不断积累的实践经验以及市场应用的普及程度。产业基础再造工程可以通过重点领域"一揽子"突破行动增加上游企业的研发投入,并开发出新技术和产品;重点产品"一条龙"应用方案则确保这些成果会通过产业链向中下游企业传递。这一过程中的垂直溢出效应主要体现在以下两个方面:一是技术的垂直溢出效应。上游工业"四基"产品企业的先进技术和创新成果会通过供应链向下游企业传递。这使得下游企业能够利用上游的技术优势,提高自身产品的质量和性能,从而增强市场竞争力。二是创新的垂直溢出效应。随着上游企业的技术成果在产业链中的传播,下游企业的创新能力也得以提升。基于科学原理、隐性知识和知识型创新,下游企业可以更好地应对市场的变化,实现自身的技术进步和创新发展。通过产业链中技术与创新成果的传递,中下游企业基于工业"四基"产品的外部性,实现生产过程的优化、创新能力的提高,从而在整体上提升生产效率。因此,本文提出假说2。

假说2:上游产业基础再造能通过垂直溢出效应提高中下游企业的生产效率。

(三)产业基础再造与供应链安全水平

在逆全球化和国际局势动荡的背景下,本文进一步分析产业基础再造如何通过提升供应链安全水平来提高工业企业的生产效率。当前国际局势复杂,美国及其他西方国家利用提高关税、阻断高科技产品供应、封闭市场、限制人才流动等多种手段,对我国高科技产业和战略性新兴产业实施打压和遏制,导致我国产业链供应链外迁、断链的风险增加。实施产业基础再造工程有助于突破产业发展瓶颈,降低对高精尖技术产品、关键生产原材料和关键生产设备的进口依赖,补齐战略性新兴产业及国家安全领域的短板(王一鸣,2020);有助于提高我国产业在国际市场上产品的互补性,确保在关键领域实现国产替代,掌握产业链供应链的控制权,降低因国际经济动荡而引发的供应链风险。具有韧性的供应链能够在面临外部冲击时快速恢复正常运作,保持生产稳定(Ivanov和Dolgui,2020)。在国际公共卫生事件等的冲击下,实施产业基础再造工程是提高企业生产效率的关键。企业可以通过寻找国产替代供应商以及提高供应链的地域多样性和灵活性,有效降低生产中断风险,进而提高生产效率。因此,本文提出假说。

假说 3：产业基础再造可以增强产业链供应链的完备性和安全性，从而降低中下游企业对特定供应商的依赖，在全球产业链重塑的背景下，有助于企业更好地应对各种不确定性因素，降低生产中断风险，从而提高生产效率。

四　研究设计

（一）样本选取和数据来源

本文基于《指南》选取了工业强基工程十大领域 A 股上市公司作为研究样本。政策涉及的十大领域不一定能直接对应于《上市公司行业分类指引》中的大类行业，因此，本文采用如下办法将十大领域与上市公司行业分类进行匹配：①对相关政策进行梳理，获取十大领域更加完整的产业信息；②将十大领域相关产业与《国民经济行业分类》（GBT 4754-2011）进行匹配，并将匹配到的产业统一归到对应的两位数代码大类行业中；③对不能直接对应到具体分类的领域，按照领域描述归类到相近行业。最终匹配到20 个行业（见表 1），并通过 CSMAR 数据库获取了 2010~2019 年这些行业上市公司的基本特征和财务数据。遵循已有的研究惯例，剔除了 ST 类上市公司的样本和主要数据缺失的样本。

在确定研究样本后，本文借助《工业"四基"发展目录》来识别与工业"四基"相关的上市公司。具体而言，本文将目录中涉及的"四基"产品名称进行简化和拆分，得到 643 个与"四基"相关的关键词。当上市公司的主营业务中出现了这些关键词，则判定其为"四基"企业。

表 1　十大领域和工业"四基"关键词

十大领域	编号	行业名称	"四基"关键词
新一代信息技术	C39	计算机、通信和其他电子设备制造业	CPU、存储器、量子器件、芯片、传感器、光电子器件、电容器、超低损耗光纤、半导体、光刻胶、光掩膜材料、光模块材料、SiC、吸气材料、集成电路、PCB 材料等
	I63	电信、广播电视和卫星传输服务	
	I64	互联网和相关服务	
	I65	软件和信息技术服务业	

十大领域	编号	行业名称	"四基"关键词
高档数控机床和机器人	C34	通用设备制造业	数控机床、数控系统、机床轴承、机器人、高速贴装机、工业相机、真空吸嘴、IGBT电源、集成装置、精密齿轮、无人机、钛合金等
	C35	专用设备制造业	
	C38	电气机械和器材制造业	
	C40	仪器仪表制造业	
航空航天装备	C37	铁路、船舶、航空航天和其他运输设备制造业	显示组件、太阳电池、阀门、电源控制器、光学镜头、铱靶材等
轨道交通装备	C37	铁路、船舶、航空航天和其他运输设备制造业	车轴、车轮、轴承、空气弹簧、绝缘材料、高分子材料等
海洋工程及高技术船舶	C37	铁路、船舶、航空航天和其他运输设备制造业	齿轮、EGR系统、SCR装置、磁控管、定位系统、海工钢等
节能与新能源汽车	C36	汽车制造业	驱动电机、电池管理器、特种橡胶、低摩擦材料、储氢材料等
	C42	废弃资源综合利用业	
电力装备	C38	电气机械及器材制造业	电机转子、电容器、光缆等
农业装备	A05	农、林、牧、渔服务业	导苗、托轨材料、灌装控制等
新材料	C26	化学原料及化学制品制造业	高性能树脂、特种橡胶、膜材料、人工晶体、稀土、3D打印、超导材料、石墨烯、复合材料、玻璃制品、轻合金、智能仿生、超材料、稀有金属等
	C28	化学纤维制造业	
	C29	橡胶和塑料制品业	
	C30	非金属矿物制品业	
生物医药及高性能医疗器械	C27	医药制造业	造影药剂、植牙材料、靶向等

注："四基"关键词是基于《工业"四基"发展目录》筛选而得。因此，"四基"企业是十大领域中参与基础零部件、基础工艺、基础材料和产业技术基础的研发及生产企业。

"工业强基专项行动"于2013年正式启动，但仅涉及广泛的调查研究、专家讨论和政策论证，尚未涉及产业基础再造工程的具体实施和执行。2015~2016年随着政策相继发布，工业强基工程实施的细节得到了进一步明确。因此，本文采用双重差分法，将2016年作为政策开始产生影响的年份，研究产业基础再造对工业企业生产效率的影响。将"四基"企业列为实验组，十大领域的非"四基"企业列为控制组。这样的研究设计不仅能够精准地识别出受工业强基工程影响的"四基"企业，还能有效保证实验组与控制组的可比性，避免产业政策评估的内生性和选择偏差问题。最终得到上市公司年度样本11771个，其中"四基"企业数量617个，非"四基"企业数量1159个。

（二）模型构建

为检验产业基础再造对工业企业全要素生产率的影响，构建如下双重差分模型：

$$TFP_{it} = \alpha + \beta \times DID_{it} + \gamma(X_i \times T) + \varphi_i + T + T \times \delta_j + \varepsilon_{it} \tag{1}$$

$$DID_{it} = treat_i \times post_t \tag{2}$$

其中，i 和 t 分别代表企业和年份。TFP_{it} 为企业的全要素生产率；$post_t$ 为处理效应时期虚拟变量，2016年及以后的赋值为1，2016年之前的赋值为0；$treat_i$ 为处理组虚拟变量，表示企业是否属于工业"四基"企业，若与工业"四基"相关则设定为1，否则为0。DID_{it} 为双重差分项，用于估计产业基础再造对工业企业生产效率的影响。$X_i \times T$ 是一组基期企业特征乘时间趋势项。φ_i 和 T 分别表示企业固定效应和年份固定效应。此外，为了剔除行业自身技术进步带来的效率提升对估计结果的影响，加入了行业×年份固定效应（$T \times \delta_j$）。

1.全要素生产率的测算

借鉴OP法的思路估计工业企业的全要素生产率：

$$\ln Y_{it} = \beta_0 + \beta_1 \ln K_{it} + \beta_2 \ln L_{it} + \beta_3 \ln M_{it} + \beta_4 Age_{it} + T + \varphi_i + \delta_j + \varepsilon_{it} \tag{3}$$

其中，Y_{it} 为销售收入，K 和 L 分别表示企业员工人数和固定资产账面价值；由于上市公司的投资额数据缺失严重，参考鲁晓东和连玉君（2012）以及宋敏等（2021）的研究，将中间投入代替投资作为可观测全要素生产率的代理变量。$\ln M_{it}$ 表示中间投入，用销售额减去增加值来衡量，其中增加值为折旧、劳动者报酬、生产税净额和营业盈余四项之和；Age 表示企业年龄；φ_i、δ_j 和 T 分别为企业、行业和年份固定效应。本文还将简称和所属行业同时发生变化的企业视为退出市场，控制企业的进入和退出。此外，本文还使用了 LP、GMM、FE、OLS 这四种方法估计企业的全要素生产率，用于稳健性检验。

2.控制变量

已有文献通常将当年的企业规模（Size）、企业年龄（Age）、资产回报率（ROA）、资本密集度（Capinten）、资产负债率（Lev）作为企业全要素生产率的控制变量。然而，这些变量可能是政策实施的潜在结果。因此这些变量是不良控制，将它们纳入模型可能会抵消政策的一部分真实效应（Angrist 和 Pischke，2009；Gelman 等，2020）。因此，本文控制基期（2010年）上述变量和年度的交互。变量定义见表2。

表 2　变量定义

变量	符号	变量描述
企业全要素生产率	TFP_OP	OP法计算的企业全要素生产率
双重差分项	DID	处理组虚拟变量×政策虚拟变量
企业规模×Time	Size×Time	基期从业人员取自然对数×时间趋势
企业年龄×Time	Age×Time	基期企业上市年数取自然对数×时间趋势
资产回报率×Time	ROA×Time	基期（净利润/总资产）×时间趋势
资本密集度×Time	Capinten×Time	基期（固定资产/从业人员）×时间趋势
资产负债率×Time	Lev×Time	基期（总负债/总资产）×时间趋势

五　实证分析

（一）基准回归

表3报告了产业基础再造对工业企业生产效率的影响的回归结果。其中，第（1）列仅控制了企业固定效应；第（2）列控制了企业和年份固定效应；第（3）列在此基础上加入了企业层面的控制变量；第（4）列进一步控制了行业×年份固定效应。根据回归结果，双重差分项（DID）的估计系数显著为正，初步表明产业基础再造工程显著提升了工业企业的全要素

生产率。以第（4）列为例，与非工业"四基"企业相比，属于产业基础再造工程范围的企业的全要素生产率提高了 0.088，生产效率的改善程度约达到 1.4%[①]。

表3 基准回归结果

变量	TFP_OP (1)	TFP_OP (2)	TFP_OP (3)	TFP_OP (4)
DID	0.373***	0.072***	0.067***	0.088***
	(0.018)	(0.025)	(0.024)	(0.026)
控制变量	否	否	是	是
企业固定效应	是	是	是	是
年份固定效应	否	是	是	是
行业×年份固定效应	否	否	否	是
样本量	11771	11771	11771	11771
调整 R^2 值	0.758	0.799	0.801	0.806

注：*、**、*** 分别表示在 10%、5%、1% 的水平上显著，括号内为稳健标准误。

（二）平行趋势检验

采用 DID 模型需要满足平行趋势检验假设，即实验组与控制组在政策发布前保持一致的变化趋势。本文参照事件研究法构建式（4）进行平行趋势检验，以保证估计结果的有效性。

$$TFP_{it} = \alpha + \beta_1 Before5_{it} + \beta_2 Before4_{it} + \beta_3 Before3_{it} + \beta_4 Before2_{it} + \beta_5 Before1_{it}$$
$$+ \beta_6 Current_{it} + \beta_7 After1_{it} + \beta_8 After2_{it} + \beta_9 After3_{it} + \gamma(X_i \times T) + \varphi_i$$
$$+ T + T \times \delta_j + \varepsilon_{it} \tag{4}$$

其中，Before、Current 和 After 是处理组在《指南》发布前 n 年、当年和后 n 年的时间虚拟变量；控制组的虚拟变量均为 0；其余变量与式（1）一致。样本期为 2010~2019 年，而产业基础再造工程始于 2016 年，因此只存在滞后 6 期的样本。为避免多重共线性问题，以 2011~2015 年

---

① 基期的 TFP 为 6.50，因此 TFP 提高了 1.4%（0.088/6.35）。

（前5期）为政策发布前平行趋势检验的参考年份。结果显示（见图3），政策发布前的时间虚拟变量系数均不显著，表明政策发布前，实验组与控制组的全要素生产率并无显著差异，即产业基础再造工程符合平行趋势假设。从政策的动态效应来看，在《指南》发布当年，十大领域企业的生产效率有显著提升，并且这一效应在政策发布3年后依然显著为正。

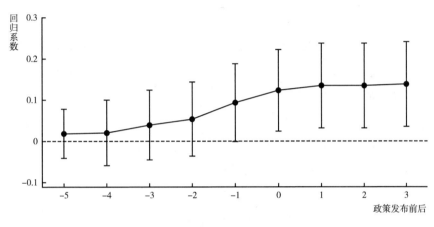

图3　平行趋势检验

（三）稳健性检验

1.替换被解释变量

为了增加结论的稳健性，本文分别采用OLS、FE、LP和GMM方法计算企业的全要素生产率。在替换被解释变量后，*DID*回归系数依然显著为正，与基准回归结果一致（见表4）。

表4　替换被解释变量的回归结果

变量	TFP_LP (1)	TFP_OLS (2)	TFP_FE (3)	TFP_GMM (4)
DID	0.120***	0.148***	0.156***	0.058**
	(0.030)	(0.034)	(0.036)	(0.026)
控制变量	是	是	是	是

续表

变量	TFP_LP （1）	TFP_OLS （2）	TFP_FE （3）	TFP_GMM （4）
企业和年份固定效应	是	是	是	是
行业×年份固定效应	是	是	是	是
样本量	11771	11771	11771	11771
调整 R^2 值	0.846	0.880	0.884	0.722

注：同表3。

2.控制地区层面的混淆因素

基准回归中并未考虑到来自城市层面混淆因素对估计结果的影响，如城市层面产业基础再造工程实施效果的差异。针对回归结论存在遗漏变量的可能，本文在基准回归中依次加入城市固定效应和城市×年份固定效应，以此控制城市层面不随时间变化和随时间变化因素的影响，从而避免结论的偏误。另外，本文还在模型中加入人均生产总值（GDP）、政府规模（Gov）、对外投资（FDI）等城市特征变量。研究结果仍然保持不变。

表5　控制城市层面混淆因素的回归结果

变量	TFP_OP （1）	TFP_OP （2）	TFP_OP （3）	TFP_OP （4）
DID	0.066***	0.069***	0.066***	0.069**
	（0.024）	（0.026）	（0.025）	（0.028）
企业控制变量	是	是	是	是
城市控制变量	否	否	是	是
企业和年份固定效应	是	是	是	是
城市固定效应	是	是	是	是
城市×年份固定效应	否	是	否	是
样本量	11746	11172	11062	9131
调整 R^2 值	0.804	0.815	0.812	0.809

注：同表3。

3.安慰剂检验

本文在回归中控制了相应的企业特征和个体—年份—行业—城市固定效应，但仍可能存在一些不可观测因素使得评估结果受到影响。本文通过随机筛选处理组的方法进行安慰剂检验。具体而言，从所有样本中随机抽取与实际处理组相同数量的工业企业作为虚拟处理组，并按照表3的第（4）列进行回归，根据虚假实验得到基准回归估计系数的概率来判断结论的可靠性。为了进一步增强安慰剂检验的效力，将上述过程重复2000次，最后绘制虚拟*DID*的估计系数分布图。从图4可以看出，虚拟*DID*的估计系数均集中分布在0附近，表明在模型设定中并不存在严重的遗漏变量问题，基准回归的估计结果具备良好的稳健性。

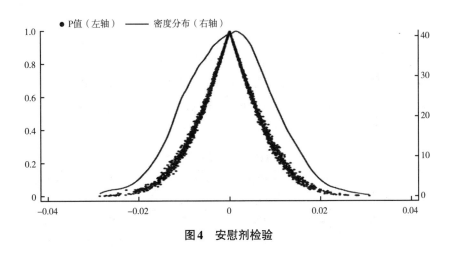

图4　安慰剂检验

4.双重差分倾向得分匹配（PSM-DID）模型

本文的双重差分模型识别了产业基础再造工程的平均处理效应，但工业强基涉及的十大行业具有高技术含量的特点，可能导致这些行业的工业企业的生产效率情况本身就优于其他领域的工业企业，从而出现选择偏差（Selection Effect）问题。为了更好地选取控制组，本文进一步采用双重差分倾向得分匹配模型，检验在其他条件相似的情况下，产业基础再造与工业企业生产效率提升之间的因果关系。本文在控制了企业规模、企业年龄、资本密集度、资产负债率和资产回报率的基础上，建立判定企业是否为十大领域的Logit模型，同时采取最近邻1∶1匹配的方式对工业企业进行匹配，根据匹配结果对使用OP、LP、OLS、FE和GMM方法计算的企业全要素生产率进行回归。结果表明本文实证结果依然稳健（见表6）。

表6 基于PSM-DID的估计结果

变量	TFP_OP	TFP_LP	TFP_OLS	TFP_FE	TFP_GMM
	(1)	(2)	(3)	(4)	(5)
DID	0.067**	0.093***	0.118***	0.124***	0.040
	(0.030)	(0.035)	(0.040)	(0.041)	(0.031)
控制变量	是	是	是	是	是
企业和年份固定效应	是	是	是	是	是
行业×年份固定效应	是	是	是	是	是
样本量	5596	5596	5596	5596	5596
调整 R^2 值	0.824	0.858	0.887	0.890	0.741

注：同表3。

5.剔除异常值

为了保证检验结果不受异常值影响，对所有连续变量进行双侧1%、2.5%、5%和10%的缩尾处理。估计结果均不存在实质性改变（见表7）。

表7 剔除异常值后的估计结果

变量	双侧1%	双侧2.5%	双侧5%	双侧10%
	(1)	(2)	(3)	(4)
DID	0.093***	0.081***	0.074***	0.067***
	(0.024)	(0.023)	(0.022)	(0.021)
控制变量	是	是	是	是
企业和年份固定效应	是	是	是	是
行业固定效应	是	是	是	是
行业×年份固定效应	是	是	是	是
样本量	11536	11171	10571	9362
调整 R^2 值	0.816	0.803	0.783	0.744

注：同表3。

6.重新匹配实验组和控制组

考虑到通过提取关键词来识别"四基"企业可能存在一定的偏误，从而影响模型的估计结果，采用从其他渠道提取关键词的方法来进行稳健性检验。具体而言，本文用国家产业基础专家委员会于2021年发布的《产业基础创新发展目录》来代替《工业"四基"发展目录》，并采用相同的办法提取《产业基础创新发展目录》中"四基"产品相关的关键词，以此为准来划分实验组和控制组。《产业基础创新发展目录》是在《工业"四基"发展目录》的基础上，新增工业基础软件，构成"五基"创新发展目录。同时，该目录还考虑到产业发展和产品技术迭代，对重点领域的攻关产品和技术进行了修订。根据表8，DID的估计系数显著为正，说明采用目录提取关键词，并以此识别"四基"企业的策略是稳健的。

表8　重新匹配实验组和控制组的估计结果

变量	TFP_OP （1）	TFP_LP （2）	TFP_OLS （3）	TFP_FE （4）	TFP_GMM （5）
DID	0.085***	0.128***	0.165***	0.175***	0.046*
	(0.027)	(0.032)	(0.036)	(0.038)	(0.027)
控制变量	是	是	是	是	是
企业和年份固定效应	是	是	是	是	是
行业×年份固定效应	是	是	是	是	是
样本量	11771	11771	11771	11771	11771
调整R²值	0.806	0.846	0.880	0.884	0.722

注：同表3。

（四）异质性分析

为了更全面地考察产业基础再造对工业企业生产效率的影响方式和作用渠道，通过式（5）进行异质性分析：

$$TFP_{it} = \alpha + \beta_1 \times DID_{it} \times H_{it} + \beta_2 DID_{it} + \beta_3 H_{it} + \gamma(X_i \times T) + \varphi_i + T \\ + T \times \delta_j + \varepsilon_{it} \quad (5)$$

式（5）的本质是一个三重差分模型，其中H_{it}表示一系列的虚拟变量，β_1衡量了政策影响效应在企业所有制、企业规模、企业技术水平、企业所在城市工业基础等方面的差异。具体而言，在企业所有制方面，本文利用私营企业的虚拟变量考察来自企业所有制方面的异质性。在企业规模方面，本文采用企业总资产取对数来考察企业规模方面的异质性。在工业基础方面，本文首先计算第二产业的区位熵，并以此为依据构建城市工业基础的虚拟变量。当城市第二产业的区位熵大于1时，说明该城市的工业占比高于全国平均水平，有良好的工业基础，将位于该城市的企业赋值为1，否则为0。在企业技术水平方面，本文以样本TFP的中位数作为判定标准，TFP低于中位数的企业为中低技术企业，以此生成虚拟变量。剩余变量的含义与式（1）一致。

表9报告了异质性分析的回归结果。第（1）列的估计结果表明与国有企业相比，产业基础再造工程对民营企业全要素生产率提升的促进作用更大。这是因为民营企业通常在技术创新和应用方面具有更强的灵活性和适应性，更倾向于采纳和利用新技术来提高生产效率。第（3）列中DID×中低技术企业的估计系数在1%的水平上显著为正，产业基础再造工程对中低技术企业全要素生产率提升的促进作用更为明显。这可能是因为相较于高技术企业，中低技术企业的技术水平和生产效率更低。产业基础再造工程有利于更先进的技术、材料和设备的应用，帮助企业在短期内迅速提升生产效率。第（4）列中DID×城市工业基础的估计系数在5%的水平上显著为正，说明在工业基础较好的地区，产业基础再造工程的影响更大。这些城市具有完善的产业链、优质的基础设施和公共服务，产业基础再造工程能够充分利用产业集聚效应，进一步提升企业的生产效率。

表9 异质性分析的回归结果

变量	TFP_OP（1）	TFP_OP（2）	TFP_OP（3）	TFP_OP（4）
DID×民营企业	0.110*** (0.037)			
DID×企业规模		0.017 (0.021)		
DID×中低技术企业			0.085*** (0.028)	
DID×城市工业基础				0.088*** (0.026)
企业控制变量	是	是	是	是
企业和年份固定效应	是	是	是	是
行业×年份固定效应	是	是	是	是
样本量	11771	11771	11771	11771
调整R²值	0.806	0.807	0.861	0.806

注：同表3。

六 基于产业链的机制检验

前文的实证分析结果表明，产业基础再造工程能够显著提升工业"四基"领域企业的生产效率。接下来，本文将重点从产业链的溢出视角来进一步探讨产业基础再造对中下游企业可能产生的影响。

基准回归中的样本仅涉及十大领域上市公司。进一步将样本放宽至沪深两市所有工业企业中的A股上市公司。这样可扩大样本范围，全面捕捉中国工业企业的情况，包括十大领域之外的其他工业企业，从而更加全面地识别出"四基"产品涉及的中下游企业。本文通过上市公司公布的前五大供应商信息来识别"四基"产品涉及的中下游企业。前五大供应商多为未上市企业，并不能直接获得供应商的主营业务信息。因此本文将供应商的企业名称与全样本工商企业注册数据进行匹配，间接获得11172个供应商的主营业务信息，并用python对供应商的主营业务进行文本分析。当供应商的主营业务中有"四基"关键词，则判定该企业为"四基"产品涉及的中下游企业。将"四基"产品涉及的中下游企业作为实验组，非"四基"产品涉及的中下游企业作为控制组。

考虑到可能出现供应商是"四基"企业且实验组也是"四基"企业的情况，进一步剔除实验组中主营业务信息包含"四基"关键词的企业，从而确保实验组均为"四基"产品涉及的中下游企业。本文基于式（4）的事件研究法来考察上游的产业基础再造是否可以通过垂直溢出效应提高中下游企业的生产效率。此外，为了考察公共卫生事件冲击背景下企业的生产效率，本文将样本期延长至2021年。考虑到不同城市受公共卫生事件影响程度的差异可能导致企业生产效率的差别，本文加入了城市×年份固定效应。

表10报告了事件研究的估计结果。如第（1）列所示，政策实施前两期的估计系数并不显著，说明在没受到政策影响时实验组和控制组具有可比性。政策实施后的2017年产业基础再造的政策效应即两组的差异才出现，这在一定程度上反映了上游的产业基础再造对中下游企业生产效率提升的垂直溢出效应具有时滞性。此外，第（2）～（5）列分别对使用LP、

GMM、FE和OLS方法测算的企业全要素生产率进行回归，估计结果基本一致。

表10　上游产业基础再造对中下游企业生产效率的影响

变量	TFP_OP （1）	TFP_LP （2）	TFP_GMM （3）	TFP_FE （4）	TFP_OLS （5）
2014年	−0.007	−0.001	0.021	−0.026	−0.023
	(0.033)	(0.037)	(0.036)	(0.041)	(0.040)
2015年	0.012	0.017	0.045	−0.012	−0.008
	(0.025)	(0.025)	(0.028)	(0.029)	(0.028)
2016年	0.032	0.036	0.032	0.037	0.037
	(0.025)	(0.026)	(0.027)	(0.029)	(0.028)
2017年	0.062*	0.076**	0.058	0.083*	0.081*
	(0.035)	(0.038)	(0.036)	(0.043)	(0.042)
2018年	0.065*	0.076*	0.062	0.081	0.079*
	(0.038)	(0.043)	(0.039)	(0.050)	(0.048)
2019年	0.061	0.071	0.079*	0.058	0.059
	(0.041)	(0.047)	(0.042)	(0.054)	(0.052)
2020年	0.070	0.074	0.086*	0.060	0.062
	(0.044)	(0.050)	(0.046)	(0.058)	(0.056)
2021年	0.088*	0.097*	0.105**	0.084	0.085
	(0.046)	(0.053)	(0.046)	(0.063)	(0.060)
控制变量	是	是	是	是	是
企业×年份固定效应	是	是	是	是	是
城市×年份固定效应	是	是	是	是	是
行业×年份固定效应	是	是	是	是	是
样本量	25972	25972	25972	25972	25972
调整R^2值	0.836	0.883	0.703	0.935	0.848

注：同表3。

　　本文使用另一套识别策略来验证结果的稳健性。具体而言，通过CSMAR数据库中A股上市公司供应商网络关系的相关信息来识别中下游企业。如果企业的一级供应商属于产业基础再造的十大领域，那么就认为该企业属于"四基"产品涉及的中下游企业。图5绘制了产业基础再造工程对中下游企业生产效率的动态影响。可以发现，实验组和控制组在政策实施前有稳健的平行趋势，并且政策的影响效应在政策实施后的第4期和第5期也就是2020年和2021年才开始显著。造成这种情况，一方面是因为产业链的垂直溢出效应可能具有时滞性；另一方面是因为产业基础再造增强了产业链供应链的完备性和安全性，降低了中下游企业的断供风险。

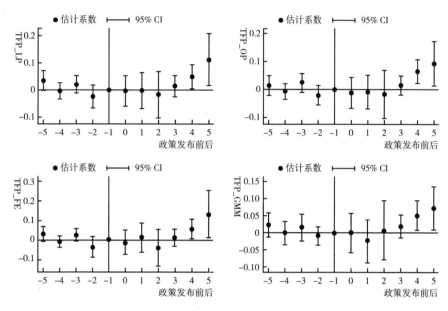

图5 产业基础再造工程对中下游企业生产效率的影响

本文引入供应链集中度这一指标来检验产业基础再造是否可以增强产业链供应链的完备性和安全性，计算公式为：前五大供应商、客户采购销售比例之和的均值。该指标在一定程度上反映了企业对少数供应商或客户的依赖程度。供应链集中度越高，说明企业对少数供应商或客户的依赖程度越高，供应链的完备性和安全性可能越低。此外，本文还考虑到供应商的地理分布对产业链供应链安全性的影响。为衡量供应商地理集中度，采用前五大供应商中与企业同城的供应商数量作为度量指标。若供应商地理集中度较高，那么在遇到突发事件时，整个供应链可能会受到较大的影响，安全水平较低，而分散的供应商分布有助于降低这种风险，从而提高产业链供应链的安全性。同样地，本文采用事件研究法来考察产业基础再造工程对供应链集中度和供应商地理集中度的动态影响，并将估计结果绘制成图6。

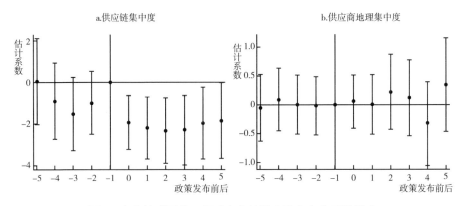

图6　产业基础再造工程对产业链供应链安全水平的影响

可以发现，产业基础再造工程实施后供应链集中度显著降低，说明产业基础再造工程显著提高了工业"四基"产品供应商的多元化水平，降低了中下游企业对主要供应商的依赖程度，从而提高了我国产业链供应链的安全水平。此外，供应商地理集中度的估计系数在政策发布前后均不显著，说明产业基础再造对供应链空间布局的优化作用并不明显。以上结果预示着在外部冲击下，企业可以通过寻求国内替代供应商、提高供应链的地域多样性和灵活性，降低供应链断供风险，从而提高生产的稳定性和效率。

七　结论

产业基础再造工程是建设制造强国、保障产业安全、发展现代化产业体系的必然要求。本文以 2010~2019 年十大领域 A 股上市公司为样本，借助工业强基工程这一准自然实验，分析了产业基础再造对工业企业生产效率的影响，以及在公共卫生事件冲击和国际局势动荡的背景下，产业基础再造如何通过提升产业链供应链安全水平来提高企业的生产效率，研究发现：①产业基础再造能显著提高工业"四基"领域企业的生产效率。这一结论在平行趋势检验、安慰剂检验等一系列稳健性测试中依然成立。产业基础再造对生产效率提升的促进作用在民营企业、中低技术企业和有较好工业基础的地区更加明显。②上游产业基础再造能通过产业链的垂直溢出效应提高中下游企业的生产效率，但是这一影响效应具有明显的时滞性。③在公共卫生事件冲击和全球产业链加速重塑的背景下，产业基础再造可以增强产业链供应链的完备性和安全性，从而减少中下游企业对特定供应商的依赖，降低生产中断风险，为企业在不确定环境下的生产安全提供了重要保障。本文的政策启示如下。

第一，产业基础再造是新质生产力的重要来源。习近平总书记在新时代推动东北全面振兴座谈会上强调，要积极培育新能源、新材料、先进制造、电子信息等战略性新兴产业，积极培育未来产业，加快形成新质生产力，增强发展新动能。产业基础再造不仅能提高"四基"领域范围内工业企业的生产效率，还能通过产业链的垂直溢出效应提升中下游企业的生产效率，对整个工业系统产生深远影响。因此，继续深入推进产业基础再造工程将有助于加快新质生产力发展，并实现产业基础高级化、产业链现代化。在这个过程中，需要进一步完善产业基础再造的顶层设计，注重系统性和前瞻性，积极推动工业"四基"领域的技术革新和产业升级，通过制定和实施一系列有针对性的政策措施，加快技术研发和成果转化，为建设制造强国和全面提升国家产业竞争力提供坚实的制度框架和技术支撑，同时确保在全球化背景下，我国能够有效应对各种外部挑战，保障国家经济安全和产业链供应链的稳定性。

第二，以产业基础再造提升产业链供应链韧性与安全水平。近年来，全球化深入发展的同时，产业链供应链结构日趋复杂多变，特别是在面对突如其来的公共卫生事件、地缘政治冲突等多种不稳定因素时，全球及各国产业链供应链系统面临着前所未有的挑战。这些挑战不仅影响了经济的稳定增长，也对社会稳定构成潜在威胁。因此，深入实施产业基础再造政策，成为提升我国产业链供应链韧性与安全水平，确保国家经济安全和社会稳定的重要战略选择。这意味着需要集中力量推动半导体及芯片、生物医药、人工智能、新能源、新材料等战略性新兴产业以及直接关系到国家安全和经济命脉的关键领域进行全面的技术创新。在这些关键领域和技术上取得突破，不仅可以有效补齐我国在全球产业链中的短板，也能极大增强产业链供应链的整体韧性和安全水平，进而确保在面对国际竞争和各种外部冲击时，我国产业链供应链系统能够更加稳健、灵活地应对，推动经济稳定发展。

第三，考虑到地区异质性，精准实施产业基础再造政策。在推动产业基础再造的过程中，必须充分考虑到地区的异质性，采取更加精准和差异化的策略，使政策效果最大化。一方面，需要发挥工业基础良好地区的示范效应。对于那些已经拥有较好工业基础的地区，应加大政策支持力度，利用这些地区在产业基础再造方面的先发优势，建立示范区、创新中心等，促进先进制造技术和管理经验的应用和传播，带动周边地区甚至全国范围内的产业升级。另一方面，制定符合地区实际情况的产业基础再造计划。工业基础薄弱的地区可采取"弯道超车"战略，重点发展某一个或几个具有明显竞争优势和潜力的新兴产业，工业基础较强的地区则需致力于提高整个产业链的质量，重点补齐产业链中的短板，加强整体的产业链竞争力和自主创新能力。

诚然，本文的评估结果仅仅是对产业基础再造工程在短期内对企业生产效率所产生的影响的反映。事实上，产业基础再造工程作为一项重大工程已被嵌入制造强国"三步走"战略中，要解决我国产业基础薄弱的"老大难"问题，需要走一段充满挑战且漫长的道路。因此，对于产业基础再造工程的长期效应评估及其优化调整，依然是未来研究的一个方向。

参考文献

[1] 陈钊、初运运，2023，《新兴企业进入与产业链升级：来自中国无人机行业的证据》，《世界经济》第 2 期。

[2] 黄群慧，2020，《实施产业基础再造工程 打造一批先进制造业集群》，《经济日报》第 11 期。

[3] 黄群慧、余泳泽、张松林，2019，《互联网发展与制造业生产率提升：内在机制与中国经验》，《中国工业经济》第 8 期。

[4] 钱雪松、康瑾、唐英伦、曹夏平，2018，《产业政策、资本配置效率与企业全要素生产率——基于中国 2009 年十大产业振兴规划自然实验的经验研究》，《中国工业经

济》第8期。

［5］ 宋敏、周鹏、司海涛，2021，《金融科技与企业全要素生产率——"赋能"和信贷配给的视角》，《中国工业经济》第4期。

［6］ 孙飞红，2023，《以产业基础再造工程提升产业链供应链韧性与安全水平》，《新型工业化》第3期。

［7］ 王一鸣，2020，《百年大变局、高质量发展与构建新发展格局》，《管理世界》第12期。

［8］ 曾嵘、唐松，2023，《新冠疫情下国有企业的经济稳定器作用——基于供应链扶持的视角》，《经济研究》第3期。

［9］ 张莉、朱光顺、李世刚等，2019，《市场环境、重点产业政策与企业生产率差异》，《管理世界》第3期。

［10］ 中国社会科学院工业经济研究所课题组，2023，《新型工业化内涵特征、体系构建与实施路径》，《中国工业经济》第3期。

［11］ Acemoglu Daron, Pascual Restrepo. 2018. "Artificial Intelligence, Automation, and Work." *The Economics of Artificial Intelligence: An Agenda. Chicago*：University of *Chicago Press*.

［12］ Angrist J. D., Pischke J. S. 2009. *Mostly Harmless Econometrics: An Empiricist's Companion*. Princeton：Princeton University Press.

［13］ Audretsch D.B., Feldman M.P. 1996. "R&D Spillovers and the Geography of Innovation and Production." *The American Economic Review* 86(3)：630−640.

［14］ Bresnahan Timothy F., Erik Brynjolfsson, Lorin M. Hitt. 2002. "Information Technology, Workplace Organization, and the Demand for Skilled labor: Firm−level Evidence." *The Quarterly Journal of Economics* 117(1)：339−376.

［15］ Brynjolfsson E., McAfee A., 2014, "The Second Machine Age：Work, Progress, and Prosperity in a Time of Brilliant Technologies." WW Norton & Company.

［16］ Coe N. M., Dicken P., Hess M. 2008. "Global Production Networks：Realizing the Potential." *Journal of Economic Geography* 8(3)：271−295.

［17］ Crescenzi Riccardo, Luisa Gagliardi. 2018. "The Innovative Performance of Firms in Heterogeneous Environments：The Interplay between External Knowledge and Internal Absorptive Capacities." *Research Policy* 47(4)：782−795.

［18］ Drapkin Igor, Anna Fedyuninab, Yuri Simachevb.2022. "GVC Spillovers on Total Factor Productivity of Local Firms：Evidence from the Russian Federation." *Transnational Corporations* 29(1)：41.

［19］ Ford Simon, Mélanie Despeisse. 2016. "Additive Manufacturing and Sustainability：An

Exploratory Study of the Advantages and Challenges." *Journal of Cleaner Production* 137: 1573-1587.

[20] Gelman A., Hill J., Vehtari A. 2020. *Regression and Other Stories*. Cambridge: Cambridge University Press.

[21] Humphrey John, Hubert Schmitz. 2002. "How does Insertion in Global Value Chains Affect Upgrading in Industrial Clusters." *Regional Studies* 36(9): 1017-1027.

[22] Ivanov D., Dolgui A. 2020. "Viability of Intertwined Supply Networks: Extending the Supply Chain Resilience Angles Towards Survivability. A Position Paper Motivated by COVID-19 Outbreak." *International Journal of Production Research* 58(10): 2904-2915.

[23] Lema R., Pietrobelli C., Rabellotti R. 2019. "Innovation in Global Value Chains. In Handbook on Global Value Chains." Edward Elgar Publishing.

[24] Lu Yang, Savvas Papagiannidis, Eleftherios Alamanos. 2018. "Internet of Things: A Systematic Review of the Business Literature from the User and Organisational Perspectives." *Technological Forecasting and Social Change* 136: 285-297.

（责任编辑：许雪晨）

产假变化对女性劳动力市场表现的长期影响研究

张世颖　郭迪雅　王　晴[*]

摘　要： 本文以我国1988年开始的产假延长改革作为自然实验，采用渐进双重差分方法，实证检验了产假天数增加对我国女性劳动力市场表现的长期影响及机制。研究发现，适度享受更长产假有助于增加女性劳动收入以及提高女性正规就业的参与率。这一长期动态效应逐渐增强，并且在拥有高中及以上学历或是在国有企业工作的女性群体中表现更为明显。机制分析进一步发现，产假延长有利于提升女性的心理健康水平，从而使女性在劳动力市场获益。本文结论对我国产假政策和生育政策的调整具有一定的参考意义。

关键词： 产假政策　女性就业　劳动力市场

一　引言

劳动力市场上的性别不平等一直以来备受关注。随着经济社会的发展，就业和收入的性别差距在很多国家依然存在。这种性别差异违背了帕累托效率，会造成社会资源的严重浪费（Bergmann，1971）。很多文献通过市场分割理论、拥挤理论等模型论证劳动力市场的筛选机制，试图从工作角度作出解释。但随着女性在教育和就业能力等方面取得长足进步，这些传统

---

* 张世颖，副教授，哈尔滨工业大学（深圳）经济管理学院，电子邮箱：zhangshiying@hit.edu.cn；郭迪雅，硕士研究生，伦敦政治经济学院，电子邮箱：d.guo9@lse.ac.uk；王晴（通讯作者），副教授，中山大学国际金融学院，电子邮箱：wangq577@mail.sysu.edu.cn。感谢匿名审稿专家的宝贵意见，文责自负。

因素的解释力逐渐受到挑战（Blau 和 Kahn，2017），越来越多的学者将关注点转向家庭视角，认为在成家生育后男性和女性家庭身份的不同是造成劳动力市场性别差异的主要原因。成为母亲意味着就业率、工作时间和劳动收入的急剧下降（Berniell 等，2021）。在我国，随着生育政策的调整，很多学者把目光放在研究生育政策和家庭政策的冲击对男性和女性劳动力市场的影响方面。通常家庭政策（或生育支持政策）包含一系列配套支持措施，以期从时间、经济和服务等方面直接提高生育意愿、促进就业公平。经济和服务支持方面的家庭政策涵盖生育保险和津贴、税收优惠政策，以及社会化育儿服务等。这些政策工具旨在减轻家庭生育负担、降低养育成本。时间支持方面，与生育有关的假期制度是家庭政策的重要内容。发展中国家为女性提供的社会保障机制尚未完善。因此，产假在女性的劳动表现过程中可能发挥更重要的作用。

此前大量文献研究了产假政策对家庭保障的短期效应，在传统的社会分工中，女性通常是主要的育婴人力，由生育带来的时间支出较男性更多。虽然产假政策明显保障了家庭的短期福利，但女职工的缺工成本可能会额外提高女性的就业门槛，阻碍女性的公平就业。产假期间因承担生理和育儿责任而无法投入工作，这种生育型职业中断会对女性就业造成负面影响，可能限制个人的长期发展。一方面，生育休产假会导致职业正处于上升期的女性面临人力资本积累的被动中断，不仅就业竞争力削弱，未来的职业发展空间也会受到限制，这在当下更新迭代迅速的行业中尤其突出（廖敬仪和周涛，2020）。另一方面，为了兼顾抚育任务与工作需求，女性往往会主动选择对家庭更友好的企事业单位和职业，但补偿性差别理论表明，这类灵活就业仍以牺牲个人职业前景为代价，在就业市场中处于不利地位（李芬和风笑天，2016）。由于上述现象的存在，尽管我国生育支持政策不断调整，但生育率上升幅度并不明显，说明女性生育与就业的冲突问题仍待解决（许琪，2021）。

基于上述背景，本文以 1988 年国家延长女职工法定产假后各省份逐步实施这项改革政策作为自然实验，使用中国妇女社会地位调查（SCWSS）的混合截面数据和渐进式双重差分模型，实证分析产假的调整是否会对女性在劳动力市场的长期表现产生影响,并估计政策实施后的动态变化效果。本文也通过机制分析,探讨了该影响背后的成因。

作为当前的热点话题,探讨产假制度改革对女性在劳动力市场上的就业表现及收入水平的长期影响,进而研究雇主统计性歧视的制度性来源,对于理解我国女性生育和就业之间矛盾至关重要,也能为促进劳动力市场的公平就业和出台更完整全面的生育支持措施提供决策支持,具有突出的现实意义。现有文献已经较为全面地搭建了产假制度和女性就业之间的关系框架,但结论不一(Rossin-Slater等,2013;Canaan等,2022;Bergemann和Riphahn,2023)。国内关于产假的研究起步较晚,关于产假对女性劳动力市场表现的影响的讨论并不丰富,多数研究集中在2012~2016年的产假调整方面(贾男和杨天池,2019;刘畅和靳永爱,2022)。本文的边际贡献主要体现在两个方面。第一,区别于其他经济、服务类生育支持措施,本文将1988年特定的产假调整作为自然实验,就产假这种时间支持政策研究对女性劳动力市场表现的影响。第二,目前国内学界对产假的关注较少,大多停留在对妇幼健康短期效应的评估上,本文不仅从女性劳动力市场的角度进行评估,还探讨产假对我国女性的劳动力市场表现的长期动态效应。

本文余下内容安排如下:第二部分为理论基础和研究现状;第三部分介绍研究设计;第四部分为实证分析;第五部分是异质性分析;第六部分为机制分析;第七部分为结论和政策建议。

二 理论基础和研究现状

产假制度(Maternity Leave)最早起源于1878年的德国(Schuchmann,1995),之后很多国家陆续制定产假制度。为了规范标准,国际劳工组织(ILO)采取国际公约的形式,批准通过了三份《保护生育公约》,旨在为孕产期女性提供有工作保障的生育假期,同时也保障新生儿的健康,增进社会福利。产假制度涉及的主体包括生育女性、出生婴童以及雇佣单位。因此,研究产假制度的文献多集中探讨对这三方面主体的福利影响。其中,生育女性受到的关注是最多的,内容涉及身体健康、职业表现以及生育意愿等。

首先，部分研究发现产假对女性就业存在潜在积极影响的证据。产假制度有利于女性保持重返全职工作的意愿和信心，帮助她们保持就业的连续性。Rossin-Slater 等（2013）基于美国加利福尼亚州接受带薪产假女性的数据分析发现，女性在生育后三年内的工作时间及收入均显著增加。Byker（2014）认为带薪休假制度能够有效减少女性短期内退出劳动力市场的情况，这种对于劳动参与的坚持在低技能女性群体中表现得尤为明显。Gottlieb 等（2022）研究加拿大延长工作保护假时发现带薪产假能够提高女性的创业精神。Bergemann 和 Riphahn（2023）表示带薪产假促使女性劳动参与意愿提高，缩短产后重返劳动力市场的时间。产假制度带来的职业风险降低可能对扩大女性劳动力供给有所帮助。随着生育观念的改变，一些社会福利水平较高的北欧国家还在此基础上进一步实行父亲陪产假（Paternity Leave）和父母育儿假（Parental Leave）等制度。这些公共政策在养育责任分担和性别平等方向的推进更有利于家庭内部的长远发展（李西霞，2016）。Pylkkänen 和 Smith（2004）指出，在瑞典父亲休育儿假对母亲产后就业产生积极影响。

其次，虽然带薪产假通过保留原有职位的方式在一定程度上缓解了在职女性的顾虑，但实际上产假制度影响着生育成本在国家、企业和个体之间的分配。因此，这些相关政策直接调整着女性劳动者由于生育活动与用人单位形成的内部关系，可能加剧育龄女性受到的歧视（黄镇，2018）。部分文献认为产假延长意味着离开工作岗位、脱离社会时间较长，这会对女性劳动参与率产生负面影响。产假过长可能不利于女性返工后的职场表现。Baker 和 Milligan（2008）通过调查加拿大的产假政策得出结论，过长的产假容易让女性习惯于家庭生活，重返岗位后用于工作的时间会比产假时间短的女性少。Evertsson（2011）的研究结果发现，产假时间超过一定水平后，瑞典女性在劳动力市场上得到职业晋升的机会减少，职业流动率降低。针对德国产假法规的多次改革，Schönberg 和 Ludsteck（2014）发现，产假覆盖面扩大确实对女性产后回归工作的短期负面作用很强，但并没有影响到女性的长期劳动力供给。Kleven 等（2020）利用长达半个世纪的奥地利职工数据同样验证了这一点。产假等大幅增加对女性就业市场并没有产生长期影响，这些政策干预对性别不平等的长期演变影响几乎为零。

最后，我国的产假政策不断优化，关于生育假或奖励假的探索也在逐步推进中。1951年，《中华人民共和国劳动保险条例》以立法形式规定女职工享有带薪产假。随着时代的变化，产假期间的收入标准也有所提高，关于产假时间的政策也有较大的调整。首次规定时只有56天产假，1988年《女职工劳动保护规定》确认将女职工的基础产假增加至90天，2012年《女职工劳动保护特别规定》提高我国女性法定产假时长至98天。自从国家生育政策生效以来，各省份都颁布了相应的计划生育条例，这些省级条例根据各省份的情况确定了各自产假时间。因此，各省份产假增加的天数并不一致。2016年全面二孩政策推行以来，各省份产假时长更是增加至128~365天（Liu等，2020）。我国虽然没有制定国家层面的统一陪产假标准，但各省份已依据规则各自确定了陪产假标准，旨在鼓励男性更负责任地参与家庭育儿过程，并促进对女性的尊重和性别平等。

针对我国产假政策的实证分析也发现产假对女性就业以及生育意愿可能同时存在积极和消极的影响。女性在劳动力市场上可能因生育和休产假而面临更大的压力和挑战（王俊和石人炳，2021）。带薪产假对女性劳动者的工资率有显著的负面影响，在控制了内生性和样本选择偏差后这一效应仍然存在（贾男和杨天池，2019）。而另一些学者的研究结论更为乐观。张琪和张琳（2017）发现加强对女性权益保障的法律支持、女性生育期间的经济支持和孩子照料的支持等，会缓解女性因生育而中断就业的影响。解决产假政策下女性就业受阻问题的关键是适当减轻女性家庭社会责任、消除女性人力资本投资的不确定性，即适度增加男性陪产假以及育儿的社会服务（夏露露，2020）。刘畅和靳永爱（2022）基于2017年全国生育状况抽样调查数据研究延长产假对育龄妇女生育意愿的影响。将2016年各省份修改产假政策作为自然实验可以发现产假延长在一定程度上提高了全面二孩政策下尚未达到生育限额妇女的生育意愿。

基于上述分析，提出研究假说：适度延长产假会给予女性更好的工作保护，能够从物质和心理上缓解女性"生"和"升"之间的潜在矛盾，增强女性职业忠诚度，提升女性就业意愿。适度延长产假会给予生育后的女性更多的恢复空间，有利于女性改善身体健康状况，减轻后续回归职场的压力，改善长期职场表现和增加劳动收入。

三 研究设计

（一）数据和样本

本文实证部分的研究数据来源于由全国妇联和国家统计局联合开展的中国妇女社会地位调查（SCWSS）。为客观深入分析全国不同区域、不同阶层的女性群体社会地位的状况与变化，此调查采用多阶段分域分层随机抽样方法，自 1990 年起每十年开展一期，至今已有四期数据。考虑到本文政策研究对象是 1988 年产假改革，故使用 2000 年和 2010 年两期数据，数据范围涉及 31 个省（自治区、直辖市），具有代表性。

样本选择方面进行了如下设定。首先，样本中女性个体年龄在问卷调查时为 23~50 岁，且尚未办理退休。其次，考虑到个体、私营业主不受政策影响，而大多数农村女性在家耕作，也不涉及产假福利，本文将样本限制在生育时就业状态为受雇型就业的城镇女性群体。再次，鉴于生育政策的限制和政策改革发生的年份，本文将样本限定在 1985~1995 年有生育经历且生育不超过 2 个孩子的女性。最后，由于调查数据并未收集女性生育时的就业信息，故样本筛选侧重于最近一次生育时的就业情况。若女性主动声明因生育而退出劳动力市场，或者最近一次生育发生在其第一份工作之前，则视为没有工作，不纳入本文的样本范围。

国家层面调整法定产假从 56 天至 90 天的政策施行于 1988 年 9 月 1 日，但具体实施时间则是以各省份实际情况为准。因此，本文从各省份公布的计划生育条例中收集了 31 个省份的改革时间信息（见表 1）。

此外，本文从国家统计局官网、《中国劳动统计年鉴》、《中国工会统计年鉴》、《中国人口统计年鉴》、各省份统计年鉴等渠道收集了我国各省份人均地区生产总值、城镇就业人员中女性占比、城镇单位就业人员占比、城镇单位就业人员中女性占比等数据，作为省级特征控制变量。

表1 各省份实施产假改革的实际时间

区域代码	省份	改革时间
11	北京	1991年6月1日
12	天津	1989年1月1日
13	河北	1989年3月20日
14	山西	1990年1月1日
15	内蒙古	1990年10月12日
21	辽宁	1988年5月28日
22	吉林	1993年10月1日
23	黑龙江	1990年2月1日
31	上海	1990年8月1日
32	江苏	1990年10月28日
33	浙江	1990年1月3日
34	安徽	1988年12月1日
35	福建	1991年7月1日
36	江西	1990年9月1日
37	山东	1988年7月20日
41	河南	1990年7月1日
42	湖北	1988年3月1日
43	湖南	1990年1月1日
44	广东	1992年11月28日
45	广西	1989年1月1日
46	海南	1989年10月9日
50	重庆	1998年1月1日
51	四川	1993年12月15日
52	贵州	1988年1月1日
53	云南	1991年4月1日
54	西藏	1992年5月28日
61	陕西	1991年3月3日
62	甘肃	1990年1月1日
63	青海	1992年4月1日
64	宁夏	1991年1月15日
65	新疆	2003年1月1日

（二）变量说明

本文考察的是产假延长政策变化对我国女性劳动力市场表现的长期影响，因变量选取女性年收入、是否就业、是否正规就业、是否为管理层人员。

关于年收入，考虑到物价水平的变化，本文采用消费者物价指数将1999 年总收入以 1998 年为基期调整为 2009 年的实际值。其中，是否正规就业以问卷中工作/劳动经历里的回答来定义。将 2000 年的问卷中回答"非农从业/以农为辅"且有单位的定义为正规就业；回答"未就业"或"以农为主"或"以农为辅/非农从业"但"没单位，是家庭经营、自己单独做事"则定义为灵活就业。将 2010 年的问卷中回答"雇员/工薪劳动者/雇主"且有单位的定义为正规就业，回答"未就业"或"自营劳动者/家庭帮工"或"个体工商户"或"主要从事农林牧渔劳动"则定义为灵活就业。针对本文的其他两个被解释变量——是否就业和是否为管理层人员，本文重点关注问卷中"目前是否为取得收入而从事工作/劳动"和"您在单位中所处的位置"这两个问题，以此来判断就业与否及职位高低。

本文的关键解释变量是以儿童出生时间和出生时所在省份实施产假改革时间来设置的虚拟变量。先对 31 个省份的产假政策进行设置，根据各省份实施改革的时间判断生育时女性的产假时长，1 代表女性生育时经历了产假调整，0 代表女性生育时未经历产假调整。这样的设置便于以当地女性在生育时是否受到政策改革影响为判断自动产生"处理组"和"控制组"，以及"处理前"和"处理后"之间的双重差异。若样本中母亲个体生育 2 个小孩，将其拆成 2 条观测值；若生育 1 个则无须变动。

控制变量包括人口学特征，分别为女性受访者的年龄、年龄平方、户口、本人是否受过高等教育、配偶是否受过高等教育等个体特征信息，以及人均地区生产总值、城镇就业人员中女性占比、城镇单位就业人员占比、城镇单位就业人员中女性占比等省级特征信息。模型同时控制所处省份、生育年份、调查年份的固定效应。

2000 年和 2010 年的数据是在不同时点上对随机样本的相同变量进行观测得到的数据，本文将这两年数据合二为一，合并为混合截面数据。在

2000年调查中有效样本共1042份，在2010年调查中符合条件的样本量共
1334份，故全样本共2376份。表2显示了样本中所有时期主要变量的描述
性统计分析结果。

表2　主要变量描述性统计

变量	全样本		2000年		2010年	
	均值	标准差	均值	标准差	均值	标准差
本人去年总收入取对数	8.040	3.150	8.090	2.470	8.010	3.580
是否就业（是=1；否=0）	0.810	0.390	0.800	0.400	0.820	0.380
是否正规就业（是=1；否=0）	0.560	0.500	0.550	0.500	0.570	0.500
是否为管理层人员（是=1；否=0）	0.130	0.330	0.090	0.280	0.160	0.370
是否经历产假政策改革（是=1；否=0）	0.540	0.500	0.460	0.500	0.610	0.490
年龄	40.660	5.490	36.170	4.470	44.170	3.160
年龄平方	1684.000	435.200	1328.000	330.400	1961.000	276.600
户口（非农业户口=1；农业户口=0）	0.840	0.370	0.810	0.400	0.870	0.340
本人是否受过高等教育 （大学及以上=1；其他=0）	0.170	0.380	0.110	0.320	0.220	0.410
配偶是否受过高等教育 （大学及以上=1；其他=0）	0.310	0.460	0.240	0.430	0.360	0.480
人均地区生产总值取对数	9.750	0.790	9.030	0.510	10.320	0.420
城镇就业人员中女性占比	0.430	0.020	0.440	0.020	0.430	0.020
城镇单位就业人员占比	0.650	0.130	0.770	0.060	0.560	0.090
城镇单位就业人员中女性占比	0.380	0.030	0.390	0.020	0.370	0.030
样本量	2376		1042		1334	

　　样本女性就业特征比例如表3所示。从全样本来看，女性就业率为
81.19%，比例较高，正规就业率为55.87%，成为管理层人员的比例有
12.67%。三者均随时间的变化而有所上升，其中管理层的晋升人数比例从
2000年到2010年翻了接近一番。经CPI调整后，年总收入小于6000元的占
比为36.19%，超过15000元的占比为27.89%。随着时间的推移，越来越多
的女性享有更高的年收入，2000~2010年，15000元以上年总收入的女性群
体扩大了，取代6000元以下年总收入的群体，为所有收入人群中最大比
重，说明我国的社会经济发展水平与日俱增，人民的生活水平日益提高。

不同学历的女性中有高等教育经历的女性仅占17.09%。样本中，在国有单位工作的女性占主体，占比为49.28%。这些数值也都呈上升态势，表示随着时代的进步，女性受到教育的状况逐渐改善，且更多的职业女性加入到国企事业单位中。

表3 样本女性就业特征比例

单位：%

特征	全样本	2000年	2010年
就业	81.19	79.85	82.23
正规就业	55.87	54.85	56.67
管理层人员	12.67	8.54	15.89
年总收入（调整为2009年值）			
>15000元	27.89	9.43	41.60
6000~15000元	35.92	41.18	32.02
<6000元	36.19	49.39	26.38
受教育程度			
初中及以下	45.35	50.62	41.23
高中/中专	37.56	38.13	37.11
大学及以上	17.09	11.25	21.66
工作单位所有制			
国有（含国有控股）	49.28	42.32	57.11
城镇/农村集体	17.17	17.37	16.95
私营/个体/三资及其他	33.55	40.31	25.94

（三）模型识别策略

1.基本回归模型

本文识别策略是渐进式双重差分（Staggered Difference-in-Difference），该方法广泛适用于同一政策在不同地区的渐进性实施情景。针对处理时间存在先后差异的对象，其好处在于能够剔除影响结果的系统性因素，从而得到可信度高的估计量，解释政策效果。该策略的关键识别假设在于，产假政策调整在控制其他因素不变的情况下仅通过改变家庭中女性生育时的产假情况来影响其后续在劳动力市场的表现，因此本文根据生育时女性所在省份以及生育时间两个维度共同定义关键变量①。

为了检验产假变化是否对我国女性的劳动力市场表现产生影响，本文首先使用最小二乘虚拟变量估计法（Least Square Dummy Variable Model）设定模型，如下所示：

$$Y_{i,p,t} = \alpha + \beta D_{i,p,t} + \gamma X_{i,p,t} + \mu_p + \theta_c + \omega_t + \epsilon_{i,p,t} \tag{1}$$

其中，$Y_{i,p,t}$ 是省份 p 女性 i 在年份 t 的劳动力市场表现，$D_{i,p,t}$ 是该省份在女性生育年份 t 的政策改革虚拟变量，$X_{i,p,t}$ 是一组控制变量，μ_p 是省份固定效应，θ_c 是生育年份固定效应，ω_t 是调查年份固定效应，$\epsilon_{i,p,t}$ 是扰动项。β 和 γ 为估计系数，其中 β 为本文所关注的待估系数，若 β 显著为正则说明产假延长对我国女性的劳动力市场表现有正面作用，若 β 显著为负则说明政策变化对我国女性的劳动力市场表现有负向影响。考虑到不同家庭在同一省份的随机扰动项之间可能会存在相关性，本文所有回归均将标准误聚类调整到省份层面。

2.事件分析法模型

上述模型中的系数 β 是经历改革前后整体的平均处理效应，考虑到渐进双重差分模型通常涉及改革前后多期，为检验其是否满足平行趋势假设，则需要看改革前的情况；为考察改革前后各期的动态效应，还需要看改革前后各期的变化，故事件分析法（Event Study Analysis）的模型设定如下所示：

$$Y_{i,p,t} = \alpha + \sum_{\tau=1}^{m} \beta_{-\tau} D_{i,p,t-\tau} + \beta D_{i,p,t} + \sum_{\tau=1}^{q} \beta_{+\tau} D_{i,p,t+\tau} + \gamma X_{i,p,t} + \mu_p + \theta_c + \omega_t + \epsilon_{i,p,t} \tag{2}$$

---

① Duflo（2010）也提供了一种模型识别的思路，即将超过生育年龄的女性群体作为控制组。但本文旨在研究女性的劳动力市场表现，需要控制组和实验组均有就业表现观察值。我国女性一般在50~55周岁退休。产假政策出台时（即20世纪90年代），超过生育年龄的女性在2000年和2010年问卷调查时年龄超过60周岁，绝大多数已经退出劳动力市场。本文使用的现有模型识别方法也出现在 Lalive 和 Zweimüller（2009）、Ekberg 等（2013）以及 Schönberg 和 Ludsteck（2014）等文献中，即对政策出台前后有生育行为的妇女进行对比。

其中，$\beta_{-\tau}$ 是改革前 τ 期产生的影响，$\beta_{+\tau}$ 是改革后 τ 期产生的影响，β 是改革当期产生的影响。对于样本个体来说，在时间范围 $[t-m,\ t+q]$，每次生育时改革只作用一次。

四　实证分析

（一）基准回归结果

运用上述双重差分模型分析产假延长对我国女性就业情况的影响，如表 4 所示。回归结果表明，产假延长对我国女性劳动收入有正面的长期影响，这一效果在 5% 的水平上显著。具体来说，产假延长对女性工作收入的影响总体上有 63% 的相对增长幅度。

产假延长对我国女性在劳动力市场上是否就业、是否正规就业和是否为管理层人员同样有正向的影响，且均在 10% 的水平上显著。产假越长，女性更偏向于就业，且选择正规就业而非灵活就业的可能性更大，进入管理层的可能性更大。具体来看，产假延长使得女性就业的可能性增加 7.84%，正规就业的可能性增加 6.03%，晋升为管理层的可能性增加 3.26%。

在个体层面的控制变量中，户口对女性（正规）就业的影响同样显著，在长期的时间维度上，非农户口的城镇女性比农业户口的女性更倾向于选择不就业或者正规就业。夫妻的受教育程度也与劳动收入及就业表现正相关，其中女性受教育程度的影响均在 1% 的水平上显著，说明在其他条件相同的情况下，受过高等教育的女性有更大的可能性获得更高的收入、更正规的就业以及更好的晋升前景。配偶的受教育程度所起的作用也均为显著正向的。拥有大学及以上受教育背景的丈夫对女性的收入水平、是否就业、是否正规就业、成为管理层人员同样有显著且正向的长期影响。在省级层面的控制变量中，当地人均 GDP 对女性正规就业的影响在 1% 的水平上显著为负，说明地区经济发展水平越高，人均 GDP 越高，女性产后越有可能选择不就业，或者在劳动力市场积极寻找灵活就业的工作机会。

表4 产假延长对女性劳动力市场表现的长期影响

变量	总收入 （1）	就业 （2）	正规就业 （3）	管理层人员 （4）
产假延长	0.630**	0.078*	0.060*	0.033*
	(0.236)	(0.039)	(0.031)	(0.016)
年龄	0.225	0.005	0.007	0.002
	(0.224)	(0.023)	(0.029)	(0.017)
年龄平方	−0.003	−0.000	−0.000	0.000
	(0.003)	(0.000)	(0.000)	(0.000)
户口	−0.070	−0.061***	0.230***	0.022
	(0.186)	(0.022)	(0.037)	(0.015)
受过高等教育	1.613***	0.175***	0.317***	0.269***
	(0.128)	(0.019)	(0.023)	(0.023)
配偶受过高等教育	0.714***	0.046**	0.139***	0.040**
	(0.169)	(0.022)	(0.031)	(0.019)
人均GDP取对数	0.501	−0.380**	−0.558***	−0.009
	(1.054)	(0.145)	(0.085)	(0.101)
城镇就业人员中女性占比	−0.575	−1.769	−0.473	1.759
	(11.290)	(1.562)	(1.738)	(1.089)
城镇单位就业人员占比	−2.994	−0.383	0.142	−0.149
	(2.114)	(0.311)	(0.226)	(0.250)
城镇单位就业人员中女性占比	4.729	−0.827	−0.140	−0.240
	(9.335)	(1.228)	(0.911)	(0.884)
常数项	0.022	5.967**	6.058***	−0.496
	(13.890)	(2.198)	(1.535)	(1.505)
样本量	2309	2374	2373	2374
拟合度（R^2）	0.114	0.084	0.201	0.143
省份固定效应	是	是	是	是
生育年份固定效应	是	是	是	是
调查年份固定效应	是	是	是	是

注：括号内为聚类标准误，估计中对标准误在省份层面进行聚类调整，*、**、***分别表示估计系数在10%、5%、1%的水平上显著。

（二）平行趋势检验

在运用渐进双重差分模型评估产假延长对我国女性劳动力市场表现的影响时，需要满足平行趋势的假设条件，即在不同时间推行的政策，不同样本受到同一政策冲击之前应该不存在差异，或者即使有，变化趋势必须是一致的，具有可比性。如此，产假政策改革晚与产假政策改革早对同地区的女性而言才能产生可靠的对比结果。

本文使用生育年份计算相较于产假改革导入时的时间差，每 2 年为一期，以政策导入前一期为基准组，针对产假改革对我国女性劳动力市场表现的长期影响进行平行趋势检验，考察政策前后的差异。结果如图 1 所示。可以看出，在政策导入前的 8 期，即 16 年内各个时期的政策效应变量系数全部与 0 无显著差异，说明此前没有明显的系统差异，平行趋势假设这一条件均得到满足。

同时，从对总收入和是否正规就业的影响来看，在政策导入后的 8 期，即 16 年内，每个时期的政策效应变量系数均大于零，基本在 5% 的水平上显著，表示具有显著为正的效应，而且长期来看，存在逐渐变强的动态变化趋势。但从对是否正规就业、是否为管理层人员的影响来看，两者均未有明显的长期动态效应。

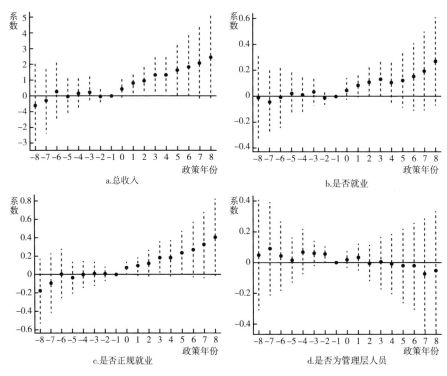

图 1 对我国女性劳动力市场表现长期影响的平行趋势检验

这些回归结果证实了产假延长对我国女性劳动力市场表现的正向影响，与本文的假说更加符合。产假增加可帮助女性更好地平衡工作与家庭之间的关系，鼓励女性产后在劳动力市场积极增加收入来源，晋升管理层的可能性也有所增加。更长的产假不仅提高了女性总收入，还为女性就业形式和工作状态提供了更多的可能，有利于女性在生育后的身体恢复，从而有益于其后续求职和升职。

（三）稳健性检验

1.加入省份—女性出生年份固定效应

在稳健性检验中，本文首先在控制变量中加入省份固定效应与女性出生年份时间趋势的交互项，用于检验上述基准回归结果是否受到不可观测的、随时间变化的省份特征影响，而这些变化同时影响着政策改革和女性劳动力市场表现。如表5的第（2）列所示。从加入省份—女性出生年份固定效应后的产假延长对我国女性总收入和就业情况的影响可见，除对女性在正规就业和成为管理层人员的影响减小且不显著外，对女性总收入、就业的影响依然显著，且系数有所上升。

2.内生性检验

从方法上看，各省份导入政策可能存在内生性问题。特别是生育率低或者女性雇佣不足的地区，更可能率先导入政策，之后逐渐推广到其他地区。这会带来估计结果偏误，因此有必要检验当地女性就业情况、经济发展水平等因素是否会影响产假政策的地区选择。本文利用各省份导入政策前一年的特征，如女性劳动参与、人均GDP等，通过加入其与女性出生年份的交互项来控制政策导入的内生性。表5的第（3）列显示了控制内生性后产假延长对我国女性总收入和就业情况的影响。结果表明，尽管产假延长对女性总收入的长期影响稍有减弱，但对女性（正规）就业、提拔晋升均保持一致的显著影响且幅度有一定上升。

表5 稳健性检验

变量	基准结果 （1）	加入交互项后结果 （2）	控制内生性后结果 （3）
总收入	0.630**	0.746**	0.614**
	(0.236)	(0.310)	(0.245)
就业	0.078*	0.090**	0.079**
	(0.039)	(0.039)	(0.039)
正规就业	0.060*	0.053	0.063*
	(0.031)	(0.035)	(0.031)
成为管理层人员	0.033*	0.027	0.034**
	(0.016)	(0.025)	(0.017)
控制变量	是	是	是
省份固定效应	是	是	是
生育年份固定效应	是	是	是
调查年份固定效应	是	是	是
省份×女性出生年份	否	是	否
导入政策前一年的特征×女性出生年份	否	否	是

注：括号内为聚类标准误，估计中对标准误在省份层面进行聚类调整，*、**、***分别表示估计系数在10%、5%、1%的水平上显著。

3.安慰剂检验

本文渐进双重差分模型的关键识别假设在于，在没有政策导入的情况下，政策实施时间不同的省份，女性个体也呈现出相同的劳动力市场表现。为了验证假设的有效性，考虑到政策导入的分期分批实施特征，本文使用置换检验（Permutation Test）。通过将各省份生育女性随机分配至各政策导入时间，即对经历改革与否进行随机抽样，再进行相应的实证检验，估计产假延长对女性劳动力市场表现的影响，结果如图2所示。

在置换检验中，原假设是产假延长对女性劳动力市场表现没有影响。基于原假设，由实际数据估计的系数为来自排列分布的随机样本，而在置换检验后产生的估计系数排列分布可用于统计推断，若实际值远离该分布的两个标准差，即说明检验通过。在500次的随机抽样中，核心解释变量的回归系数以零为均值呈现正态分布，说明均符合随机化的要求，同时置换检验后的回归系数均显著异于图2中竖线所在的位置，即实际值。由此可知，上述基准回归结果的影响效应确实是由产假政策导入带来的，并未遗漏其他影响因素。

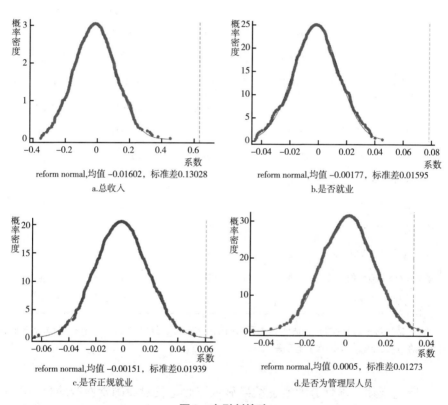

a.总收入
reform normal,均值 −0.01602，标准差0.13028

b.是否就业
reform normal,均值 −0.00177，标准差0.01595

c.是否正规就业
reform normal,均值 −0.00151，标准差0.01939

d.是否为管理层人员
reform normal,均值 0.0005，标准差0.01273

图2　安慰剂检验

4.控制变量的影响

为避免遗漏控制变量的影响，本文分别加入人均地区生产总值等省级特征与调查年份交互项，以及户口、教育等个人特征与调查年份交互项，如表6的第（2）～（4）列所示，估计系数略有下降，显著性不变，系数大小基本与第（1）列一致。

表6 控制变量的影响

变量	基准结果	加入省级特征与调查年份交互项后结果	只加入个人特征与调查年份交互项后结果	加入省级和个人特征与调查年份交互项后结果
	（1）	（2）	（3）	（4）
总收入	0.630**	0.629**	0.583**	0.585**
	(0.236)	(0.234)	(0.240)	(0.239)
就业	0.078*	0.077*	0.072*	0.070*
	(0.039)	(0.039)	(0.037)	(0.037)
正规就业	0.060*	0.060*	0.053*	0.052*
	(0.031)	(0.030)	(0.030)	(0.029)
成为管理层人员	0.033*	0.032*	0.031*	0.030*
	(0.016)	(0.016)	(0.016)	(0.016)
控制变量	是	是	是	是
省份固定效应	是	是	是	是
生育年份固定效应	是	是	是	是
调查年份固定效应	是	是	是	是
省级特征×调查年份	否	是	否	是
个人特征×调查年份	否	否	是	是

注：括号内为聚类标准误，估计中对标准误在省份层面进行聚类调整，*、**、***分别表示估计系数在10%、5%、1%的水平上显著。

综上所述，本部分的实证结果显示产假延长对我国女性劳动收入有正面的长期影响，这一影响在5%的水平上显著。在平行趋势检验中，政策导入后8期，即16年内，政策效果呈逐渐变强的动态变化趋势。产假延长对女性是否就业、是否正规就业和是否为管理层人员的影响在10%的水平上均显著为正，即产假延长，女性在劳动力市场就更偏向于就业，且正规就业而非灵活就业的可能性更大，进入管理层的可能性更大。长期来看，这一改革对女性正规就业的动态效应同样为正，且趋势随时间推移而渐强，但对就业与否及成为管理层人员与否的影响并不显著。

稳健性检验部分显示主要结论基本不受模型设定变化的影响。内生性检验表明除了对女性劳动收入的长期影响略有下降外，对其他被解释变量的影响均保持显著增强。安慰剂检验则全部通过，进一步证实了本文识别策略的可靠性。

5.Goodman–Bacon 分解

在处理时间不同且处理效果不断变化的情况下，双重差分模型估计量可能会存在偏误，各省份调整产假时长的时间点不同，而且效果也不相同。对数据进行 Goodman–Bacon 分解以便了解主要结果的潜在变化。首先将数据聚合到省份层面，并剔除生育时间缺失的省份以构建一个强平衡面板。双重差分模型估计量的分解结果如表7所示。

分解的双重差分模型系数与基线结果相似，除了就业的估计值不再显著，其余被解释变量的政策估计效果系数均有所增大且显著。此外，97.8%的处理效应来自处理时间差异，而添加随时间变化的控制变量后对总双重差分模型估计贡献只有2.2%。同时，本文的数据结构（1985~1995年生育）尽可能地避免了早处理组占比较高的问题。样本中存在两个从未处理的省份，更进一步避免了控制变量选择不恰当问题。

表7　双重差分模型估计量分解结果

变量	权重	总收入 （1）	就业 （2）	正规就业 （3）	管理层人员 （4）
Timing Groups	0.978				
Within	0.022				
产假延长		0.694** (0.333)	0.071 (0.051)	0.080** (0.039)	0.039* (0.023)
样本量		264	264	264	264

注：括号内为聚类标准误，估计中对标准误在省份层面进行聚类调整，*、**、***分别表示估计系数在10%、5%、1%的水平上显著。

五 异质性分析

（一）女性受教育程度的区分考察

由于产假延长对不同群体带来的影响可能是不同的，本文先就女性个体受教育程度进行回归，结果如表8所示。

从回归结果来看，产假延长对我国女性劳动收入及就业情况的影响主要体现在拥有高中及以上受教育背景的女性群体，对学历在初中及以下女性的影响并不显著（尽管会对成为管理层人员产生负面影响）。具体来看，学历在高中及以上的女性相比学历在初中及以下的女性，收入增加的概率更高，增加了97.4%，倾向于就业的概率更高，增加了9.22%，选择正规就业的概率增加了8.9%，晋升至管理层的概率增加了9.1%。

表8 按女性受教育程度考察对其劳动力市场表现的长期影响

变量	初中及以下 （1）	高中及以上 （2）
总收入	0.224	0.974**
	(0.275)	(0.377)
就业	0.071	0.092**
	(0.051)	(0.040)
正规就业	0.018	0.089**
	(0.043)	(0.041)
成为管理层人员	−0.032*	0.091***
	(0.019)	(0.027)
控制变量	是	是
省份固定效应	是	是
生育年份固定效应	是	是
调查年份固定效应	是	是

注：括号内为聚类标准误，估计中对标准误在省份层面进行聚类调整，*、**、***分别表示估计系数在10%、5%、1%的水平上显著。

（二）工作单位所有制的区分考察

同样地，本文也依据女性所处工作单位的所有制分类进行回归，结果如表9所示。从回归结果来看，产假延长对我国女性劳动收入，以及成为管理层人员的正向影响主要体现在国有（含国有控股）企业工作的女性群体，两者均在1%的水平上显著，而对私营/个体/三资及其他所有制工作单位等的职场女性的影响并不显著。具体可知，女性的工作单位是国有企业的情况下，产假延长会使女性个人收入翻一倍以上，增加113.7%，其晋升为管理层人员的可能性增加10.5%。

表9　按女性工作单位所有制考察对其劳动力市场表现的长期影响

变量	国有（含国有控股）(1)	私营/个体/三资及其他(3)
总收入	1.137*** (0.339)	0.192 (0.240)
就业	0.088 (0.055)	0.049 (0.044)
正规就业	0.097 (0.058)	0.013 (0.046)
成为管理层人员	0.105*** (0.034)	0.001 (0.020)
控制变量	是	是
省份固定效应	是	是
生育年份固定效应	是	是
调查年份固定效应	是	是

注：括号内为聚类标准误，估计中对标准误在省份层面进行了聚类调整，*、**、***分别表示估计系数在10%、5%、1%的水平上显著。

以上分析检验结论是否会因女性受教育程度或工作单位所有制的不同而不同。结果显示，关于受教育程度，产假延长对我国女性劳动收入及就业情况的影响主要体现在拥有高中及以上受教育背景的女性群体。关于工作单位所有制，产假延长对我国女性劳动收入，以及成为管理层人员的影响主要体现在国有（含国有控股）企业工作的女性群体。这说明，个人学历越高、所在工作单位越偏向于国有体制，女性劳动力市场表现在受到产假延长这项政策冲击时受益越大。

六 机制分析

（一）女性健康情况的影响

大量研究关注产假和女性健康之间的关系。Chatterji 和 Markowitz（2005）使用美国1988年数据研究产假政策对女性产后精神健康的影响，发现产假增加会减少女性产后两年内抑郁发生率。Chatterji 和 Markowitz（2012）使用美国2001年数据发现产假小于12周会加重生育后6个月内女性的抑郁症状，产假小于8周则不利于女性整体健康水平。Dagher 等（2014）使用美国女性产后1年内的数据发现产假时间和产后抑郁程度呈"U"形关系，产假延长有助于降低女性产后6个月之内的抑郁程度。Jia 等（2018）研究发现我国带薪产假对母乳喂养有积极影响，说明带薪产假是增强在职女性母乳喂养习惯的有效手段。母乳喂养对妇女健康也有益处，能显著降低女性患卵巢癌和乳腺癌的概率。Grossman 等（2022）发现，儿童健康改善会减少产后女性抑郁的风险。庄渝霞和冯志昕（2020）研究了产假时长对我国城镇女性产后健康的长期影响，基于2011~2015年中国健康与养老追踪调查及2014年生命历程数据，论证产假时长对城镇女性健康自评、患慢性病和心理健康的长期影响，结果表明适当的产假延长对女性身心健康呈正向影响，6个月的产假时长最有利于母亲身心健康，产假太长反而会导致正向作用减小。同时，女性初育年龄小于20岁会负面影响其身心健康，是否生育男孩对女性健康存在阶段性影响，流产对女性的身心健康都产生一定的负面影响。

通过现有研究可以判断，产假带来的直接影响是妇幼个体健康层面的改善，因此，本文针对产假延长影响女性心理健康的机制展开分析，结果如表10所示。

表10 产假延长对女性心理健康的长期影响

变量	烦躁易怒
产假延长	−0.114*
	(0.059)
年龄	−0.070
	(0.061)
年龄平方	0.001
	(0.001)
户口	0.008
	(0.068)
受过高等教育	−0.101
	(0.060)
配偶受过高等教育	0.002
	(0.050)
人均GDP取对数	−0.156
	(0.265)
城镇就业人员中女性占比	6.132
	(3.946)
城镇单位就业人员占比	−0.857**
	(0.360)
城镇单位就业人员中女性占比	−3.515
	(2.116)
常数项	3.488
	(4.363)
样本量	2364
拟合度（R²）	0.052
省份固定效应	是
生育年份固定效应	是
调查年份固定效应	是

注：括号内为聚类标准误，估计中对标准误在省份层面进行聚类调整，*、**、***分别表示估计系数在10%、5%、1%的水平上显著。

受限于变量可得性，本文使用"烦躁易怒"作为心理健康的代理变量，更丰富的健康指标可能会更好地支撑结论。但是表10的结果与大量研究产假与女性健康的文献相一致。产假延长对女性心理健康中烦躁易怒这一项指标的影响显著为负，说明相比无产假延长的女性，产假延长使女性烦躁易怒的概率下降了11.4%。这个结果表明产假可能会改善女性心理健康等，有益于女性长期劳动力市场表现。产假延长从直接改善女性心理健康或间接通过影响儿童健康这两个维度来提高女性自身健康水平，进而提高其劳动生产率。相比无产假延长的女性，产假延长使女性更能从容地哺育喂养，促进身体康复和心态调整。新生儿出生后的营养得到更充分的满足，保障了其长期健康水平，有助于增进女性福祉，从而帮助女性拥有更好的劳动力市场表现。

（二）配偶收入表现的影响

为了考察劳动力市场上的性别差异，本文同样选取数据库中符合条件的男性样本进行回归，结果如图 3 所示。结果表明，女性产假延长这项改革冲击短期内，会使男性在劳动力市场上的收入水平以及正规就业与否受到一定的负向影响，由此得出，在女性拥有更长产假后，男性可能会为此做出牺牲，体现为收入减少，更多倾向于选择灵活就业。但从事件分析法模型来看，四者都没有显著的长期动态效应。这一点与其他文献类似，产假改革对男性的动态影响都为零，男性的收入不会受孩子出生的影响，且与休假长度无关。

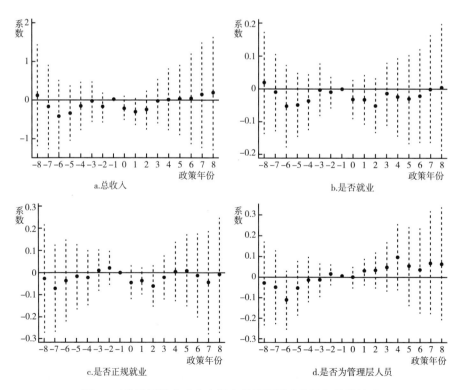

图3　对我国男性劳动力市场表现长期影响的平行趋势检验

　　本部分的机制分析评估产假延长通过女性个体健康水平、男性工作收入及就业两种途径带来的影响。综合回归结果来看，女性更好地享受产假有利于身心健康和幼儿照料，更好地保障幼儿成长期的健康，直接或间接地给女性健康带来正向反馈，有利于女性返回职场后的表现。同时，虽然男性短期的劳动收入受到负面影响，但他们在产假期间对育儿的积极参与有益于女性身心健康。通过这些机制，产假改革冲击会转化为女性长期在劳动力市场的收益。

七　结论和政策建议

　　本文研究发现，相较于同地区未享受长产假的女性，享受更长产假女性的劳动收入和正规就业均显著增加。更为重要的是，这种积极效果在长期会逐渐增强。研究还发现，受政策影响，享受更长产假的女性更倾向于就业和成为管理层人员。进一步的异质性分析显示，上述产假延长的长期效果主要体现在拥有高中及以上学历的女性群体以及在国有企业工作的女性群体，而对其他女性群体作用有限。机制分析发现，产假延长对女性心理健康有着正向影响，更有利于女性应对职场压力，获得更好的发展，提高就业质量。同时，产假延长也可能对男性参与育儿产生一定的影响。

　　根据上述结论提出以下政策建议。第一，继续适度扩大产假覆盖范围和提高产假期间工资待遇，充分发挥产假政策在促进女性就业、提高生育率方面的长期积极作用。随着经济社会发展，尤其是工业化、城镇化带来的生活方式和生育观念的转变，低生育率以及由此带来的少子化、老龄化成为全球性现象，这是一个国际性难题。生育倾向弱、实际生育率低、适龄劳动力不足、人口老龄化、经济增长缓慢是很多国家面临的挑战。以产假为代表的生育支持政策体系是缓解女性工作—生育冲突、降低家庭生育成本、促进公平且充分就业的重要解决方案。现阶段，我国的产假制度在覆盖范围、收入待遇、落实率等方面仍存在水平较低和结构不均衡的特征。为确保各部门和各就业类型的女性群体均能平等充分地享受生育相关的合法权益，需要持续优化产假政策。

第二，产假政策需要与其他配套措施一起构建完善的生育支持体系。目前，我国的产假政策仍以女性生育支持为主，缺少全国层面适度的陪产假规定。各地区已逐渐明确陪产假在鼓励生育方面的作用，但国内外相关研究和经验表明，产假政策的实际效果受到多种因素的限制，特别是男性的陪产假和社会性别观念，二者决定了育儿负担在家庭内部成员间短期和长期的分配。陪产假鼓励男性更负责任地参与家庭育儿的过程，促进家庭内部的性别尊重和社会范围内的性别平等，在发挥女性产假政策预期的正向效果方面有着重要的调节作用。通过优化产假政策，将产假、陪产假、育儿假等以家庭为单位予以灵活分配，可以更好地缓解女性面临的工作和家庭之间的矛盾。

第三，发挥数字经济和灵活就业的优势，从人力资本生命周期的视角降低产假成本。数字经济已成为全球经济增长的驱动力，深刻影响着劳动力市场的就业机会、技能需求和收入水平。与数字技术相结合的灵活就业形态的兴起实现了工作地点和工作时间从固定到灵活、从单一到多元的转变，引发了劳动力市场结构变革，这对面临工作和家庭冲突的育龄女性来说尤为重要。鼓励企业适度地增加灵活就业岗位，有助于保持女性产假期间和工作的联系，使得女性的职业发展不会因生育和休假而完全中断，从而降低女性产假期间可能出现的人力资本损失。

第四，通过财政补贴和税费减免等措施减轻企业承担的生育成本、完善成本分担机制，降低产假政策可能带来的就业挤出效应。产假时长和待遇的提高使得在职女性可预见的育儿责任增加，工作权益受到雇主方限制，从而错失个体职业发展期的人力资本投入，就业市场竞争力受损。产假延长使女性更易将更多的精力放在照顾家庭方面，造成女性群体劳动力资源错配。为避免上述现象发生，可以通过改善企业所得税结构、社会保险缴纳机制等措施减轻企业负担、消除招聘和晋升等环节中可能存在的性别歧视、鼓励企业履行社会责任。

参考文献

[1] 黄镇，2018，《从产假到家庭生育假——生育政策配套衔接的制度逻辑与改革路径》，《云南社会科学》第4期。

[2] 贾男、杨天池，2019，《带薪产假与女性工资率——基于各省晚育产假奖励政策的实证研究》，《当代财经》第12期。

[3] 李芬、风笑天，2016，《"对母亲的收入惩罚"现象：理论归因与实证检验》，《国外理论动态》第3期。

[4] 李西霞，2016，《生育产假制度发展的国外经验及其启示意义》，《北京联合大学学报（人文社会科学版）》第1期。

[5] 廖敬仪、周涛，2020，《女性职业发展中的生育惩罚》，《电子科技大学学报》第1期。

[6] 刘畅、靳永爱，2022，《产假政策与生育意愿》，《世界经济文汇》第2期。

[7] 王俊、石人炳，2021，《中国家庭生育二孩的边际机会成本——基于收入分层的视角》，《人口与经济》第4期。

[8] 夏露露，2020，《全面二孩政策背景下女性公平就业问题的对策研究》，《湖北文理学院学报》第12期。

[9] 许琪，2021，《从父职工资溢价到母职工资惩罚——生育对我国男女工资收入的影响及其变动趋势研究（1989~2015）》，《社会学研究》第5期。

[10] 张琪、张琳，2017，《生育支持对女性职业稳定的影响机制研究》，《北京社会科学》第7期。

[11] 庄渝霞、冯志昕，2020，《产假政策对中国城镇母亲健康的长期影响》，《人口学刊》第5期。

[12] Baker M., Milligan K. 2008. "How does Job-protected Maternity Leave Affect Mothers' Employment." *Journal of Labor Economics* 26(4):655-691.

[13] Bergemann A., Riphahn R. T. 2023. "Maternal Employment Effects of Paid Parental Leave." *Journal of Population Economics* 36(1):139-178.

[14] Bergmann B. R. 1971. "The Effect on White Incomes of Discrimination in Employment." *Journal of Political Economy* 79(2):294-313.

[15] Berniell I., Berniell L., Mata D. De la, Edo M., Marchionni M. 2021. "Gender Gaps in Labor Informality: The Motherhood Effect." *Journal of Development Economics* 150:102599.

[16] Blau F. D., Kahn L. M. 2017. "The Gender Wage Gap: Extent, Trends, and Explanations." *Journal of Economic Literature* 55(3):789-865.

［17］ Byker T. S. 2014. "Fertility and Women's Economic Outcomes in the United States, Peru and South Africa." Doctoral Dissertation.

［18］ Canaan S., Lassen A., Rosenbaum P., Steingrimsdottir H. 2022. "Maternity Leave and Paternity Leave: Evidence on the Economic Impact of Legislative Changes in High Income Countries." IZA Discussian Paper No.15129.

［19］ Chatterji P., Markowitz S. 2005. "Does the Length of Maternity Leave Affect Maternal Health?" *Southern Economic Journal* 72(1):16–41.

［20］ Chatterji P., Markowitz S. 2012. "Family Leave After Childbirth and the Mental Health of New Mothers." *Journal of Mental Health Policy and Economics* 15(2):61.

［21］ Dagher R. K., Mcgovern P. M., Dowd B. E. 2014. "Maternity Leave Duration and Postpartum Mental and Physical Health: Implications for Leave Policies." *Journal of Health Politics, Policy and Law* 39(2):369–416.

［22］ Duflo E. 2010. "Schooling and Labor Market Consequences of School Construction in Indonesia: Evidence from an Unusual Policy Experiment."*American Economic Review* 91(4):795–813.

［23］ Ekberg J., Eriksson R., Friebel G. 2013. "Parental Leave—A Policy Evaluation of the Swedish 'Daddy-Month' Reform." *Journal of Public Economics* 97:131–143.

［24］ Evertsson M. 2011. "Parental Leave–Possibility or Trap? Does Family Leave Length Effect Swedish Women's Labour Market Opportunities?" *European Sociological Review* 27(4):435–450.

［25］ Gottlieb J. D., Townsend R. R., Xu T. 2022. "Does Career Risk Deter Potential Entrepreneurs?" *The Review of Financial Studies* 35(9):3973–4015.

［26］ Grossman D. S., Tello-Trillo S., Willage B. 2022. "Health Insurance for Whom? The 'Spill-up' Effects of Children's Health Insurance on Mothers." NBER Working Papers, No. w29661.

［27］ Jia Nan, Dong X., Song Y. 2018. "Paid Maternity Leave and Breastfeeding in Urban China." *Feminist Economics* 24(2):31–53.

［28］ Kleven H., Landais C., Posch J., Steinhauer A., Zweimüller J. 2020. "Do Family Policies Reduce Gender Inequality? Evidence from 60 Years of Policy Experimentation." National Bureau of Economic Research, No. w28082.

［29］ Lalive R.,Zweimüller J. 2009. "How does Parental Leave Affect Fertility and Return to Work? Evidence from Two Natural Experiments." *The Quarterly Journal of Economics* 124(3):1363–1402.

［30］ Liu H., Yu D., Wang H. 2020. "A Review of the Development of Maternity Leave Policy in China over the Past 70 Years." *China Population and Development Studies* 3(2): 172–187.

[31] Pylkkänen E., Smith N. 2004. "The Impact of Family-friendly Policies in Denmark and Sweden on Mothers' Career Interruptions Due to Childbirth." Available at SSRN 522282.

[32] Rossin-Slater M., Ruhm C. J., Waldfogel J. 2013. "The Effects of California's Paid Family Leave Program on Mothers' Leave-taking and Subsequent Labor Market Outcomes." *Journal of Policy Analysis and Management* 32(2):224–245.

[33] Schönberg U., Ludsteck J. 2014. "Expansions in Maternity Leave Coverage and Mothers' Labor Market Outcomes after Childbirth." *Journal of Labor Economics* 32(3):469–505.

[34] Schuchmann M. L. 1995. "Family and Medical Leave Act of 1993: A Comparative Analysis with Germany." *Journal of Corporation Law* 20:331.

（责任编辑：张容嘉）

金融科技的微观共同富裕效应

——基于增长和分配的双重视角

邢小明　应兆琦[*]

摘　要： 实现全体人民共同富裕，是完成2035年远景目标和任务的必要之举。金融与科技的结合能否服务实体经济，助力企业绩效增长与收入分配，从而促进共同富裕实现？本文基于2011~2020年我国A股上市公司数据，检验了金融科技发展对企业绩效增长和内部收入分配的影响及其机制。研究发现，金融科技发展不仅能够促进企业财务绩效和市场绩效的提升，还能提高企业劳动收入份额。异质性及调节效应分析表明，金融科技发展对企业绩效和劳动收入份额的促进效应在非国有企业、资本技术密集型行业、银行业竞争程度和金融监管强度较高的地区更为明显；外部法制环境的改善和市场化水平的提高能够强化金融科技对劳动收入份额增加的促进作用。机制分析表明，"增长"上，金融科技通过提高企业信贷资源配置效率、促进自主创新，提升企业绩效；"劳资分配"上，金融科技能同步提升平均工资率和劳动生产率，但平均工资率效应占主导地位，从而提高劳动收入份额；"劳劳分配"上，金融科技带来的企业绩效提升虽然扩大了高管—员工绝对薪酬差距，但能够通过优化企业人力资本结构缩小高管—员工相对薪酬差距。本研究为金融科技服务实体经济、推进共同富裕实现提供了有益的政策启示。

关键词： 金融科技　共同富裕　企业绩效　劳动收入份额　内部薪酬差距

---

* 邢小明，副教授，江西财经大学应用经济学院，电子邮箱：1200402563@jxufe.edu.cn；应兆琦（通讯作者），硕士研究生，江西财经大学应用经济学院，电子邮箱：ying_zq82@163.com。本文获得国家自然科学基金项目（72262019）的资助。感谢匿名审稿专家的宝贵意见，文责自负。

一 引言

随着"全面建成小康社会""全国脱贫攻坚"等任务的完成,我国站在历史的新起点,迈上中国式现代化新征程。党的二十大报告指出,中国式现代化是全体人民共同富裕的现代化,扎实推进共同富裕是社会主义制度的本质要求,经济发展归根结底是要实现全体人民共同富裕。其中,"富裕"的前提是发展,要求把"蛋糕"做大做好;"共同"体现公平,要求把"蛋糕"切好分好。做大做好"蛋糕"和切好分好"蛋糕",体现的是经济增长和收入分配的辩证关系。改革开放以来,我国经济发展取得了举世瞩目的成绩,在"增长"上,企业和区域经济已经由高速增长转向高质量发展,国家统计局数据显示,2022年我国人均GDP达约1.34万美元,首次跨过高收入国家门槛。然而,在"分配"上,一方面,从劳劳分配关系来看,近几年我国在缓解城乡收入差距上取得了一定进展,据统计,2022年我国居民收入差距的基尼系数为0.474,较2008年下降近2个点,但仍然没有摆脱作为发展中国家所具有的发展不平衡的基本特征,现阶段我国低收入人群占60%(李实和朱梦冰,2022),明显高于国际上城乡居民收入差距的平均水平。另一方面,从劳资分配关系来看,相关研究表明,在技术进步和全球化的推动下,几乎所有发达国家都呈现劳动收入份额下降趋势(Karabarbounis和Neiman,2014),纵观我国,根据收入法计算国内生产总值,劳动收入份额1990~2007年下降了近11个百分点,之后渐进上升至2020年的52.7%,但并没有改变国民收入分配结构失衡的事实(李实和陈基平,2023)。因此,在当前形势下,不仅要提高资源配置效率,促进经济高质量发展,做大"蛋糕",更要通过合理有效的收入分配机制分好"蛋糕",尤其是要充分发挥好初次分配的基础性作用,提高劳动报酬在初次分配中的比重。

金融作为现代产业体系的重要组成部分,能够有效促进地区经济发展(Nzotta和Okereke,2009),而其如何影响收入不平等也备受经济学家和决策者的关注(Aghion和Bolton,1997)。近年来,随着数字经济浪潮的兴起,人工智能、区块链、云计算以及大数据等"ABCD"新兴技术在金融业得到广泛运用，传统金融迎来了爆发式变革，金融科技应运而生。金融科技的深入应用改变了金融业的演进格局，甚至颠覆了传统金融业发展的商业模式和生态体系，推动金融提质增效。根据中国信息通信研究院发布的《中国金融科技生态白皮书（2022 年）》，截至 2021 年，全球金融科技投资额已经达到 2100 亿美元，创历史新高，同比增长 68%，其中我国所吸引的投资额在亚洲地区占比高达近 80%。中国人民银行于 2019 年和 2022 年相继印发《金融科技（FinTech）发展规划（2019—2021 年）》和《金融科技发展规划（2022—2025 年）》，明确指出坚持创新驱动发展，加快金融科技战略部署与安全应用，已成为深化金融供给侧结构性改革、增强金融服务实体经济能力、打好防范化解金融风险攻坚战的内在需要和重要选择，标志着金融科技已上升至国家战略层面。此外，《中华人民共和国国民经济和社会发展第十四个五年规划和 2035 年远景目标纲要》和 2023 年 10 月召开的中央金融工作会议提出，要完善金融支持创新体系，鼓励金融机构发展科技金融产品，做好科技金融、绿色金融、普惠金融、养老金融和数字金融五篇大文章。金融与科技的结合可以促进经济社会各方面包容性发展已达成共识，其能否服务于实体经济，助力企业"增长"与"分配"，实现企业内部共同富裕，从而促进全体人民共同富裕是值得关注的议题。

基于以上背景，本文旨在探究金融科技发展能否促进企业绩效提升并改善内部收入分配。事实上，首先，现代金融科技具有信息技术上的比较优势，不仅能够缓解传统金融机构面临的信息不对称难题，提高金融机构与企业之间的信贷配置效率（宋敏等，2021），还能进一步产生技术溢出效应，促进企业复制和学习新兴技术，提高企业的自主创新意愿，进而赋能企业发展，提升企业绩效。其次，金融科技在金融服务领域具有普惠性，能够有效解决企业在传统金融体系中面临的"属性错配"、"领域错配"以及"阶段错配"等问题（唐松等，2020），进而扩大金融服务的覆盖范围，形成"长尾效应"，展现出低门槛、高效率的优势，企业所面临的"融资难""融资贵"得以缓解之际会减少挤占劳动工资的内源性融资行为，从而提高劳动收入份额。最后，企业融资约束的缓解以及绩效的增长同样会促进其数字化转型并加强对内部员工的技能培训，进而缓解企业劳动力需求错配问题，优化人力资本结构，从整体上提高企业员工的平均薪资，缩小高管与员工之间的薪酬差距。因此，理论上，金融科技发展有助于提升企业绩效并改善内部收入分配。从数据上看，自2011年以来，我国金融科技发展水平持续提高的同时，上市公司内部劳动收入份额也保持增长趋势，高管—员工相对薪酬差距整体呈下降趋势，但绝对薪酬差距不断上升，这表明金融科技发展与企业内部收入分配之间可能存在一定的相关关系，如图1所示。

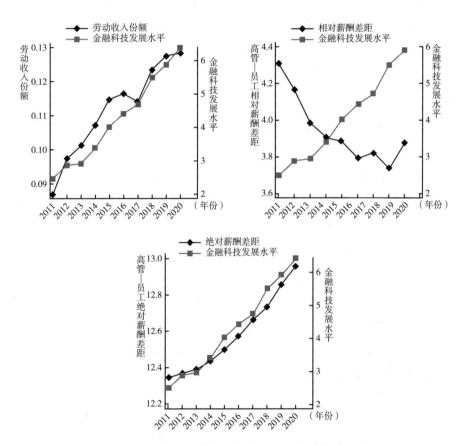

图1　2011~2020年金融科技发展水平和企业内部收入分配

注：劳动收入份额与薪酬差距基于上市公司数据得到，前者为"支付给职工以及为职工支付的现金"与"营业总收入"的比值，后者为高管—员工的薪酬差距；金融科技发展水平参考本文解释变量。

相较于以往研究，本文的边际贡献可能在于：第一，跟以往共同富裕相关研究不同，宏观视角上，大多数研究通过构建共同富裕指数来探讨兼顾"共同富裕"和"总体富裕"的问题，微观视角上，主要针对劳动收入份额或内部收入差距进行单一维度的考察。而本文基于微观企业视角，将企业绩效增长、劳动收入份额以及内部薪酬差距纳入统一框架，从地区金融科技发展出发分析了其对三者的影响。此外，在当下城乡居民相对收入差距缩小但绝对收入差距仍持续扩大的背景下，企业内高管与员工之间的薪酬差距成为高薪人群和中低薪人群的典型代表，本文进一步分析了金融科技发展对企业内高管—员工相对薪酬差距和绝对薪酬差距的影响，为讨论企业内高管—员工薪酬差距的影响因素提供了新的视角。第二，本文将企业信贷资源配置效率、自主创新、融资约束—工资率、融资约束—劳动生产率以及人力资本结构同时纳入分析框架，深入剖析了金融科技发展影响企业绩效增长及内部收入分配的内在机理。此外，从企业产权性质、行业要素结构、地区银行业竞争程度以及金融监管强度等视角进行了异质性分析，且从企业所处外部环境进一步探讨了企业外部法制环境和市场化水平在金融科技发展影响劳动收入份额中起到的调节作用，使得对金融科技发展与企业绩效以及劳动收入份额间关系的认识更加深入。

本文余下内容结构为：第二部分对相关文献进行了回顾；第三部分根据理论分析提出研究假说；第四部分对选取的数据来源与筛选、模型构建以及变量定义等内容进行描述；第五部分展示了实证结果分析；第六部分论证了金融科技从不同方面影响企业绩效以及内部收入分配的内在机理；第七部分是结论和政策建议。

二 文献回顾

一方面，共同富裕话题近年来引起了业界和学术界的热议。宏观层面上，立足于数字技术时代背景，诸多学者从数字金融（尹志超等，2023）、电商发展（方师乐等，2024）以及数字经济（陈梦根和周元任，

2023）等视角，通过构建多维度的共同富裕指数，剖析了数字技术何以赋能地区共同富裕。微观层面上，现有研究将企业劳动收入份额以及内部薪酬差距作为出发点，并展开了实现共同富裕目标的相关性研究。基于企业劳动收入份额而言，学者们考察了技术进步（Acemoglu 和 Restrepo，2020；何小钢等，2023）、市场竞争（肖土盛等，2023）、劳动保护（钱雪松和石鑫，2024）、贸易市场开放（余淼杰和梁中华，2014）、经济增长（詹新宇等，2023）以及企业特征（肖土盛等，2022；贾珅和申广军，2016）等因素带来的影响。就企业内部薪酬差距而言，文献主要研究了税收政策（张克中等，2021；魏志华等，2022）、高管特征（Chang 等，2010；柳光强和孔高文，2018）以及企业内部治理（卢锐，2007）等对企业高管—员工薪酬差距的影响。现有探讨共同富裕的相关文献中，兼顾"共同"和"富裕"双重视角的研究更多的是从宏观层面出发，且微观企业劳动收入份额以及内部薪酬差距的研究严格来说仅单方面考虑了企业内劳劳分配或劳资分配情况。然而，要想做到"共同富裕"，"总体富裕"是前提。企业作为市场经济的生力军和收入分配的主体，是促进经济高质量发展的关键力量。为此，本文从微观企业视角，探讨地区金融科技发展如何影响企业"增长"和"分配"，对于推进实现共同富裕具有重要意义。

另一方面，科学技术助力金融市场发展，金融科技应运而生。然而，学术界对金融科技发展水平的测度并未形成统一的标准。部分文献将北京大学的普惠金融指数作为金融科技发展的代理变量，考察了金融科技对传统银行行为（邱晗等，2018）、金融监管转变（周仲飞和李敬伟，2018）、银行业绩（谢婍青等，2021）以及商业银行数字化转型（谢治春等，2018）的影响。从上市公司来看，金融科技依靠数字技术催生新的金融服务模式，提升金融机构的信息甄别能力，通过企业行为信息的积累了解企业发展模式，更好地与企业构建沟通"桥梁"，进而助力企业全方位发展。李春涛等（2020）基于互联网搜索引擎，使用百度新闻中地级市与金融科技相关的关键词数量来衡量当地的金融科技发展水平，研究发现金融科技发展显著促进了企业创新。王小燕等（2019）基于沪深A股上市公司数据分析发现，金融科技能够通过缓解企业融资约束、降低金融杠杆和财务费用来提高创新产出。宋敏等（2021）创新性地基于金融科技公司数量构建金融科技发展指标，发现金融科技能依靠科技"赋能"传统金融，进而促进企业全要素生产率提高。李建伟和段彩虹（2024）基于我国 2011~2021 年沪深 A 股上市公司数据分析发现，金融科技可以有效提升企业的抗风险能力并缓解融资约束，进而驱动数字化转型。综合上述文献来看，以往金融科技相关研究更多地集中于金融科技对传统商业银行经营发展以及上市公司经济后果方面，鲜有文献探讨金融科技与企业绩效和内部收入分配之间的关系。

总而言之，立足于实现全体人民共同富裕的背景下，企业的发展应兼顾"共同"和"富裕"，但同时系统分析企业"增长"和"分配"的研究仍较少。本文从"增长"和"分配"的双重视角，将企业绩效、劳动收入份额以及高管—员工薪酬差距纳入分析框架，探讨了金融科技以不同渠道对三者的影响及作用机理，不仅厘清了金融科技对企业发展的影响，也能为今后有关企业与共同富裕的研究提供一定的借鉴。

三　理论分析与研究假说

要想厘清金融科技与微观企业内部共同富裕之间的关系，首先应在概念上界定何为企业层面的共同富裕。因此，本部分首先简单介绍了企业内共同富裕的内涵，然后着重探讨金融科技影响企业内共同富裕的作用机理。

（一）企业内共同富裕的内涵

共同富裕体现的是"共同"和"富裕"两个层面。宏观层面上，"富裕"是实现区域经济高质量发展，让全体人民过上富足的生活；"共同"则表明，"富裕"不是一部分人的富裕，而是总体上的富裕，是人民共享的富裕。微观层面上，企业作为市场经济的生力军和初次分配的主体，在整个社会的经济发展和收入分配体系中占据着重要地位。本文将微观共同富裕定义为"总体富裕"即"增长"，"共同富裕"即"分配"。具体地，在"增长"上表现为企业绩效提升（聂辉华等，2022），包括企业财务绩效、市场绩效的提升；在"分配"上，一方面体现为企业内劳动力要素与资本要素之间的分配关系即劳动收入份额，另一方面体现为企业内不同劳动群体即管理层与普通员工之间的收入差距（方明月等，2022），具体又可划分为两者的绝对薪酬差距和相对薪酬差距。

（二）增长：地区金融科技发展对企业绩效的影响

首先，金融科技发展能够提高企业的信贷资源配置效率，进而促进企业绩效提升。一方面，大量研究表明，企业全要素生产率不仅是决定地区经济持续增长的重要因素（王小鲁等，2009），也反映了企业在市场上是否具有竞争力（蒋冠宏，2022）。这表明企业全要素生产率的提高是其绩效提升的重要体现。另一方面，Hsieh 和 Klenow（2009）指出，资源配置扭曲是导致我国全要素生产率降低的主要原因，如果我国的资源配置效率达到美国的水平，我国的生产率将上升 30%~50%。然而，金融科技的本质是技术驱动传统金融机构进行改革创新，表现为科技创新与金融创新的有机结合，创新的金融服务和业务模式能够有效提升行业的组织管理效率和生产效率，加速金融业结构变革进程，并有效降低其运营成本。良好的金融市场能够有效解决传统金融体系存在的错配问题（唐松等，2020），不仅在"量"上缓解企业融资约束，而且在"质"上降低银行与企业之间的信息不对称，提升企业与部门之间的信贷配置效率（宋敏等，2021），进而有利于企业全要素生产率的提高。王道平和刘琳琳（2021）的研究发现，数字金融有助于解决"金融歧视"和"金融错配"问题，从而提升企业全要素生产率。此外，以往研究表明，金融资源合理配置能够有效促进经济增长及企业绩效提升。Mahoney 和 Pandian 早在 1992 年就指出，企业获得利润的关键不在于拥有更好的资源，而在于能够更好地利用资源。陈收和张锦（2013）认为，提高企业资源配置效率，有利于绩效提升。在金融科技快速发展的背景下，一些科技公司基于中间业务沉淀了大量的中小企业信用数据，基于此，能够甄别出被银行忽视但生产效率较高的中小民营企业，优化企业的信贷资源配置。

其次，金融科技发展能够提高企业的自主创新意愿，进而促进企业绩效的提升。熊彼特（Schumpeter）的创新理论认为，创新能够产生创造性破坏，即创新能够创造出新的价值。这就是说，企业想要产生新的市场绩效，就应该加大研发投入，进行自主创新。任保平和文丰安（2018）认为，企业的创新动力不仅决定企业的竞争力，对我国经济高质量发展也有着重要影响。金融科技能够使经济发展从以往的要素、投资驱动转向创新驱动，科技、金融与经济三者相辅相成对推动企业自主创新、高质量发展具有重要意义。同时，金融科技发展带来的数据、技术要素市场改善有利于进一步产生技术溢出效应，推动实体企业对新兴技术的学习与复制。Philippon（2016）认为，金融科技能够推动企业更新生产方式，提供高质量的后台服务，推动技术进步。郭沛瑶和尹志超（2022）基于 CFPS 数据研究发现，数字金融可以通过提高政府的推动力并改善当地创新环境等渠道助力小微企业自主创新。江红莉和蒋鹏程（2021）指出，数字金融能够促进企业加大创新投入，提升企业全要素生产率。因此，本文提出假说 H1a、H1b。

假说 H1a：金融科技发展有利于推动企业绩效的提升，实现企业"增长"的目标。

假说 H1b：金融科技发展通过提高企业信贷资源配置效率、促进自主创新，进而实现企业绩效的提升。

（三）劳资分配：地区金融科技发展对企业劳动收入份额的影响

从间接效应来看，本文认为金融科技发展能够缓解企业面临的"融资难""融资贵"难题，从而对劳动收入份额增加产生积极影响。

研究表明，传统金融体系固有的"融资难""融资贵"问题带来的信贷约束会使企业倾向于减少劳动雇佣或者降低工资水平，从而对劳动收入份额产生负面影响（罗长远和陈琳，2012）。此外，一些中小企业为了应对融资困境被迫采用利润留存的方式来进行内源性融资（汪伟等，2013），从而减少了对员工尤其是高管的利润分配，降低了企业内劳动收入份额。Bond 和 Meghir（1994）的研究发现，投资有利于实现企业生产能力扩张，但融资约束会延缓企业投资进程，从而影响生产利润增加，最终导致劳动收入降低。因此，如何破解"融资难"问题，对于增加企业劳动收入份额而言具有重要意义。

　　然而，一方面，针对"融资难"问题，金融科技可以通过降低银行与企业之间的信息不对称缓解企业融资约束（李春涛等，2020）。黄锐等（2020）指出，金融科技能够直接或间接地优化融资路径，降低融资成本、提升信息透明度，最终缓解企业的融资约束。在金融科技背景下，为维持既有规模优势，银行部门将强化自身风险承担，提升向新、旧客户发放普惠贷款的意愿（黄益平和黄卓，2018），这有助于降低企业的融资难度。此外，传统金融模式偏向于"二八定律"，即使有限的资源更多地偏向大型企业，一些中小企业因较低的信用评分和贷款价值比而无法有效地触及金融服务。然而，金融科技通过大数据、人工智能等新兴技术处理海量数据，使得金融机构能够更加便利地了解到企业的资金和信用问题，降低金融市场的融资门槛，打破"二八定律"服务困境，并根据企业的综合资质对那些成长潜力大但机会少的企业进行融资。

　　另一方面，针对"融资贵"问题，Fazzari等（1988）指出，市场机制不完善引致的高额外源融资成本是融资约束的成因，企业无法达到最优的投资水平。金融科技不仅能够增强金融机构的风险防范能力、加快企业贷款的审批程序，降低企业的融资成本，还能使金融服务方的信息搜集和处理成本下降，融资效率（江红莉等，2022）和融资定价精准度提高，促使企业能够在相对合理的成本区间内获得资金。Fuster等（2019）使用美国抵押贷款明细数据，发现金融科技银行处理抵押贷款申请的速度比其他银行快20%，且更快的处理速度并不以更高的违约率为代价。Lin等（2013）利用美国Prosper借贷平台数据，发现借款人的社会网络关系信息可以用于信贷审核，且这一作用在金融科技市场中的表现更为明显，即金融科技带来的高信息透明度能够提高借款人借款成功的概率并降低融资成本以及事后违约风险。因此，本文提出假说H2。

　　假说H2：金融科技发展能够缓解企业面临的"融资难""融资贵"难题，从而增加企业劳动收入份额。

（四）劳资分配：劳动收入份额直接效应分解

　　从直接效应来看，根据经典的欧拉定理，劳动收入份额的直接决定因素表现为平均工资率与劳动生产率的相对变化，即金融科技发展带来的劳动收入份额差异取决于平均工资率和劳动生产率的变化方向及幅度（魏下海等，2013；罗明津和铁瑛，2021），具体可表示为：

$$Ln(LS)=Lnw-ln\,(Y/L)$$

其中，w 为平均工资率，Y/L 为劳动生产率。

一方面，当其他条件不变时，平均工资率越高意味着更高的劳动收入份额。而金融科技发展会影响企业员工的平均工资率，带来劳动收入份额的正向促进效应。原因在于：第一，在金融科技发展的支持下企业绩效提升以及缓解其所面临的融资约束，充足的资金会使企业倾向于减少解雇员工和挤占工资的行为，提高员工的工资水平，从而提高平均工资率。第二，融资约束的缓解会驱动企业进行数字化转型，增加对高技能劳动力的需求，就业结构的优化会提升员工的价值，从而获得更高水平的薪资待遇（徐腾达等，2024）。

另一方面，当其他条件不变时，劳动生产率越高意味着更低的劳动收入份额。而金融科技发展会影响企业劳动生产率，带来劳动收入份额的负向抑制效应。原因在于：企业具备的较为充足的资金会为其进行数字化转型奠定基础，企业在进行数字化转型的过程中不仅会增加对高技能劳动力的需求，减少对低技能劳动力的需求，同时会加强对内部原有员工的技能培训，从而改善内部劳动力需求的结构性错配问题，优化人力资本结构。例如，当企业进行固定资产投资如购买先进的机器设备或技术以提高生产的智能化水平时，离不开互补性高技能劳动力以及有丰富管理经验的人员（马红旗等，2017）。此外，金融科技的发展也使企业对金融与科技复合型人才的需求增加。总之，金融科技发展会产生高技能岗位需求的创造效应和低技能岗位需求的替代效应，并加强内部员工技能培训以促进人力资本结构升级，高质量的人力资本在企业运营过程中对应于较高的管理效率（牛志伟等，2023），进而可以显著提高企业劳动生产率。

因此，按理来说，企业劳动收入份额是否提升取决于金融科技发展所产生的平均工资率效应和劳动生产率效应的相对大小。而本研究认为，金融科技发展带来的平均工资率效应会大于劳动生产率效应，进而对劳动收入份额产生提升作用。主要原因在于：一方面，金融科技不仅会通过缓解企业外部融资约束使其减少对员工工资的挤占行为，同时引起的企业绩效增长也会进一步提升员工收入；另一方面，劳动生产率的提高主要体现在企业内部人力资本结构的升级上，但也会提高员工的议价能力（何小钢等，2023），进而提升平均工资。因此，本文提出假说H3：

假说H3：在直接效应上，金融科技发展同时提高了平均工资率和劳动生产率，但平均工资率效应占主导地位，从而提高劳动收入份额。

（五）劳劳分配：地区金融科技发展对企业高管—员工薪酬差距的影响

在城乡居民相对收入差距缩小但绝对收入差距仍持续扩大的背景下，企业内部高管与员工之间的薪酬差距是否会存在类似的趋势？

事实上，一方面，当金融科技助力企业绩效提升时，企业所有权和经营权相分离引发了管理者和股东间的委托代理问题，由于激励不相容和信息不对称问题，高管的薪酬往往与企业绩效相挂钩，即公司的业绩越好，高管得到的奖励就越多（雷宇和郭剑花，2017）。此外，当企业绩效提升时，普通员工的薪酬也会有所增加，但是员工薪酬增加的绝对额小于高管，企业内部高管—员工的绝对薪酬差距可能会随之扩大，"做大蛋糕"成了企业管理层工作的动力。在现有薪酬制度下，原本用以缓解委托—代理问题的激励方式却成了高管自利的工具，甚至存在高管利用职务优势暗中进行薪资操控的情况，加上高管与员工之间存在尺蠖效应（卢锐，2007），进而可能会扩大二者薪酬差距。方军雄（2009）指出，我国上市公司的高管薪酬有显著的业绩敏感性，同时表现出当业绩上升时，高管薪酬增加的幅度远大于业绩下降时高管薪酬减少的幅度，形成了高管薪酬黏性。同时，企业绩效的提升增加了可支配的劳动收入，但是在收入分配过程中，高管往往付出了更多的时间和精力，在带动企业转型发展等方面相较于普通员工起到了更重要的作用，因此，高管所分配的薪酬会更多，从而拉开内部高管与员工之间的绝对薪酬差距。

另一方面，上述理论分析认为，金融科技引起的企业绩效提升以及融资约束缓解会使企业优化内部人力资本结构。然而，当企业人力资本结构变为高技能主导时，高人力资本劳动者会因有更强的工资议价能力而产生技能工资溢价（肖土盛等，2022），全体员工的平均薪酬相对来说就会增加，加上员工薪酬原本基数较小，员工的薪酬增速就可能超过高管，从而缩小企业内部高管与员工之间的相对薪酬差距。

因此，金融科技发展会同时提高企业高管和员工的平均工资水平，但会对两者的相对薪酬差距和绝对薪酬差距产生不同的影响。为此，本文提出假说 H4a、H4b。

假说 H4a：金融科技发展缩小了企业高管—员工的相对薪酬差距。

假说 H4b：金融科技发展扩大了企业高管—员工的绝对薪酬差距。

四 研究设计

（一）数据来源和样本选取

本文以 2011~2020 年我国 A 股上市公司为研究对象。其中，上市公司财务数据来源于 CSMAR 数据库和 Wind 数据库；地区金融科技发展水平参照李春涛等（2020）的做法，根据国家科技创新规划、大数据产业发展规划、《中国金融科技运行报告》，以及相关新闻报道、会议信息等，选取与金融科技高度相关的 48 个关键词，运用网络爬虫技术，爬取百度新闻高级搜索结果，并根据"地区+关键词"将同一城市层面的所有关键词搜索数进行加总，得到各城市所有关键词的搜索量；其他地级市变量数据来源于历年《中国城市统计年鉴》。遵循已有的文献做法，本文对原始数据做了以下处理：剔除金融业、样本期内经营状况异常（ST/PT）的公司；剔除主要变量数据缺失的样本；剔除企业员工人数少于 100 人的公司；剔除企业管理层平均薪酬低于员工平均薪酬的样本；为克服异常值的影响，对企业层面所有连续变量进行 1% 和 99% 水平缩尾处理，最终得到 22629 个公司—年度观测值。

（二）模型构建和变量定义

为了探究金融科技发展对企业内部共同富裕的影响，本文借鉴唐松等（2020）的做法，构建了以下计量模型：

$$y_{it} = \alpha + \beta Fintech_{i,t-1} + \gamma Control_{it} + \eta_k + \lambda_t + \mu_{kt} + \varepsilon_{it} \tag{2}$$

其中，被解释变量y_{it}表示i企业在第t年的企业绩效、劳动收入份额以及高管—员工的绝对薪酬差距和相对薪酬差距；核心解释变量$Fintech_{i,t-1}$表示i企业所在地区第$t-1$年的金融科技发展水平；$Control_{it}$表示一系列企业层面和地级市层面的控制变量。此外，本文控制了行业固定效应η_k和年份固定效应λ_t，为进一步克服企业所处行业变动所引起的偏差，控制了行业—年份固定效应μ_{kt}，ε_{it}为随机误差项，使用了企业层面的聚类稳健标准误。

1.被解释变量

本文被解释变量具体表示为企业"增长"和"分配"指标。一方面，在"增长"上，参照已有文献做法（聂辉华等，2022），采用总资产收益率（ROA）即企业净利润与总资产的比值作为企业财务绩效的代理变量，用托宾Q（$TobinQ$）即企业市场价值与资产重置成本的比值作为企业市场绩效的代理变量。另一方面，在"分配"上，用"支付给职工以及为职工支付的现金"与企业"营业总收入"的比值作为企业劳动收入份额（$LS1$）的代理变量（施新政等，2019），以体现劳资分配关系；用管理层平均薪酬和普通员工平均薪酬①的比值（柳光强和孔高文，2018）衡量高管—员工相对薪酬差距（$GAP1$），管理层平均薪酬和普通员工平均薪酬差值的对数值作为高管—员工绝对薪酬差距（$GAP2$），以体现劳劳分配关系。

2.核心解释变量

本文参照李春涛等（2020）的做法，根据国家科技创新规划、大数据产业发展规划、《中国金融科技运行报告》，以及相关新闻推选、会议信息等，选取与金融科技高度相关的48个关键词（见表1）。具体地，运用网络爬虫技术，爬取百度新闻高级搜索结果，即根据"地区+关键词"将同一城市层面各年份的所有关键词搜索数进行加总，得到各城市所有关键词的总

---

① 管理层平均薪酬=（董事薪酬总额+监事薪酬总额+高管年薪总额）/（董监高人数-独立董事人数-未领取薪酬董监高人数）；员工平均薪酬=（支付给职工以及为职工支付的现金-董监高薪酬总额）/（员工人数-董监高领取薪酬人数）。

搜索量。由于该指标具有右偏性，最终对总搜索量取对数值来反映地级市的金融科技发展水平，同时为缓解可能存在的双向因果问题，本文采用滞后一期的金融科技发展水平（*L.Fintech*）。该指数构建方式已得到诸多学者的认可和运用。

表 1　金融科技关键词词库

项目	关键词
与金融科技高度相关	EB 级存储、NFC 支付、差分隐私技术、大数据、第三方支付、多方安全计算、分布式计算、股权众筹融资、互联网金融、机器学习、开放银行、类脑计算、量化金融、流计算、绿色计算、内存计算、区块链、人工智能、认知计算、融合架构、商业智能、身份验证、深度学习、生物识别技术、数据可视化、数据挖掘、数字货币、投资决策辅助系统、图计算、图像理解、网联、文本挖掘、物联网、信息物理系统、虚拟现实、移动互联、移动支付、亿级并发、异构数据、语义搜索、语音识别、云计算、征信、智能金融合约、智能客服、智能数据分析、智能投顾、自然语言处理

资料来源：参考李春涛等（2020）。

3.控制变量

参照方明月等（2022）、李春涛等（2020）的做法，本文在基准模型中控制企业以及城市两个层面的变量。其中企业层面的控制变量包括：企业规模（*Size*），用企业总资产的对数值衡量；企业年龄（*Age*），用当年年份与企业成立年份的差值衡量；资本密集度（*Cap*），用企业总资产与总收入的比值衡量；独立董事占比（*Pro*），用企业独立董事人数与董事会总人数的比值衡量；经营活动现金流（*CFO*），用当期经营活动净现金流量与总资产的比值衡量；销售收入增长率（*Rate*），用企业当年销售收入和上年销售收入的差值与上年销售收入的比值衡量；两权分离率（*Sep*），用现金流权（也称所有权）和控制权的比例衡量；产权性质（*SOE*），若为国企，则取值为1，否则为0。城市层面的控制变量包括：GDP 增长率（*GDP*），用地级市当年 GDP 和上年 GDP 的差值与上年 GDP 的比值衡量；政策支持（*Gov*），用地区政府财政支出与 GDP 的比值衡量。表 2 报告了本文主要变量的描述性统计。

表2 变量描述性统计

变量名称	变量符号	观测值	平均值	标准差	最小值	最大值
总资产收益率	ROA	22629	0.036	0.061	−0.261	0.189
托宾Q	TobinQ	22629	2.007	1.258	0.854	8.154
劳动收入份额	LS1	22629	0.134	0.092	0.012	0.502
相对薪酬差距	GAP1	22629	4.948	3.531	1.203	22.394
绝对薪酬差距	GAP2	22629	12.601	0.813	10.269	14.640
金融科技发展	Fintech	22629	4.440	1.523	0.000	7.128
企业规模	Size	22629	22.250	1.286	20.014	26.237
企业年龄	Age	22629	11.472	7.272	2.000	27.000
资本密集度	Cap	22629	2.536	2.043	0.413	13.015
独立董事占比	Pro	22629	0.376	0.054	0.333	0.571
经营活动现金流	CFO	22629	0.046	0.068	−0.154	0.237
销售收入增长率	Rate	22629	0.062	0.274	−1.212	0.702
两权分离率	Sep	22629	0.052	0.077	0.000	0.288
产权性质	SOE	22629	0.377	0.485	0.000	1.000
GDP增长率	GDP	22629	7.663	4.380	−20.630	109.000
政策支持	Gov	22629	0.161	0.081	0.044	2.349

五 实证结果分析

立足于数字经济时代背景，企业绩效和劳动收入份额的提升是经济高质量发展以及收入分配相关文献关注的核心问题。因此，本文着重探讨了金融科技发展对企业绩效和劳动收入份额的影响，并具体分析了企业内部高管—员工薪酬差距的变动情况。

（一）基准回归结果

表3汇报了金融科技发展对企业绩效和内部收入分配影响的估计结果，同时控制了企业层面和城市层面的控制变量以及行业、年份和行业—年份固定效应。

从企业"增长"上看，表3中第（1）～（2）列分别为地区金融科技发展对企业财务绩效和市场绩效影响的估计结果。可以看出，金融科技发展（*L.Fintech*）的回归系数分别为 0.002 和 0.060，且均在 1% 的水平上显著为正，这表明金融科技发展有效促进了企业财务绩效和市场绩效的提升，即金融科技发展有助于企业做大"蛋糕"、促进"增长"，假说 H1a 得以验证。

从企业"分配"上看，表 3 中第（3）列为地区金融科技发展对企业劳动收入份额影响的估计结果。可以看出，金融科技发展（*L.Fintech*）的回归系数为 0.005，且在 1% 的水平上显著为正，这表明金融科技发展能够提升企业劳动收入份额，助力企业分好"蛋糕"。此外，表 3 中第（4）~（5）列分别为金融科技发展对企业内高管—员工相对薪酬差距和绝对薪酬差距影响的估计结果。可以看出，金融科技发展（*L.Fintech*）的回归系数分别为 −0.151 和 0.106，且分别在 5% 和 1% 的水平上显著，这表明金融科技发展缩小了企业内高管—员工相对薪酬差距但扩大了绝对薪酬差距，假说 H2、H4a 和 H4b 初步得以验证。

表 3　基准回归结果

变量	ROA (1)	TobinQ (2)	LS1 (3)	GAP1 (4)	GAP2 (5)
L.Fintech	0.002*** (3.478)	0.060*** (3.666)	0.005*** (3.596)	−0.151** (−2.325)	0.106*** (8.312)
Size	0.001*** (2.581)	−0.407*** (−26.216)	−0.019*** (−19.065)	1.052*** (15.888)	0.286*** (28.632)
Age	−0.000*** (−9.683)	0.016*** (6.165)	−0.000 (−1.101)	−0.002 (−0.221)	−0.003* (−1.662)
Cap	−0.002*** (−4.754)	0.005 (0.637)	0.013*** (15.256)	−0.166*** (−6.239)	−0.055*** (−9.349)
Pro	−0.012 (−1.247)	0.667*** (3.086)	0.007 (0.387)	−2.013** (−2.489)	−0.522*** (−3.251)
CFO	0.307*** (32.8748)	2.464*** (12.1045)	0.059*** (4.7012)	4.215*** (6.8857)	1.360*** (11.9995)
Rate	0.060*** (26.025)	0.112*** (3.238)	−0.034*** (−13.362)	0.203** (2.096)	0.068*** (2.945)

续表

变量	ROA (1)	TobinQ (2)	LS1 (3)	GAP1 (4)	GAP2 (5)
Sep	0.014** (2.155)	0.304* (1.919)	0.026** (1.981)	1.695** (2.471)	0.378*** (2.863)
SOE	−0.002 (−1.022)	−0.056 (−1.565)	0.014*** (4.970)	−0.883*** (−5.779)	−0.061** (−2.206)
GDP	0.000 (1.554)	0.001 (0.695)	0.000 (0.378)	−0.003 (−0.509)	0.001 (0.953)
Gov	0.003 (0.534)	0.425** (2.574)	0.012 (1.017)	0.385 (0.608)	0.085 (0.754)
常数项	−0.003 (−0.237)	10.183*** (29.899)	0.496*** (20.883)	−16.652*** (−11.265)	6.083*** (26.637)
行业固定效应	是	是	是	是	是
年份固定效应	是	是	是	是	是
行业—年份固定效应	是	是	是	是	是
观测值	22629	22629	22629	22629	22629
R^2值	0.319	0.3990	0.460	0.215	0.342

注：*、**和***分别表示在10%、5%和1%的水平上显著，括号内为企业层面聚类稳健标准误对应的t值。

（二）内生性处理

本文在基准模型中使用了滞后一期的金融科技发展，在一定程度上缓解了地区金融科技发展与企业层面因素间的双向因果问题。然而，为了进一步克服遗漏变量和测量误差带来的内生性问题，借鉴谢绚丽等（2018）、张杰等（2017）的做法，选取企业所在地级市同一省份GDP最相近的其他三个地级市的金融科技发展水平的均值（IV1）以及各城市每年每百人互联网宽带接入用户数（IV2）作为金融科技发展的工具变量，采用两阶段最小二乘法（2SLS）来缓解这一内生性问题。

工具变量的选取应同时满足相关性和外生性两个条件。从IV1来看，一方面，同一省份且GDP相近的其他地级市的金融科技发展水平会因受到相同省级政策的影响而与本市的金融科技发展水平具有相似的发展程度，满足工具变量相关性条件；另一方面，其他地级市的金融科技发展水平难以影响本研究中的企业绩效与劳动收入份额，基本满足外生性条件。从 *IV*2 来看，一方面，地区金融科技的发展离不开互联网基础设施建设，一般而言，互联网普及率越高的地区，企业进行金融科技创新的成本与难度越低，且能够优化外部金融环境，从而有助于地区金融科技发展水平的提升；另一方面，*IV*2 对本文关心的企业绩效和劳动收入份额变量同样不存在直接的影响，符合相关性和外生性约束条件。因此，本文所选取的工具变量具有一定的合理性。

具体地，本文运用 2SLS 方法进行检验，其中表 4 报告了工具变量两阶段最小二乘法的估计结果。可以看出，两个工具变量的 Kleibergen-Paap rk LM 值均在 1% 水平上显著，且 Kleibergen-Paap rk Wald F 值统计量大于 Stock-Yogo 检验 10% 水平上的临界值，表明工具变量不存在不可识别以及弱工具变量问题。此外，工具变量第二阶段回归中金融科技发展对企业绩效和劳动收入份额的影响系数均显著为正，这表明在考虑金融科技发展与企业绩效和劳动收入份额之间可能存在的内生性问题后，本文结论依然稳健成立。

表 4 工具变量两阶段最小二乘法的估计结果

变量	第一阶段					第二阶段		
	L.Fintech	L.Fintech	ROA	TobinQ	LS1	ROA	TobinQ	LS1
	(1)	(2)	(3)	(4)	(5)	(6)	(7)	(8)
IV1	0.655*** (15.936)							
IV2		0.002*** (7.675)						
L.Fintech(IV1)						0.004*** (4.065)	0.057*** (3.177)	0.004** (2.139)
L.Fintech(IV2)						0.004*** (4.227)	0.092*** (4.985)	0.006** (2.523)

变量	第一阶段				第二阶段			
	L.Fintech	L.Fintech	ROA	TobinQ	LS1	ROA	TobinQ	LS1
	(1)	(2)	(3)	(4)	(5)	(6)	(7)	(8)
Kleibergen-Paap rk LM值	(IV1) 10.419*** [0.000]				(IV2) 19.737*** [0.000]			
Kleibergen-Paap rk Wald F值	253.573*** [16.38]				58.808*** [16.38]			
行业固定效应	是	是	是	是	是	是	是	是
年份固定效应	是	是	是	是	是	是	是	是
行业—年份固定效应	是	是	是	是	是	是	是	是
样本量	22518	22300	22561	22518	22561	22345	22300	22345
R^2值	0.878	0.879	0.320	0.173	0.461	0.319	0.172	0.461

注:*、**和***分别表示在10%、5%和1%的水平上显著;括号内为城市层面聚类稳健标准误对应的t值。

(三)稳健性检验

1.控制地区层面变量

鉴于本文解释变量金融科技发展为地区层面变量,可能受到地区金融发展水平和市场化进程等因素的干扰。例如,金融科技发展可能因地区金融发展水平的差异而结果不准确,一般来说,金融发展水平越高的地区,其外部融资渠道可能会越多,企业的融资压力则越小。因此,样本期内企业绩效与劳动收入份额的变动可能是由城市间传统金融发展水平不同而带来的,即并不是由金融科技发展所驱动的。此外,地区间市场化进程的差异同样会对研究产生一定的影响,进而出现估计结果偏误。综合上述分析,本文以各地级市存贷款余额占GDP的比重(Finance)作为金融发展水平的代理变量,并以王小鲁等(2018)的市场化指数(Market)作为市场化进程的代理变量,将两者作为控制变量加入基准模型中重新进行回归检验。表5报告了新的估计结果,可以看出,在控制地区金融发展水平和市场化进程后,金融科技发展助力企业绩效和劳动收入份额增加的效果并没有发生显著性的变化,证明了基准回归结果具有可信性。

表5 控制地区层面变量结果

变量	ROA （1）	TobinQ （2）	LS1 （3）
L.Fintech	0.003*** (3.706)	0.069*** (3.493)	0.004** (2.337)
Finance	−0.001 (−1.227)	−0.005 (−0.412)	0.001 (0.993)
Market	0.000 (1.049)	−0.007 (−0.816)	−0.001 (−1.116)
控制变量	是	是	是
行业固定效应	是	是	是
年份固定效应	是	是	是
行业—年份固定效应	是	是	是
样本量	22629	22629	22629
R^2值	0.319	0.399	0.460

注：同表3。

2.剔除特殊样本

第一，本文选取的部分企业地址在样本期发生了变动，但由于不清楚这种迁移是不是因为当地金融科技发展的差异而引发的，从而出现估计结果偏误。因此，本文剔除了样本期企业注册地址跨地级市变动的样本，并重新进行估计。表6中第（1）～（3）列报告了剔除迁移企业样本后的估计结果。可以看出，在剔除样本期地址变动的企业后，金融科技的系数和符号均没有发生显著性变化，与基准结果一致。

第二，样本期为2011~2020年，其间股灾、公共卫生事件所引起的经济形势不确定性对金融市场带来了巨大的冲击，都与整体的金融发展态势密切相关，可能出现估计结果偏误。鉴于此，本文将2015年和2020年的样本剔除后重新进行回归检验。表6中第（4）～（6）列报告了剔除2015年和2020年样本的估计结果。可以看出，金融科技发展仍在1%的水平上显著促进了企业绩效和劳动收入份额的提升，进一步表明了基准结果较为稳健。

第三，我国的直辖市相较于其他地级市具有经济特殊性，金融科技发展影响的企业绩效和劳动收入份额可能与其他地级市不同，从而使估计结果与实际的结论有差异。为此，本文进一步剔除了直辖市样本重新进行检验。表6中第（7）~（9）列报告了剔除直辖市样本的估计结果。可以看出，金融科技发展的系数并没有发生明显变化，与基准结果一致。

表6　剔除特殊样本

变量	剔除迁移企业样本			2015年和2020年样本			剔除直辖市样本		
	ROA	*TobinQ*	*LS*1	*ROA*	*TobinQ*	*LS*1	*ROA*	*TobinQ*	*LS*1
	(1)	(2)	(3)	(4)	(5)	(6)	(7)	(8)	(9)
L.Fintech	0.002***	0.055***	0.005***	0.002***	0.050***	0.005***	0.002**	0.054***	0.007***
	(2.734)	(3.193)	(3.406)	(3.336)	(3.128)	(3.396)	(2.060)	(2.6878)	(4.073)
控制变量	是	是	是	是	是	是	是	是	是
行业固定效应	是	是	是	是	是	是	是	是	是
年份固定效应	是	是	是	是	是	是	是	是	是
行业—年份固定效应	是	是	是	是	是	是	是	是	是
样本量	21398	21398	21398	17634	17634	17634	17964	17964	17964
R^2值	0.324	0.395	0.462	0.306	0.373	0.456	0.337	0.397	0.464

注：同表3。

3.更换被解释变量

为确保研究结论更加可靠，在被解释变量方面，进一步使用净资产收益率（*ROE*）和销售利润率（*ROS*）作为企业绩效的代理变量。同时借鉴李稻葵等（2009）的做法，考虑到劳动收入份额在0~1波动，一定程度上会对计量分析带来偏差，因此对 *LS*1 进行 logistic 变换得到 *LS*2 {*LS*2=Ln [*LS*1/(1−*LS*1)]}。此外，参考胡奕明和买买提依明·祖农（2013）的做法，以劳动者薪酬除以总资产（LS3）衡量劳动收入份额。①表 7 中第（1）~（4）列分别报告了更换企业绩效和劳动收入份额变量的估计结果。可以看出，无论是更换企业绩效指标还是劳动收入份额指标，金融科技发展均在 1% 水平上显著促进了两者的提升。

表 7　更换被解释变量

变量	更换企业绩效变量		更换劳动收入份额变量	
	ROE	ROS	$LS2$	$LS3$
	（1）	（2）	（3）	（4）
$L.Fintech$	0.005***	0.017***	0.044***	0.003***
	(3.587)	(2.812)	(3.653)	(3.927)
控制变量	是	是	是	是
行业固定效应	是	是	是	是
年份固定效应	是	是	是	是
行业—年份固定效应	是	是	是	是
样本量	22629	22629	22629	22629
R^2 值	0.255	0.106	0.503	0.421

注：同表 3。

4. 更换解释变量

在解释变量方面，参考部分学者在研究金融科技发展效应时的做法，采用地级市层面的北京大学普惠金融指数（Dig）作为金融科技发展的代理变量（邱晗等，2018）。本文同样使用该指数取自然对数作为金融科技发展的替代变量。表 8 报告了更换解释变量金融科技发展衡量方式后的估计结果。可以看出，金融科技发展同样显著促进了企业绩效和劳动收入份额的提升，与基准结果一致。

---

① 其中劳动者薪酬为"支付给职工以及为职工支付的现金+期末应付职工薪酬-期初应付职工薪酬"。

表8　更换解释变量

变量	ROA	TobinQ	LS1	LS2	LS3
	（1）	（2）	（3）	（4）	（5）
Dig	0.018***	0.232**	0.033***	0.294***	0.021***
	(3.667)	(2.024)	(3.819)	(3.460)	(4.375)
控制变量	是	是	是	是	是
行业固定效应	是	是	是	是	是
年份固定效应	是	是	是	是	是
行业—年份固定效应	是	是	是	是	是
样本量	22629	22629	22629	22629	22629
R^2值	0.319	0.398	0.456	0.504	0.422

注：同表3。

（四）异质性及调节效应分析

上述结果表明，地区金融科技发展能够有效促进企业绩效和劳动收入份额的提升。然而，这种提升作用是否会因企业、行业以及地区的不同而产生差异性影响？金融科技发展提升企业劳动收入份额的效应是否又会受到企业外部因素的影响？基于此，本文分别从企业产权性质、行业要素结构、地区银行业竞争程度和地区金融监管强度四个层面对金融科技发展影响企业绩效和劳动收入份额进行异质性检验，并进一步从企业外部法制环境以及市场化水平等因素产生的调节效应进行分析。

1.企业产权性质异质性

已有研究表明，国有企业在信贷市场具有独特的优势，民营企业在融资过程中通常因所有制以及规模问题而面临更大的融资压力。因此，金融科技对不同产权性质企业的影响可能存在差异。基于此，本文将样本分为国有企业和非国有企业两组，并进行异质性检验。表9报告了金融科技发展对不同所有制企业绩效和劳动收入份额的估计结果。可以看出，不论是国有企业还是非国有企业，金融科技发展均显著促进了企业绩效的提升。然而，对于劳动收入份额而言，金融科技发展则主要提升了非国有企业的劳动收入份额，这表明相较于国有企业，金融科技发展更能有效地缓解非国有企业融资约束难题，体现出金融科技的普惠性特征。

表9 企业产权性质异质性

变量	国企 ROA （1）	非国企 ROA （2）	国企 TobinQ （3）	非国企 TobinQ （4）	国企 LS1 （5）	非国企 LS1 （6）
L.Fintech	0.002^* (1.734)	0.002^{**} (2.481)	0.047^* (1.853)	0.072^{***} (3.305)	0.002 (1.127)	0.006^{***} (3.755)
控制变量	是	是	是	是	是	是
行业固定效应	是	是	是	是	是	是
年份固定效应	是	是	是	是	是	是
行业—年份固定效应	是	是	是	是	是	是
样本量	8465	14164	8465	14164	8465	14164
R^2值	0.329	0.348	0.453	0.390	0.520	0.452

注：同表3。

2.行业要素结构异质性

与劳动密集型行业相比，资本技术密集型行业在金融科技下能够更好地发挥技术和人才优势，进一步提高企业的产出效率和技术更新效率，促进企业绩效的提升。同时，资本技术密集型行业更加依赖于研发和创新资金，而金融科技恰好能够为其提供融资支持，减少企业挤占劳动工资的行为，进而提升劳动收入份额。基于此，本文根据证监会 2012 年修订的《上市公司行业分类指引》，将样本分为劳动密集型行业企业和资本技术密集型行业企业，进一步对两类企业进行异质性检验。表10 报告了金融科技发展对不同要素结构企业影响的估计结果。可以看出，与上述预期一致，第（2）列、第（4）列和第（6）列金融科技发展系数在1%水平上显著为正，表明地区金融科技发展所提升的企业绩效和劳动收入份额主要集中在资本技术密集型行业。

表10 行业要素结构异质性

变量	劳动密集型	资本技术密集型	劳动密集型	资本技术密集型	劳动密集型	资本技术密集型
	ROA	ROA	TobinQ	TobinQ	LS1	LS1
	(1)	(2)	(3)	(4)	(5)	(6)
L.Fintech	0.002	0.003***	0.016	0.074***	0.001	0.006***
	(1.233)	(3.125)	(0.566)	(3.790)	(0.325)	(4.007)
控制变量	是	是	是	是	是	是
行业固定效应	是	是	是	是	是	是
年份固定效应	是	是	是	是	是	是
行业—年份固定效应	是	是	是	是	是	是
样本量	6090	16539	6090	16539	6090	16539
R^2值	0.342	0.318	0.434	0.382	0.534	0.430

注：同表3。

3.地区银行业竞争程度异质性

金融科技在赋能企业绩效和劳动收入分配的过程中离不开传统金融市场的力量。一方面，银行竞争能够提升信贷资源配置效率，与金融科技产生"互补效应"，有利于企业绩效的提升；另一方面，银行竞争的加剧能够促使金融机构挖掘更多的企业信息，降低银企之间的信息不对称并加大贷款力度，进而缓解企业融资约束，提高劳动收入份额。因此，在银行业竞争程度越高的地区，金融科技发展助力企业绩效以及劳动收入份额提升的作用可能会越明显。为此，参照姜付秀等（2019）的研究，计算出各城市每年的银行机构数量，构建各地区银行业赫芬达尔—赫希指数（hhi）用来衡量地区银行业竞争程度。该指数取值范围为（0，1），且为负向指标，因此构建HHI=1-hhi。该值越大，表明地区银行业竞争程度越高。将各地区HHI按照中位数分为高HHI和低HHI样本，并进行异质性检验。表11报告了金融科技在不同银行业竞争程度地区所表现出不同效应的估计结果。可以发现，金融科技发展仅在高HHI地区提升了企业绩效和劳动收入份额，表明了金融科技确实能够与传统金融形成"互补效应"，助力企业改善"增长"和"分配"情况。

表 11　地区银行业竞争程度异质性

变量	高 HHI	低 HHI	高 HHI	低 HHI	高 HHI	低 HHI
	ROA	*ROA*	*TobinQ*	*TobinQ*	LS1	LS1
	（1）	（2）	（3）	（4）	（5）	（6）
L.Fintech	0.004***	0.001	0.062***	0.053	0.005***	0.003
	（3.748）	（0.810）	（3.083）	（1.538）	（2.765）	（1.432）
控制变量	是	是	是	是	是	是
行业固定效应	是	是	是	是	是	是
年份固定效应	是	是	是	是	是	是
行业—年份固定效应	是	是	是	是	是	是
样本量	17447	5182	17447	5182	17447	5182
R^2值	0.312	0.400	0.421	0.412	0.463	0.504

注：同表3。

4.地区金融监管强度异质性

一般而言，金融监管强度高的地区能够为企业发展创造良好的外部环境，并促进金融科技行业规范有序发展，有助于实现金融服务实体经济的目标。为了考察金融科技发展对企业绩效和劳动收入份额的影响在不同金融监管强度地区的差异，借鉴唐松等（2020）的做法，以区域金融监督支出在金融业增加值中的占比衡量金融监管强度，并基于其中位数将样本分为金融监管强度高地区和金融监管强度低地区两组样本进行异质性分析。估计结果如表12所示，可以看出，在金融监管强度较高的组别中，金融科技发展的系数均在1%的水平上显著为正，且带来的效果明显强于金融监管强度低的地区，验证了以上猜想。

表12　地区金融监管强度异质性

变量	高	低	高	低	高	低
	ROA	ROA	TobinQ	TobinQ	LS1	LS1
	（1）	（2）	（3）	（4）	（5）	（6）
L.Fintech	0.003***	0.002**	0.071***	0.042*	0.006***	0.004**
	(2.920)	(2.047)	(3.696)	(1.947)	(4.359)	(2.307)
控制变量	是	是	是	是	是	是
行业固定效应	是	是	是	是	是	是
年份固定效应	是	是	是	是	是	是
行业—年份固定效应	是	是	是	是	是	是
样本量	12785	9775	12785	9775	12785	9775
R^2值	0.341	0.322	0.392	0.440	0.473	0.463

注：同表3。

5.法制环境的调节效应

一方面，完善的法制环境能够通过提高地方政府对企业的保护程度进而提升企业向银行贷款时审核通过的概率，尤其有助于提升民营企业的贷款可得性，缓解企业融资约束，进而提升劳动收入份额；另一方面，法律环境更好的城市拥有相对更完善的金融监管体制，可以有效防范企业发展时面临的风险、降低环境不确定性，为企业节省经营成本，从而有利于劳动收入份额的提升。因此，本文参考以往研究的惯用做法，使用王小鲁等（2018）的市场化指数中的"市场中介组织的发育和法律制度环境"（Court）衡量各地级市的法制环境程度。具体地，首先对金融科技发展以及法制环境进行中心化处理，其次将两者相乘得到交乘项L.Fintech×Court，最后检验法制环境在金融科技发展提升劳动收入份额中起到的调节作用。表13中第（1）~（3）列报告了法制环境在金融科技发展影响劳动收入份额中发挥调节效应的估计结果。可以看出，金融科技发展与法制环境的交乘项系数L.Fintech×Court均显著为正，表明法制环境在金融科技发展提升劳动收入份额中起到了正向调节作用，即随着地区法制环境的完善，金融科技发展提升劳动收入份额的作用更为明显。

6.市场化水平的调节效应

一般而言，地区市场化水平越高，市场包容性和竞争性越强，金融机构贷款效率就越高，进而对劳动收入份额产生影响。为了考察市场化水平在金融科技发展影响企业劳动收入份额中起到的调节作用，本文选择各省级市场化水平总指数（*MQ*）作为地区市场化水平的代理变量，同样将金融科技发展与市场化水平相乘得到交乘项*L.Fintech×MQ*。表13中第（4）~（6）列报告了市场化水平在金融科技发展影响劳动收入份额中发挥调节作用的估计结果。可以看出，金融科技发展与市场化水平的交乘项系数均在1%水平上显著为正，表明地区市场化水平同样在金融科技发展提升劳动收入份额中起到了正向调节作用，即随着地区市场化水平的提高，金融科技发展提升劳动收入份额的作用更加明显。

表13　调节效应：外部法制环境和市场化水平

变量	LS1 (1)	LS2 (2)	LS3 (3)	LS1 (4)	LS2 (5)	LS3 (6)
L.Fintech×Court	0.000** (2.268)	0.003* (1.898)	0.000** (2.207)			
L.Fintech×MQ				0.001*** (3.418)	0.009*** (3.380)	0.001*** (3.383)
L.Fintech	0.005*** (3.542)	0.048*** (3.660)	0.002*** (2.881)	0.003*** (2.012)	0.040** (2.442)	0.001 (1.340)
Court	−0.000 (−0.122)	−0.002 (−0.385)	0.000 (1.621)			
MQ				−0.000 (0.093)	−0.006 (−0.759)	0.001* (1.827)
控制变量	是	是	是	是	是	是
行业固定效应	是	是	是	是	是	是
年份固定效应	是	是	是	是	是	是
行业—年份固定效应	是	是	是	是	是	是
样本量	22128	22128	22128	22629	22629	22629
R^2值	0.462	0.506	0.422	0.461	0.503	0.421

注：同表3。

六 机制分析

本部分旨在探讨金融科技发展影响企业绩效和内部收入分配的潜在机制，并对前文所提出的假说进行验证。

首先，金融科技发展能够提高企业的信贷资源配置效率并促进自主创新，进而提升企业绩效。基于此，本文借鉴邵挺（2010）的做法，采用企业的金融错配程度来衡量信贷资源配置效率（FD）。具体地，用企业资金使用成本与其所在行业平均资金使用成本的偏离程度来衡量，该值越大，表明企业面临的金融错配程度越高。同时，用企业研发投入与营业收入的比值作为企业自主创新的替代变量（RD）。表14报告了金融科技发展提升企业绩效的机制检验估计结果。从第(1)~(2)列可以看出，金融科技发展显著提高了企业信贷资源配置效率并促进了自主创新，第(3)~(6)列则表明企业信贷资源配置效率的提高以及自主创新提升了企业绩效，这也就形成了金融科技—企业信贷资源配置效率提高、自主创新—企业绩效提升的传导渠道，假说H1b得以验证。

表14 机制检验结果（Ⅰ）

变量	FD (1)	RD (2)	ROA (3)	ROA (4)	TobinQ (5)	TobinQ (6)
L.Fintech	-0.084^{***} (-5.622)	0.109^{***} (5.393)				
FD			-0.007^{***} (-6.926)		-0.348^{**} (-2.492)	
RD				0.0020^{***} (3.7044)		0.067^{***} (5.244)
控制变量	是	是	是	是	是	是
行业固定效应	是	是	是	是	是	是
年份固定效应	是	是	是	是	是	是

续表

| 变量 | FD | RD | ROA | ROA | TobinQ | TobinQ |
	(1)	(2)	(3)	(4)	(5)	(6)
行业—年份固定效应	是	是	是	是	是	是
样本量	21939	18995	21939	18995	21939	18995
R^2值	0.108	0.559	0.319	0.3424	0.403	0.392

注：同表3。

其次，理论分析部分指出，企业绩效的提升使得企业内高管与员工的薪酬均有所提升，但在委托代理下高管绝对薪酬的提升额大于员工，进而扩大高管—员工的绝对薪酬差距。基于此，将金融科技发展所提升的劳动收入份额具体分为企业内高管平均薪酬（GG）和员工平均薪酬（YG），以具体分析管理层和普通员工的薪酬变动情况。表15报告了这一机制的估计结果，从第（1）列可以看出，金融科技发展显著扩大了企业内高管—员工的绝对薪酬差距，且第（2）～（3）列表明企业绩效的提升扩大了高管—员工的绝对薪酬差距，即表现为金融科技发展—企业绩效提升—高管与员工的绝对薪酬差距扩大的传导渠道，假说H4b得以验证。此外，从第（4）～（7)列可以看出，金融科技发展同时提高了高管和员工的平均薪酬，且进一步来看，相比于员工平均薪酬，高管平均薪酬增加的绝对值为51677.593，大于员工平均薪酬增加的绝对值17611.167，但其薪酬增加的百分比仅为11.5%，低于员工薪酬增加的百分比14%，从而使得企业内高管—员工的绝对薪酬差距扩大而相对薪酬差距缩小。

表15　机制检验结果（Ⅱ）

| 变量 | GAP2 | ROA | GAP2 | GG | YG | LnGG | LnYG |
	(1)	(2)	(3)	(4)	(5)	(6)	(7)
L.Fintech	0.106[***]	0.002[***]		51677.593[***]	17611.167[***]	0.115[***]	0.140[***]
	(8.312)	(3.480)		(8.206)	(16.777)	(12.157)	(19.277)

变量	GAP2	ROA	GAP2	GG	YG	LnGG	LnYG
	(1)	(2)	(3)	(4)	(5)	(6)	(7)
ROA			2.106***				
			(15.859)				
控制变量	是	是	是	是	是	是	是
行业固定效应	是	是	是	是	是	是	是
年份固定效应	是	是	是	是	是	是	是
行业—年份固定效应	是	是	是	是	是	是	是
样本量	22629	22629	22629	22629	22629	22629	22629
R^2值	0.342	0.319	0.350	0.371	0.399	0.438	0.486

注：同表3。

再次，虽然企业绩效的提升会扩大高管—员工的绝对薪酬差距，但企业充足的资金所带来的创新投入增加会促进企业形成高技能劳动力岗位的创造效应和低技能劳动力岗位的替代效应并加强对于内部原有员工的技能培训以优化人力资本结构，从而提高劳动者议价能力，加上员工的平均薪酬基数本身就小，导致员工平均薪酬提升幅度大于高管平均薪酬提升幅度，进而使得高管—员工相对薪酬差距缩小。为检验这一猜想，参考肖土盛等（2022）的研究，将企业员工按照学历和技能分为高、低学历人员和高、低技能人员以表示企业人力资本结构。具体地，将企业内本科及以上学历的员工划归为高学历人员（High_Edu），其他学历员工划归为低学历人员；将技术、销售、财务人员划归为高技能人员（High_Skill），生产人员划归为低技能人员。参照王瑛（2015）的做法，将企业人均培训经费（Train）作为员工技能培训的代理变量。表16报告了金融科技发展影响企业高管—员工相对薪酬差距的机制估计结果。第（1）列表明，金融科技发展能够显著缩小企业内高管—员工的绝对薪酬差距；从第（2）～（6）列可以看出，金融科技发展确实增加了企业对高学历以及高技能人员的雇佣占比；第（7）列表明金融科技使得企业加强了对内部员工的技能培训；第（8）～（10）

表16 机制检验结果（III）

变量	GAP1 (1)	High_Edu (2)	生产 (3)	财务 (4)	销售 (5)	技术 (6)	Train (7)	GAP1 (8)	GAP1 (9)	GAP1 (10)
L.Fintech	-0.151** (-2.325)	0.029*** (11.129)	-0.042*** (-10.793)	0.003*** (7.074)	0.013*** (4.991)	0.020*** (7.994)	189.525*** (7.654)			
High_Edu								-6.082*** (-16.548)		
High_Skill									-1.499*** (-3.238)	
Train										-0.000*** (-12.146)
控制变量	是	是	是	是	是	是	是	是	是	是
行业固定效应	是	是	是	是	是	是	是	是	是	是
年份固定效应	是	是	是	是	是	是	是	是	是	是
行业—年份固定效应	是	是	是	是	是	是	是	是	是	是
样本量	22629	20196	19003	20199	20701	21327	22121	20196	19432	22121
R^2值	0.215	0.500	0.382	0.386	0.447	0.484	0.292	0.304	0.225	0.239

注：同表3。

列则表明企业高层次人员需求占比的增加以及内部员工培训的加强所带来的人力资本结构升级能够缩小高管—员工相对薪酬差距，形成了金融科技—人力资本结构升级—高管与员工的相对薪酬差距缩小的传导渠道，假说H4a得以验证。

最后，金融科技发展能够缓解企业面临的"融资难""融资贵"难题，具体表现为同时提高企业平均工资率和劳动生产率，但平均工资率效应占主导地位，从而提升劳动收入份额。为检验以上理论猜想，对于"融资难"问题，采用 $SA=-0.737 \times Scale+0.043 \times Scale^2-0.04 \times Age$ 计算得到SA指数（SA）作为融资约束难度的代理变量，并取绝对值，该值越大则表明企业面临的融资约束程度越紧；对于"融资贵"问题，借鉴李广子和刘力（2009）的做法，用企业内财务费用在期间费用（期间费用=管理费用+财务费用+销售费用）中的占比衡量融资成本（$Cost$）。此外，以"支付给职工以及为职工支付的现金"与"员工总人数"的比值衡量平均工资率（w），以"营业收入"与"员工总人数"的比值衡量劳动生产率（Y/L），以具体分析金融科技发展影响劳动收入份额的直接效应。表17报告了机制检验估计结果，从第（1）~（2）列可以看出，金融科技发展有效缓解了企业面临的"融资难"和"融资贵"问题；第（3）~（4）列则表明当企业面临的"融资难"问题得以缓解后，企业劳动收入份额提升，进而形成了金融科技发展—融资约束缓解—劳动收入份额提升的传导渠道。第（5）~（6）列表明劳动生产率会对企业劳动收入份额提升产生负向影响，平均工资率则对企业劳动收入份额提升产生正向影响，与前文分析相一致。具体来看，第（7）~（8）列显示金融科技发展显著提升了企业内平均工资率和劳动生产率，但是平均工资率提升的幅度大于劳动生产率提升的幅度，即金融科技发展产生的平均工资率效应占主导地位，从而提升了劳动收入份额，假说H2、H3得以验证。

表 17　机制检验结果（Ⅳ）

变量	SA	LS1	Cost	LS1	LS1	LS1	Lnw	LnY/L
	(1)	(2)	(3)	(4)	(5)	(6)	(7)	(8)
L.Fintech	-0.001**		-0.021***				0.137***	0.008***
	(-2.424)		(-7.061)				(18.490)	(8.377)
SA		-0.001*						
		(-1.683)						
Cost				-0.053***				
				(-9.072)				
LnY/L					-1.033***			
					(-46.679)			
Lnw						0.001***		
						(3.666)		
控制变量	是	是	是	是	是	是	是	是
行业固定效应	是	是	是	是	是	是	是	是
年份固定效应	是	是	是	是	是	是	是	是
行业—年份固定效应	是	是	是	是	是	是	是	是
样本量	22629	22629	22629	22629	22629	22629	22629	22629
R²值	0.451	0.458	0.370	0.467	0.704	0.460	0.440	0.484

注：同表 3。

七　结论和政策建议

（一）结论

促进实体经济发展、提高劳动力要素报酬在初次收入分配中的比重，并适当缩小不同劳动群体间的收入差距是推进实现共同富裕、构建"国内大循环为主体"的新发展格局进而促进经济高质量发展的应有之义。金融科技催生的一系列金融商业模式，加速了构建现代金融体系的步伐，促进了金融业与实体经济的有效融合，其如何助力社会经济包容性发展备受关注。本文使用2011~2020年我国A股非金融业上市公司数据，在理论分析的基础上，通过构建固定效应模型实证检验了地区金融科技发展对企业绩效增长和内部收入分配的影响及作用机理，得出以下研究结论。

第一，金融科技发展不仅能够同时促进企业财务绩效和市场绩效的提升，还能进一步提高企业劳动收入份额，这一结论在一系列稳健性检验下依然成立。第二，异质性及调节效应分析表明，金融科技发展对提升企业绩效和劳动收入份额的效应在非国有企业、资本技术密集型行业、银行业竞争程度和金融监管强度较高的地区更为明显。此外，企业外部法制环境的改善和市场化水平的提高能够强化金融科技对劳动收入份额提升的促进作用。第三，机制分析表明，"增长"上，金融科技通过提高企业信贷资源配置效率、促进自主创新，从而提升企业绩效；"劳资分配"上，金融科技能够缓解企业融资约束，在微观上具体表现为同步提升平均工资率和劳动生产率，但平均工资率效应占主导地位，从而提高劳动收入份额；"劳劳分配"上，金融科技所带来的企业绩效提升导致高管—员工的绝对薪酬差距扩大，与此同时，金融科技缓解了融资约束难题，有利于提高企业对高技能和高学历人员的雇佣占比并加强对内部员工的技能培训，优化企业人力资本结构，从而缩小高管—员工相对薪酬差距。

（二）政策建议

针对上述研究结论，本文提出以下政策建议。

第一，大力发展金融科技。在经济发展转型的关键时期，我国要顺应科技快速发展趋势，大力促进地区金融科技发展、提高金融服务的普惠性，进而更好地与实体经济形成包容性发展。从推进实现共同富裕的视角来看，企业发展作为最重要的市场分配机制，提升企业绩效、改善企业内收入分配具有关键性的意义。然而，数字技术赋能金融行业，能够助力企业提升绩效和劳动收入份额。因此，当地政府应大力发展大数据、区块链、云计算以及人工智能等新兴技术，鼓励科学技术与金融行业深度融合，在掌握更多科学技术主导权的同时改善收入分配，做到"一举两得"；与此同时，可以通过税收优惠以及资金补贴的方式鼓励政府金融科技公司发展，优化企业所在地区的营商环境，使得企业积极与金融科技公司展开合作，以更好地助力经济高质量发展。

第二，完善金融科技风险防范机制。科技与金融的结合作为有利有弊的"双刃剑"，如果在发展中未能合法合规地运行，难免会产生一些问题。因此，地方政府在保障金融科技有效发展的同时应注重防范数智时代的金融安全风险，有的放矢地推出金融监管政策，以金融创新和科技创新优化监管方式，完善监管协同机制，强化数字化监管能力建设，健全金融科技风险库，运用监管科技手段提升政策的针对性和前瞻性，保证以新方式形成经济增长新动能。

第三，加强企业内部监管，做到员工薪资合理透明化，防止企业内高管利用职务之便操控薪资。机制分析结果表明，金融科技能够促进企业绩效提升，并同时带来高管和员工薪酬的双向提升，但是如果企业内部存在严重的委托代理问题，就会使得高管薪酬的提升额远超于员工。合理的薪酬差距能够刺激企业创新，但过大的薪酬差距会挫伤员工的工作积极性，这不利于共同富裕目标的实现，也不利于企业价值再创造。因此，当地政府以及相关部门应加大对企业薪资分配的监督力度，要求企业合理分配薪资，企业在薪酬体系的设计过程中也要处理好"增长"和"分配"的关系，在做大"蛋糕"的同时分好"蛋糕"，真正做到内部的共同富裕。

第四，加强企业员工技能培训，不断提升劳动者数字素养和数字技能，以更好地适应数字经济发展要求。首先，本文研究表明，企业加强员工技能培训不仅能够提升劳动生产率，还能进一步缩小高管—员工的相对薪酬差距。其次，金融科技会拉动高技能岗位的雇佣需求，但同时会替代低技能岗位的雇佣需求，从而可能形成替代效应大于创造效应的人力资本结构，最终导致低技能劳动者失业。因此，一方面，建立更加完善的人力资本、就业保障体系，为低技能劳动者提供更加全面的保障；另一方面，加强对员工的技能培训，鼓励员工在岗培训，从"根源"上提升其"软实力"，进而优化劳动力市场的人力资本结构，为推进劳动收入的增加以及实现人才强国的目标提供强有力的支撑。

第五，因地制宜、因企施策地推进金融科技助力企业内部实现共同富裕。本文异质性分析表明，金融科技对不同行业以及地区的不同性质企业的绩效和劳动收入份额有差异性影响，且更多地体现在非国有企业、资本技术密集型行业、银行业竞争程度以及金融监管强度更高的地区。因此，应制定相关政策加大对于国有企业、劳动密集型行业、银行业竞争程度以及金融监管强度较低地区的支持力度，使得金融科技能够进一步促进地区间、企业间的协调发展。此外，调节效应分析表明，企业所处地区的法制环境和市场化水平的提升能够放大金融科技对劳动收入份额提升的促进作用。因此，应从区域法制环境和市场化水平维度，为企业发展营造良好、公平的发展环境，以更好地释放金融科技的效能。

参考文献

［1］陈梦根、周元任，2023，《数字经济、分享发展与共同富裕》，《数量经济技术经济研究》第10期。

［2］陈收、张锦，2013，《创新能力与客户资源配置决策对企业绩效的影响》，《科技进步与对策》第10期。

［3］方军雄，2009，《我国上市公司高管的薪酬存在粘性吗?》，《经济研究》第3期。

［4］方明月、林佳妮、聂辉华，2022，《数字化转型是否促进了企业内共同富裕？——来自中国A股上市公司的证据》，《数量经济技术经济研究》第11期。

［5］方师乐、韩诗卉、徐欣南，2024，《电商发展与农村共同富裕》，《数量经济技术经济研究》第2期。

［6］郭沛瑶、尹志超，2022，《小微企业自主创新驱动力——基于数字普惠金融视角的证据》，《经济学动态》第2期。

［7］何小钢、朱国悦、冯大威，2023，《工业机器人应用与劳动收入份额——来自中国工业企业的证据》，《中国工业经济》第4期。

［8］胡奕明、买买提依明·祖农，2013，《关于税、资本收益与劳动所得的收入分配实证研究》，《经济研究》第8期。

［9］黄锐、赖晓冰、唐松，2020，《金融科技如何影响企业融资约束？——动态效应、异质性特征与宏微观机制检验》，《国际金融研究》第6期。

［10］黄益平、黄卓，2018，《中国的数字金融发展：现在与未来》，《经济学（季刊）》第4期。

［11］贾珅、申广军，2016，《企业风险与劳动收入份额：来自中国工业部门的证据》，《经济研究》第5期。

[12] 江红莉、蒋鹏程，2021，《数字金融能提升企业全要素生产率吗？——来自中国上市公司的经验证据》，《上海财经大学学报》第 3 期。

[13] 江红莉、蒋鹏程、胡林柯，2022，《数字金融影响了劳动收入份额吗——来自中国上市公司的经验证据》，《广东财经大学学报》第 3 期。

[14] 姜付秀、蔡文婧、蔡欣妮、李行天，2019，《银行竞争的微观效应：来自融资约束的经验证据》，《经济研究》第 6 期。

[15] 蒋冠宏，2022，《企业并购如何影响绩效：基于中国工业企业并购视角》，《管理世界》第 7 期。

[16] 雷宇、郭剑花，2017，《规则公平与员工效率——基于高管和员工薪酬粘性差距的研究》，《管理世界》第 1 期。

[17] 李春涛、闫续文、宋敏、杨威，2020，《金融科技与企业创新——新三板上市公司的证据》，《中国工业经济》第 1 期。

[18] 李稻葵、刘霖林、王红领，2009，《GDP 中劳动份额演变的 U 型规律》，《经济研究》第 1 期。

[19] 李广子、刘力，2009，《债务融资成本与民营信贷歧视》，《金融研究》第 12 期。

[20] 李建伟、段彩虹，2024，《金融科技何以驱动企业数字化转型——基于有为政府和有志企业协同的视角》，《北京联合大学学报（人文社会科学版）》第 1 期。

[21] 李实、陈基平，2023，《中国国民收入分配格局的长期变动趋势》，《社会科学战线》第 9 期。

[22] 李实、朱梦冰，2022，《推进收入分配制度改革促进共同富裕实现》，《管理世界》第 1 期。

[23] 柳光强、孔高文，2018，《高管海外经历是否提升了薪酬差距》，《管理世界》第 8 期。

[24] 卢锐，2007，《管理层权力、薪酬差距与绩效》，《南方经济》第 7 期。

[25] 罗明津、铁瑛，2021，《企业金融化与劳动收入份额变动》，《金融研究》第 8 期。

[26] 罗长远、陈琳，2012，《融资约束会导致劳动收入份额下降吗？——基于世界银行提供的中国企业数据的实证研究》，《金融研究》第 3 期。

[27] 马红旗、黄桂田、王韧，2017，《物质资本的积累对我国城乡收入差距的影响——基于资本—技能互补视角》，《管理世界》第 4 期。

[28] 聂辉华、林佳妮、崔梦莹，2022，《ESG：企业促进共同富裕的可行之道》，《学习与探索》第 11 期。

[29] 牛志伟、许晨曦、武瑛，2023，《营商环境优化、人力资本效应与企业劳动生产率》，《管理世界》第 2 期。

[30] 钱雪松、石鑫，2024，《加强劳动保护提高了劳动收入份额吗？——基于《劳动合

同法》实施的经验研究》，《经济学（季刊）》第1期。

[31] 邱晗、黄益平、纪洋，2018，《金融科技对传统银行行为的影响——基于互联网理财的视角》，《金融研究》第11期。

[32] 任保平、文丰安，2018，《新时代中国高质量发展的判断标准、决定因素与实现途径》，《改革》第4期。

[33] 邵挺，2010，《金融错配、所有制结构与资本回报率：来自1999～2007年我国工业企业的研究》，《金融研究》第9期。

[34] 宋敏、周鹏、司海涛，2021，《金融科技与企业全要素生产率——"赋能"和信贷配给的视角》，《中国工业经济》第4期。

[35] 唐松、伍旭川、祝佳，2020，《数字金融与企业技术创新——结构特征、机制识别与金融监管下的效应差异》，《管理世界》第5期。

[36] 王道平、刘琳琳，2021，《数字金融、金融错配与企业全要素生产率——基于融资约束视角的分析》，《金融论坛》第8期。

[37] 王小鲁、樊纲、胡李鹏，2018，《中国分省份市场化指数报告（2018）》，社会科学文献出版社。

[38] 王小鲁、樊纲、刘鹏，2009，《中国经济增长方式转换和增长可持续性》，《经济研究》第1期。

[39] 王小燕、张俊英、王醒男，2019，《金融科技、企业生命周期与技术创新——异质性特征、机制检验与政府监管绩效评估》，《金融经济学研究》第5期。

[40] 王瑛，2015，《人力资本与企业财务绩效的影响关系研究》，《学术论坛》第7期。

[41] 魏下海、董志强、黄玖立，2013，《工会是否改善劳动收入份额？——理论分析与来自中国民营企业的经验证据》，《经济研究》第8期。

[42] 魏志华、王孝华、蔡伟毅，2022，《税收征管数字化与企业内部薪酬差距》，《中国工业经济》第3期。

[43] 肖土盛、董启琛、张明昂、许江波，2023，《竞争政策与企业劳动收入份额——基于〈反垄断法〉实施的准自然实验》，《中国工业经济》第4期。

[44] 肖土盛、孙瑞琦、袁淳、孙健，2022，《企业数字化转型、人力资本结构调整与劳动收入份额》，《管理世界》第12期。

[45] 谢婳青、李世奇、张美星，2021，《金融科技背景下普惠金融对商业银行盈利能力的影响研究》，《数量经济技术经济研究》第8期。

[46] 谢绚丽、沈艳、张皓星、郭峰，2018，《数字金融能促进创业吗？——来自中国的证据》，《经济学（季刊）》第4期。

[47] 谢治春、赵兴庐、刘媛，2018，《金融科技发展与商业银行的数字化战略转型》，《中国软科学》第8期。

[48] 徐腾达、侯宇飞、陈迪等，2024，《数字基础设施建设对企业劳动收入份额的影响研究》，《软科学》第3期。

[49] 尹志超、文小梅、栗传政，2023，《普惠金融、收入差距与共同富裕》，《数量经济技术经济研究》第1期。

[50] 余淼杰、梁中华，2014，《贸易自由化与中国劳动收入份额——基于制造业贸易企业数据的实证分析》，《管理世界》第7期。

[51] 詹新宇、张榕芳、徐丹丹，2023，《负重前行：经济增长压力的收入分配效应——基于企业劳动收入份额的视角》，《数量经济技术经济研究》第10期。

[52] 张杰、郑文平、新夫，2017，《中国的银行管制放松、结构性竞争和企业创新》，《中国工业经济》第10期。

[53] 张克中、何凡、黄永颖、崔小勇，2021，《税收优惠、租金分享与公司内部收入不平等》，《经济研究》第6期。

[54] 周仲飞、李敬伟，2018，《金融科技背景下金融监管范式的转变》，《法学研究》第5期。

[55] Acemoglu D., Restrepo P. 2020. "Robots and Jobs: Evidence from US Labor Markets." *Journal of Political Economy* 128(6):2188-2244.

[56] Aghion P., Bolton P. 1997. "A Theory of Trickle-down Growth and Development." *The Review of Economic Studies* 64(2): 151-172.

[57] Bond S., Meghir C. 1994. "Dynamic Investment Models and the Firm's Financial Policy." *The Review of Economic Studies* 61(2): 197-222.

[58] Chang Y.Y., Dasgupta S., Hilary G. 2010. "CEO Ability, Pay, and Firm Performance." *Management Science* 56(10):1633-1652.

[59] Fazzari S., Hubbard R. G., Petersen B.C. 1988. "Financing Constraints and Corporate Investment." *Brookings Papers on Econowic Activity* 1: 141-195.

[60] Fuster A., Plosser M., Schnabl P. 2019. "The Role of Technology in Mortgage Lending." *The Review of Financial Studies* 32(5):1854-1899.

[61] Hsieh C. T., Klenow P. J. 2009. "Misallocation and Manufacturing TFP in China and India." *The Quarterly Journal of Economics* 124(4):1403-1448.

[62] Karabarbounis L., Neiman B. 2014. "The Global Decline of the Labor Share." *The Quarterly Journal of Economics* 129 (1):61-103.

[63] Lin M., Prabhala N. R., Viswanathan S. 2013. " Judging Borrowers by the Company They Keep: Friendship Networks and Information Asymmetry in Online Peer-to-peer Lending". *Management Science* 59(1):17-35.

[64] Mahoney J. T., Pandian J. R. 1992. "The Resource-based View Within the Conversation

of Strategic Management." *Strategic Management Journal* 13(5):363–380.

[65] Nzotta S. M., Okereke E. J. 2009. "Financial Deepening and Economic Development of Nigeria: An Empirical Investigation." *African Journal of Accounting, Economics, Finance and Banking Research* 5(5): 347.

[66] Philippon T. 2016. "The FinTech Opportunity." National Bureau of Economic Research.

（责任编辑：焦云霞）

Table of Contents & Summaries

The New Generation of Artificial Intelligence Promotes the Formation and Development of New Productivity :Operation Mechanism and Practice Path

SONG Yuegang , SONG Changqing

(Henan Normal University)

Summary: At present, the world's major changes unseen in a century are accelerating. A new round of scientific and technological revolution, industrial transformation and China's acceleration of the transformation of economic development mode have formed a historic intersection. The impact of scientific and technological innovation on the fate of the country, economic and social development and people's livelihood is unprecedented in scope and degree. Whoever takes the lead in scientific and technological innovation can have the initiative to lead global development. At the same time, global scientific and technological innovation has entered an unprecedented period of intensive activity. In particular, the new generation of artificial intelligence, as a subversive technical tool and the 'meta-productivity' of the first productivity, is reconstructing the global scientific and technological innovation map, reshaping the global economic structure model, and gradually growing into a new productivity engine. It will continue to play the role of empowerment, superposition and multiplication, realize the quality change, efficiency change and power change of China's economy, promote the leapfrog development of China's science and technology and the overall leap of productivity, and then promote the formation and development of new productivity.

In view of this, on the basis of clarifying the development process and connotation characteristics of the new generation of artificial intelligence and new quality productivity, this paper explores the operation mechanism and practical path of the new generation of artificial intelligence to promote the formation and development of new quality productivity, which not only helps to deeply understand the strategic value of the new generation of artificial intelligence, but also understands the breakthrough focus of the formation and development of new quality productivity. Specifically, in terms of theory, this paper systematically analyzes the mechanism of the new generation of artificial intelligence to promote the formation of new productivity through technological innovation driving mechanism, human capital upgrading mechanism and capital structure optimization mechanism. In terms of practice, from the three strategic guidance of rejuvenating the country through science and education, reinvigorating the country through talents and innovation-driven at the macro level, the four policy-driven policies of 'institutional innovation +market demand', 'government guidance + market regulation', 'government-led + market participation' and 'government guarantee + market assessment' at the meso level, and the five measures of mathematical intelligence talents, independent innovation, capital empowerment, intelligent industry and integration of intelligence and reality at the micro level, this paper puts forward the practical path of the new generation of artificial intelligence to promote the development of new quality productivity, and provides the necessary theoretical support and policy basis for China to accelerate the cultivation of new quality productivity.

Keywords: A New Generation of Artificial Intelligence; New Quality Productivity; Operation Mechanism

JEL Classification: O32;O38;P26

North-South Economic Divergence: Historical Interpretation and Institutional Analysis

ZOU Zhihang , DING Congming , WANG Cong

(Chongqing Universtiy)

Summary: The economic divergence between the north and south of China is progressively coming to the fore as the gap between the east and west of China narrows. This article tries to analyze the North-South economic divergence from a historical and institutional perspective. Driven by wars and human-land relations, the differences in institutions between the North and South were shaped in traditional China. The institutional differences can be characterized by the three aspects: the formal rules: "Military-Agriculturalism north and Agricultural-Commercialism south", the social organizations: "the sparse North and the crowded South," and social culture: "the agricultural north and the commercial south". Although the formal rules were abolished after the founding of New China, the "southern institution's" business culture cultivated market consciousness and the organizational capacity gathered the production factors for the South, resulting in a business environment that encouraged competition and innovation. The underlying institutional logic is the key reason for the industrial upgrading and the emergence of new economic forms in the South. To promote the balanced development of the North South economy, The paper proposes the following suggestions. At first, it is necessary to guide the underlying informal institutions which is suitable of market economy. There are some ways to foster entrepreneurship and market awareness: guiding the formation of a public opinion atmosphere that encourages entrepreneurship and innovation, promoting public recognition of business spirit and establishing the law to protect the private enterprise. Then, It is necessary to continue to deepen the reform of state-owned enterprises. Cultivate dynamic market entities, use intangible hands as the main means of resource allocation, and combine tangible hands to achieve a transformation of the business environment from a "restricted economic order" to an "open economic order". At last. The government should actively establish a neutral competitive market, adopt more neutral and inclusive policies, eliminate ownership discrimination, create a stable and predictable, neutral and non discriminatory, fair and transparent business environment, and stimulate the vitality of market entities. Only in this way can we establish a neutral competitive market, optimize the business environment.

Keywords: North-South Economy Divergence; Institution; Social Organizations; Private Enterprises; Business Environment.

JEL Classification: F129

The Replacement of Large Firms, Creative Destruction, and High-Quality Development of Real Economy

LI Jinyang[1], YU Minggui[2], WANG Kong[3]

(1. School of Economics, Shenyang University of Technology; 2. School of Finance, Zhongnan University of Economics and Law; 3. School of Economics and Management, Wuhan University)

Summary: The large firms are a mainstay of the local economy. According to Schumpeter's theory of creative destruction, entrepreneurs strive to innovate in pursuit of profit. If the innovation is successful, the new technology with higher efficiency will replace the old technology. This dynamic process of creative destruction, in which the new replaces the old, becomes the source of economic growth (Schumpeter, 1934, 1939, 1942). In the Schumpeterian process of creative destruction, the incumbents should be replaced by more productive new entrants continuously, and the big business is no exception. The other firms also have the potential to grow and expand the market share, eventually becoming the new large firms. In this process, the new large firms will gradually snatch the market share of old big business, represented by the replacement of large firms.

However, contrary to the theoretical process of creative destruction, the large firms have remained dominant for long in practice. Taking Kweichow Moutai (Stock code: 600519. SH) as a typical example: As a recognized star firm, the market share of Kweichow Moutai has always ranked first in Guizhou Province since listing in 2001. By the end of 2021, Kweichow Moutai's market value and the employment are 267 times and 8.5 times that of the end of 2001, respectively. At the same time, the research and development expenditures also dropped by 70% from 2012 to 2021. Thus it can be seen that the large firms dominant for long are usually more in name than reality, contributing to economy less than their market position.

Using a sample of domestic and overseas listed firms in China from 1997 to 2020, this paper explores the economic determinants and further consequences of the large business dominant for long. Our results show that: First, we find that the big businesses do remain dominant for long, and are difficult to be replaced by new large firms, hindering the process of creative destruction. In our sample, we marked the top 10 firms at the provincial level, according to the market value in the end of 1997. We find that about 20.8% of the top 10 firms still maintain the market position in 2020, 24 years later. Second, we examine the economic determinants of the replacement of large firms, and find that neither innovation activities nor the state-owned nature has a significant effect on the big business turnover. However, we prove the initial firm size as the main obstacle of the replacement of large firms by restricting entry and suppressing the growth of competitors, further impeding the creative destruction process. Moreover, the impediment of initial size on big business turnover are more pronounced in financial and consumer goods sectors. The results are robust when we add more control variables to regressions, change the measure of firm size, and change the sample period. Thirdly, we analyze the external economic environment, and find that the replacement of large firms can be promoted with more developed financial market, more competitive and open economies, and less government inventions. Lastly, we examine the economic consequence. On the one hand, the dominance of large firms crowds out the financing activities, capital investment and innovation activities of other incumbents. On the other hand, the slower the large business turnover, the worse the local innovation, entrepreneurship and economic growth.

Our findings have valuable contributions in theory and practice. In theory, our results not only expand the research relating to the unbalance of regional development in China from the creative destruction perspective, but also provide more evidence to the research of creative destruction from the perspective of big business turnover. In practice, we provide theoretical basis and valuable reference for breaking the monopoly of large firms for long, promoting the replacement of large firms, narrowing the economic disparities among regions, and promoting the high-quality development of real economy.

Keywords: Real Economy; High-Quality Development; Creative Destruction

JEL Classification: D42；O16；R11

Recognition Policy for High-Tech Enterprises and Corporate Innovation

WANG Wenkai[1] , CHEN Zhiyuan[2]

(1.National Academy of Economic Strategy, Chinese Academy of Social Sciences; 2.School of Business, Renmin University of China)

Summary: Innovation activities are characterized by positive externalities and high risks, which make the incentives for enterprises to innovate on their own insufficient, which in turn leads to a lower than socially optimal level of innovation and reduces the overall welfare of society. Especially when the formal system-such as the legal system-is not too perfect, the innovation achievements may even be imitated and copied by competitors, which further reduces the innovation inputs and outputs of enterprises. In order to incentivize enterprises to engage in research and development (R&D) innovation, the Chinese government issued the Administrative Measures for the Recognition of High-tech Enterprises (hereinafter referred to as "the Measures") in 2008, which defines the standards for the recognition of high-tech enterprises in a more complete and systematic manner. The policy aims to incentivize R&D and innovation with tax and other incentives for enterprises that pass the high-tech enterprise certification. However, the effectiveness of this policy still needs evaluation.

The discussion on the effectiveness of industrial policy in economics has been inconclusive, and the studies of this policy in the literature have not reached a unanimous conclusion. The reason for the disagreement lies in two aspects: first, endogeneity of the policy and the sample of high-tech enterprises is not randomly selected, in which case the estimation results that do not solve the sample selection problem will overestimate the policy effect; second, more importantly, there is some literature that uses the data of listed enterprises to find that the distribution of the R&D income ratio of the enterprises is not continuous around the critical value stipulated in the Measures, which implies that the possibility of R&D manipulation by enterprises. This implies that firms may have R&D manipulation. Disregarding R&D manipulation can similarly lead to an overestimation of the the policy's effects.

Based on the China Industrial Enterprise Database and the National Survey of Innovation Activities, this paper systematically evaluates the innovation effects and mechanisms of the recognition policy for high-tech enterprises while addressing the above-mentioned problems. First, with reference to the research methods of the established literature, the recognition standard of high-tech enterprises is used as a key control variable to address the possible impact of non-random selection of enterprises on the results, second, for the possible manipulation of the R&D share of enterprises, the potential impact on the results is eliminated by using innovation efficiency as well as donut discontinuity regression, and finally, matching is used to address the problem of sample selection. The study finds that this policy significantly promotes the innovation output and quality at the enterprise level. Mechanism tests reveal that the recognition policy for high-tech enterprises significantly reduces the tax burden on enterprises, increases more government subsidies related to R&D, and the signal of being recognized as a high-tech enterprise can improve corporate performance and alleviate financing constraints, thereby promoting corporate innovation.

This research not only provides empirical support for the effectiveness of this industry policy but also offers directions for subsequent policy formulation: firstly, to reduce the tax burden of enterprises, and to reduce the innovation cost and risk of enterprises. At present, there are not many tax allowance and exemption policies in China, but most of them belong to the flooding tax reduction policy, which ignores the heterogeneity among enterprises. This paper suggests that precise tax exemption can be implemented for enterprises, such as tax exemption for the number and quality of patents filed by all enterprises, and the more patents filed and the higher the quality, the higher the tax exemption, so as to incentivize enterprises to innovate; secondly, to formulate a perfect government subsidy policy to ensure that enterprises invest government subsidies in innovation projects. We suggest that in the policy formulation stage, the opinions of market players should be widely solicited to improve the pertinence of the policy; in the policy implementation stage, the precision of identifying enterprises in need of financial subsidies should be strengthened, and at the same time, on the basis of the enterprises meeting the standards, the third-party assessment agencies or platforms should assess whether the enterprises can be subsidized and classify them according to the assessment results so as to provide subsidies; in the use of subsidy funds, a monitoring and tracking mechanism should be set up to pay attention to the use of the subsidy funds; thirdly, accelerate the reform of the factor marketization, and improve the signaling function of the capital market. The realization of factor marketization is conducive to the signaling function of the capital market, so that enterprises that have the will to innovate but face financing constraints can obtain the corresponding resources. What the Government should do is to provide a market environment for fair and equitable trading of factor resources, enhance transparency, and try to avoid direct government intervention in the allocation of factor resources.

Keywords: High-tech Enterprises; Policy Evaluation; Enterprise Innovation; Regression Discontinuity

JEL Classification: D21; O31; O32

Corporate Common prosperity Under Digital Ecology: A Multiple Distribution Perspective

YU Junyan , Wu Kai

（Central University of Finance and Economics）

Summary: The essence of Chinese-style modernization is the modernization of common prosperity for all people. Evaluating the role of enterprises in common prosperity under the digital ecology is of great significance. This paper uses two types of indicators, namely the ratio of digital word frequency and the ratio of intangible assets, and finds that digital transformation helps to improve the performance of enterprises in terms of common prosperity. An analysis of the income distribution effect reveals that digital transformation effectively improves the primary distribution, and this improvement is concentrated on employee employment and employee compensation, while there are limitations on tertiary distribution represented by donations and poverty alleviation. The mechanism test shows that digitalization plays a role in promoting the upgrading of the labor force structure and increasing the liquidity constraints of enterprises. Moreover, the impact on common prosperity is more significant when the enterprise party organization is more deeply embedded, labor intensity is higher, the life cycle enters a mature stage, and bank competition is more intense. In addition, enterprises' efforts to promote common prosperity also improve their productivity, fiscal subsidies, and social image. This paper can add Chinese evidence to the study of the relationship between technological progress and social welfare in the new era and provide relevant insights for improving the income distribution system.

To optimize the digital ecology and guide enterprises to accelerate the pace of digital transformation, the government should increase investment in digital infrastructure construction, formulate top-level design and strategic planning for industrial digital transformation, and create a fair and competitive digital economy market environment. The leverage adjustment role of fiscal and taxation policies should be fully utilized to guide enterprises to increase employee compensation investment. Enterprises should regard digitalization as a long-term development strategy and closely integrate it with promoting common prosperity. They should increase investment in digitalization, establish a "common prosperity" concept, improve salary incentive and welfare guarantee mechanisms, and actively fulfill social responsibilities. The whole society should form a joint force to promote common prosperity. Social organizations and industry associations should play a bridging role, trade unions should safeguard the legitimate rights and interests of workers, and the media and the public should strengthen the publicity and reporting of enterprises' efforts to promote common prosperity. Universities and research institutions should strengthen the research and development of digital technologies and the cultivation of talents. Only by forming a joint force between the government, enterprises, and all sectors of society can we accelerate the construction of a coordinated system of primary distribution, redistribution, and tertiary distribution, and promote the realization of the goal of common prosperity for all people.

In the era of the digital economy, promoting the digital transformation of enterprises is an important path to achieving the goal of common prosperity. In the future, we should adhere to the system concept, strengthen top-level design, pay attention to inclusive sharing, balance economic and social benefits, and ensure and improve people's livelihood in development. We should further improve relevant supporting policies, optimize the institutional environment, fully mobilize the enthusiasm of enterprises, and guide them to increase investment in promoting common prosperity. We should promote the coordinated development of the digital economy and the real economy, promote the symbiosis and prosperity of large, medium, and small enterprises, and drive more people to increase their income and become rich. We should accelerate the construction of a high-quality public service system for employment, education, medical care, social security, and other areas, and solidly promote poverty alleviation and rural revitalization to achieve the goal of common prosperity for all people as soon as possible.

Keywords: Common Prosperity; Digital Transformation; Income Distribution; Labor Structure; Liquidity Constraint

JEL Classification: O33; D33; M14

Trade Network Position and ESG Performance: Transmission Along the Supply Chain Under Network Topology

WEI Jiangying, HU Ridong

(Institute of Quantitative Economics, Huaqiao University, China)

Summary: High-quality development has emerged as a predominant issue. In the report of the 20th National Congress, Xi Jinping underscored numerous crucial aspects related to Environmental, Social, and Governance (ESG), including the rapid formation of new development paradigms with a focus on bolstering the real economy, alongside advocating for green development, promoting green consumption, and the expansion of low-carbon industries. During the entrepreneur symposium in October 2020, Xi Jinping further highlighted that enterprises should bear not only economic and legal responsibilities but also social and ethical responsibilities. It is evident that fulfilling responsibilities has become vital in the new phase of China's socio-economic development, serving as a core driver for the survival and growth of enterprises. ESG encourages enterprises to pursue economic benefits while considering the needs of stakeholders including employees, customers, suppliers, and the community, aiming for a harmonious unification of economic, social, and environmental benefits. With globalization and digitalization deepening, the networkization of business systems has become a consensus. Enterprises form complex commercial relationship networks with their upstream and downstream suppliers and customers, providing opportunities for cooperation and development, but also potentially triggering risk dissemination and crises. Thus, jointly promoting ESG construction from the trade network perspective has become an inevitable trend. Although it is widely acknowledged that network status significantly impacts enterprise strategy and behavior, and ESG positively influences long-term value and social responsibility of enterprises, research on how network status specifically affects ESG performance is still lacking. A deep exploration of this issue is crucial for understanding how enterprises can optimize their own and their industry chain partners' ESG practices by enhancing network status. Therefore, this article poses the following questions: Does improving network status benefit corporate ESG performance? What are the mechanisms of its impact? Do differences in corporate characteristics and external environment lead to heterogeneity in effects? Discussing these questions will help clarify the intrinsic drivers of ESG decision-making, refine the ESG evaluation system, enhance the efficacy of policies, and propel enterprises towards low-carbon transformation through endogenous power.

This study discusses the issue of industry chain ESG construction from the perspective of network organizations, focusing on the impact of trade network position on corporate ESG, and the transmission effect of node enterprises on upstream and downstream enterprises' ESG. Key findings include: i. The higher an enterprise's position in the trade network, the more it contributes to enhancing its ESG performance, specifically, the network embedding structure formed through indirect business relationships positively impacts corporate ESG performance, with long-chain relationships having a more significant effect; ii. Enterprises at the core nodes of the network influence their ESG performance by alleviating financing constraints and enhancing attention from external media and capital markets; iii. The promoting effect of trade network position on corporate ESG performance is more pronounced in non-state-owned enterprises, regulated industries, and regions with lower marketization levels; iv. Node enterprises' ESG performance plays a crucial role in driving and transmitting ESG construction to upstream and downstream enterprises, especially in ESG construction for downstream customer enterprises. The higher the trade network position of the node enterprise, the more evident this effect; v. Industry chain ESG construction is driven by same-industry, same-province factors, with stronger ESG spillover effects within the industry chain when node enterprises and their upstream and downstream enterprises belong to the same industry and province. Furthermore, ESG synergy in the industry chain helps optimize the ESG performance of upstream and downstream enterprises.

Keywords: Network Centrality; ESG; Network Topology; Industry Chain Collaboration

中国经济学 2024 年第 2 辑（总第 10 辑）

JEL Classification: F1; Q56

Industrial Base Reengineering and Productivity of Industrial Firms: A Quasi-natural Experiment based on the Industrial Strengthening Project

Li Ya，HOU Jianxiang

(School of Economics, Yunnan University)

Summary: The implementation of the industrial base reengineering project is an objective requirement for building a manufacturing power, and an important measure to accelerate the advanced industrial base and modernize the industrial chain. This paper innovatively identifies listed companies related to the industrial "four bases" using the "Industrial "four bases" Development Catalogue" and constructs a double difference model to assess the impact of industrial base reengineering on the production efficiency of Chinese industrial enterprises. The study finds that industrial base reengineering effectively improves the productivity of industrial enterprises within the "Four Foundations" sector, and this finding holds true after taking into account parallel trend conditions and a range of other factors that may interfere with the estimated results. The effect of industrial base reengineering on productivity was also found to be more pronounced among private firms, low-and medium-skilled firms and regions with a better industrial base. Moreover, upstream industrial base reengineering is found to increase the productivity of mid-and downstream firms through vertical spillover effects in the industrial chain. In the context of public health event shocks and global industry chain reshaping, industrial base reengineering enhances the completeness and security of the chain supply chain and helps firms reduce the risk of production disruptions. This study contributes to further understanding of the far-reaching impact of industrial base reengineering on industrial systems, and also provides important policy insights on how to accelerate the construction of modern industrial systems and focus on improving the resilience and security of industrial chain supply chains.

Keywords: Industrial Base Reengineering; Industrial "Four Bases"; Vertical Spillover; Industrial Chain Completeness

JEL Classification: L60

The Long-Term Impact of Maternity Leave on the Performance of Female Labor Market in China

ZHANG Shiying[1] , GUO Diya[2] , WANG Qing[3]

(1.Harbin Institute of Technology, Shenzhen; 2. London School of Economics and Political Science; 3.Sun Yat-sen University)

Summary: The gender gap in labor market performance exists in many countries in the world. As the educational attainment and cognitive skills of women gradually improves, more scholars turn their attention to the family perspective, and propose that gender role in family domain is one of the main factors causing such gender gap. Empirically, the question of fertility punishment for women on employment and income in the labor market has attracted the attention of researchers from both China and other countries. Family policies are designed to alleviate the cost of fertility for eligible households, reduce the work-family conflict, and encourage marriage, fertility, and employment. Maternity leave is an important component of family policies, which aims to provide women tentative absence from work during pregnancy and childbirth, protect the employment of women, and improve the health of both mothers and newborns. Among the previous related studies, most of them examine the short run effects of fertility and maternity leave on women's labor market performance and find mixed evidence. A rising share of recent research explores the long run impact of maternity leave, because the long run evidence is important for policy evaluation and social welfare. However, few studies focus on the long run impact of maternity leave in China. Using China's reform of maternity leave policy as a natural experiment, this paper estimates the long-term effects of longer maternity leave on the performance of women in the labor market and discusses the possible mechanisms. The policy reform has variations across regions and time. Therefore, we use a staggered difference-in-differences framework for causal reference. The empirical results suggest that a rise in benefit days during pregnancy and childbirth significantly increases women's total income and employment in formal sectors, with a pattern of growing dynamic effects in the long run. These findings are stronger among women with higher education and from state-owned enterprises. Further mechanism analyses suggest pathways of better female health along with an extended maternity leave. These findings may have implications for the further adjustment of maternity leave and other work-family policies in China.

Keywords: Maternity Leave Reform; Female Employment; Labour Market
JEL Classification: J16; J21; D922

Micro Common Prosperity Effect of Fintech:Based on a Dual Perspective of Growth and Distribution

XING Xiaoming, YING Zhaoqi

(School of Applied Economics, Jiangxi University of Finance and Economics)

Summary: Promoting the development of the real economy, increasing the proportion of labor factor remuneration in the primary income distribution and appropriately narrowing the income gap between different labor groups are the necessary meaning of promoting common prosperity, building a new development pattern of "domestic circulation as the main body", and then promoting high-quality economic development. A series of financial business models spawned by fintech have accelerated the pace of building a modern financial system and promoted the effective integration of the financial industry and the real economy. How it contributes to the inclusive development of the social economy has attracted much attention. So, can the combination of finance and technology serve the real economy, facilitate the growth and distribution of enterprises, and promote the common prosperity of all people? Based on theoretical analysis, this paper uses the data of China's A-share non-financial listed companies from 2011 to 2020 to empirically test the impact of regional fintech development on corporate performance growth and internal income distribution and its mechanism by constructing A fixed-effect model. Specifically, the research conclusions are as follows.

Firstly, the development of fintech can not only promote the improvement of corporate financial performance and market performance at the same time, but also further increase the share of labor income within enterprises. This conclusion remains robust after a series of robustness tests, such as alleviating endogenous problems by using instrumental variables, controlling variables at the regional level, eliminating special samples, replacing explained variables and replacing explanatory variables.

Secondly, heterogeneity and moderating effect analysis show that the promoting effect of fintech on enterprise performance and labor income share is more obvious in non-state-owned enterprises, capital and technology-intensive industries, banking competition and financial supervision intensity. In addition, the improvement of the external legal environment of enterprises and the improvement of the marketization level can strengthen the promotion effect of fintech on the labor income share.

Thirdly, the mechanism analysis shows that, in terms of "growth", fintech improves enterprise performance by improving the efficiency of enterprise credit resource allocation and promoting its independent innovation; In terms of "labor distribution", fintech can alleviate the financing constraints faced by enterprises, and in the micro aspect, it can simultaneously improve the average wage rate and labor productivity of employees, but the wage rate effect is dominant, thus increasing the share of labor income. In terms of "labor distribution", the performance improvement caused by fintech on the one hand expands the absolute salary gap between executives and employees; on the other hand, by combining the financing constraints alleviated by fintech, enterprises can improve the employment ratio of highly skilled and highly educated personnel and strengthen the skills training of original employees to optimize the human capital structure of enterprises. So as to narrow the executive-employee relative pay gap.

In view of the above research conclusions, this paper puts forward the following five policy recommendations. First, In the critical period of economic development and transformation, China should actively adapt to the trend of rapid development of science and technology, vigorously promote the development level of regional fintech, improve the inclusiveness of financial services, and better form inclusive development with the real economy. Second, improving the risk prevention mechanism for fintech. Third, Strengthen the internal supervision of enterprises, make employee salaries reasonable and transparent, and prevent senior executives from manipulating salaries by taking advantage of their positions. Fourth, Strengthen the skills training of enterprise employees, and constantly improve the digital literacy of workers and improve their digital capabilities to better adapt to the pace of the digital economy. Fifth, "Adapt to local conditions" and "implement policies for enterprises" to promote fintech to help common prosperity within enterprises.

Keywords： Fintech；Common Prosperity；Enterprise Performance；Labor Income Share；Internal Pay Gap

JEL Classification: D21；G30

《中国经济学》稿约

　　《中国经济学》(Journal of China Economics, JCE) 是中国社会科学院主管、中国社会科学院数量经济与技术经济研究所主办的经济学综合性学术季刊，2022年1月创刊，初期为集刊。《中国经济学》被评为社会科学文献出版社"优秀新创集刊"（2022），以及中国人文社会科学学术集刊AMI综合评价期刊报告（2022）"入库"集刊。

　　本刊以习近平新时代中国特色社会主义思想为指导，以研究我国改革发展稳定重大理论和实践问题为主攻方向，繁荣中国学术、发展中国理论、传播中国思想，努力办成一本具有"中国底蕴、中国元素、中国气派"的经济学综合性学术刊物。立足中国历史长河、本土土壤和重大经济社会问题，挖掘中国规律性经济现象和经济学故事，发表具有原创性的经济学论文，推动中国现象、中国问题、中国理论的本土化和科学化，为加快构建中国特色哲学社会科学"三大体系"贡献力量。

　　《中国经济学》以"国之大者，经世济民"为崇高使命，提倡发表重大问题的实证研究论文（但不提倡内卷式、思想重叠式的论文），注重战略性、全局性、前瞻性、思想性的纯文字论文，特别关注开辟新领域、提出新范式、运用新方法、使用新数据、总结新实践的开创性论文。本刊主要发稿方向包括习近平经济思想、国家重大发展战略、中国道路、国民经济、应用经济、改革开放创新重大政策评估、交叉融合问题、经典书评等。来稿注意事项如下。

　　1. 来稿篇幅一般不少于1.8万字。摘要一般不超过600字，包含3~5个关键词。请提供中英文摘要、3~5个英文关键词和JEL Classification。

　　2. 稿件体例详见中国经济学网站（http://www.jcejournal.com.cn）下载

栏中的"中国经济学模板"。不需邮寄纸质稿。

3. 投稿作者请登录中国经济学网站作者投稿查稿系统填写相关信息并上传稿件。投稿系统网址：http：//www.jcejournal.com.cn。

4. 作者上传的电子稿件应为 word（*.doc 或者 *.docx）格式，必须上传匿名稿（务必去掉作者姓名、单位、基金等个性化信息）和投稿首页，首页须注明中英文标题、摘要、作者姓名、工作单位、职称、通讯地址（含邮编）、电话和电子邮箱等。欢迎作者提供个人学术简介，注明资助基金项目类别和编号，欢迎添加致谢辞。

5. 稿件将实行快速规范的双向匿名审稿流程：初审不超过 3 周，盲审流程一般不超过 2 个月，编辑部电话：（010）85195717，邮箱：jce@cass.org.cn。

6.《中国经济学》定期举办审稿快线，每届审稿快线评出 1 篇《中国经济学》审稿快线"最佳论文"和 2~4 篇"优秀论文"。

7. 本刊不向作者以任何名义收取版面费，录用稿件会按照稿件质量从优支付稿酬，每年将评出 3~5 篇"《中国经济学》优秀论文"。

《中国经济学》杂志诚邀广大经济学专家、学者和青年才俊惠赐佳作。

图书在版编目(CIP)数据

中国经济学. 2024年. 第2辑：总第10辑 / 中国社
会科学院主管；李雪松主编. -- 北京：社会科学文献
出版社，2024.6
ISBN 978-7-5228-3673-7

Ⅰ. ①中… Ⅱ. ①中… ②李… Ⅲ. ①中国经济-文
集 Ⅳ. ①F12-53

中国国家版本馆CIP数据核字（2024）第101811号

中国经济学 2024年第2辑（总第10辑）

主　　管 / 中国社会科学院
主　　办 / 中国社会科学院数量经济与技术经济研究所
主　　编 / 李雪松

出 版 人 / 冀祥德
责任编辑 / 吴　敏　陈　青
责任印制 / 王京美

出　　版 / 社会科学文献出版社
　　　　　地址：北京市北三环中路甲29号院华龙大厦　邮编：100029
　　　　　网址：www.ssap.com.cn
发　　行 / 社会科学文献出版社（010）59367028
印　　装 / 三河市龙林印务有限公司

规　　格 / 开　本：787mm×1092mm 1/16
　　　　　印　张：19.25　字　数：295千字
版　　次 / 2024年6月第1版　2024年6月第1次印刷
书　　号 / ISBN 978-7-5228-3673-7
定　　价 / 128.00元

读者服务电话：4008918866